国家社科基金重大项目（20&ZD074）

技术获取型海外并购整合与创新网络重构的协同演化研究

The Co-evolution of Technology Sourcing M&As Integration and Innovation Network Reconfiguration

孟巧爽 ◎ 著

中国财经出版传媒集团
经济科学出版社
Economic Science Press

图书在版编目（CIP）数据

技术获取型海外并购整合与创新网络重构的协同演化研究/孟巧爽著．—北京：经济科学出版社，2021.4
ISBN 978-7-5218-2473-5

Ⅰ.①技… Ⅱ.①孟… Ⅲ.①企业兼并-跨国兼并-互联网络-应用-研究-中国 Ⅳ.①F279.247

中国版本图书馆 CIP 数据核字（2021）第 061084 号

责任编辑：刘　莎
责任校对：王京宁
责任印制：王世伟

技术获取型海外并购整合与创新网络重构的协同演化研究
孟巧爽　著
经济科学出版社出版、发行　新华书店经销
社址：北京市海淀区阜成路甲 28 号　邮编：100142
总编部电话：010-88191217　发行部电话：010-88191522
网址：www.esp.com.cn
电子邮箱：esp@esp.com.cn
天猫网店：经济科学出版社旗舰店
网址：http://jjkxcbs.tmall.com
北京季蜂印刷有限公司印装
710×1000　16 开　15.75 印张　240000 字
2021 年 4 月第 1 版　2021 年 4 月第 1 次印刷
ISBN 978-7-5218-2473-5　定价：55.00 元
(图书出现印装问题，本社负责调换。电话：010-88191510)
(版权所有　侵权必究　打击盗版　举报热线：010-88191661
QQ：2242791300　营销中心电话：010-88191537
电子邮箱：dbts@esp.com.cn)

前　言

技术获取型海外并购是中国企业外部获取先进技术，以目标方企业为踏板实现创新能力跃迁的有效路径。跨国公司已成为全球创新网络的重要载体。通过海外并购实现创新能力的跨国界转移，对中国融入全球创新链具有重要意义。当前，中国企业海外并购面临整合时效性差、创新网络嵌入性低等现实问题，亦缺乏动态视角的并购整合理论研究。本书开展技术获取型海外并购整合与创新网络重构的协同演化研究，将海外并购整合与创新网络"关系嵌入—结构嵌入—位置嵌入"重构纳入协同演化框架，从创新网络重构角度理解海外并购的内生动态整合决策，为促进中国企业海外并购整合后的创新网络嵌入，提升全球创新合作深度与广度提供指导。

本书提出以下研究问题：（1）海外并购整合与三种不同创新网络嵌入的协同演化，具有何种不同特征？（2）海外并购整合与三种创新网络嵌入协同演化的创新贡献度有何差异？（3）从整合的组织边界拓展出发，如何实现海外并购整合与创新网络关系嵌入深度重构的协同演化促进技术创新？（4）从整合的地理边界拓展出发，如何实现海外并购整合与创新网络结构嵌入桥接重构的协同演化促进技术创新？（5）从整合的学习边界拓展出发，如何实现海外并购整合与创新网络位置嵌入同配性重构的协同演化促进技术创新？

针对上述研究问题，本书开展海外并购整合与创新网络重构的协同演化理论研究，并采用 2001～2013 年中国技术获取型海外并购样本进行实证检验。首先，基于网络嵌入观，开展海外并购整合与三类创新网络嵌入的协同演化特征分析。其次，针对网络"关系嵌入—结构嵌入—位置嵌入"的重构，依次开展如下研究：①引入整合的组织边界拓展，从交易成本动态演进角度，探究海外并购整合与创新网络关系嵌入深度重构的协同演化。构建跨国治理数理模型，采用倾向匹配得分—双重差分法检验协同演化机制、利用负二项回归检验协同演化的创新效应。②引入整合的地理边界拓展，从第三方监督有效性角度，探究海外并购整合与创新网络结构嵌入桥接重构的协同演化。构建二阶段协调博弈和多主体仿真模型，采用动态面板系统广义矩估计检验协同演化机制、利用联立方程组模型检验协同演化的创新效应。③引入整合的学习边界拓展，从适应性学习角度，探究海外并购整合与创新网络位置嵌入同配性重构的协同演化。构建耦合协调度模型，采用 Cox 比例风险模型及生存分析检验协同演化机制，利用负二项回归检验协同演化创新效应。

本书主要结论如下：海外并购整合与创新网络关系嵌入、结构嵌入、位置嵌入重构形成差异化的协同演化特征。①初始阶段"低整合程度—高目标方自主性"、后续阶段"高整合程度—低目标方自主性"的动态整合策略，引发与创新网络关系嵌入强度增进的协同演化，促进收购方技术创新；②收购方强化整合地理边界沿东道国拓展、弱化整合地理边界沿母国拓展，有助于提升创新网络地理凝聚性，促进海外并购整合与创新网络结构嵌入桥接重构协同演化，促进收购方技术创新；③收购方跨期整合程度的适应性提升与创新网络位置嵌入同配性重构形成协同演化，促进收购方技术创新。

本书引入网络嵌入观，形成基于"时空重构"特征的海外并购动态整合模式与创新网络"关系嵌入—结构嵌入—位置嵌入"重构的协同演化理论框架。采用分阶段、渐进式的动态视角，从创新网络主体的直接连接、间接连接、网络位置三层次，推进海外并购整合与创新网络重构的协同演化互动机制研究。本书为中国技术获取型海外并购企业，利用合理的海外并购整合动态策略实现创新网络关系、结构、位置优化，提升全球创新网络嵌入深度和广度提供战略部署。为开放式创新模式下利用海外并购整合参与全球创新网络治理层次的深化，提升收购方企业技术创新能力提供理论支撑。

目 录

第1章 绪论 ··· 1
- 1.1 研究背景与意义 ··· 1
- 1.2 基本概念界定 ··· 12
- 1.3 研究问题、思路与方法 ··· 15
- 1.4 研究目标、内容与框架 ··· 19
- 1.5 研究创新点 ··· 22

第2章 文献综述 ··· 25
- 2.1 技术获取型海外并购整合与企业技术创新效应研究 ··· 25
- 2.2 跨企业外部创新网络重构研究 ··· 30
- 2.3 跨国背景下企业创新网络重构的影响因素研究 ··· 35
- 2.4 海外并购整合与外部网络重构的协同演化研究 ··· 37
- 2.5 简要评述 ··· 39

第3章 海外并购整合与创新网络嵌入的协同演化特征分析 ··· 42
- 3.1 海外并购整合与创新网络嵌入的协同演化机制 ··· 44
- 3.2 海外并购整合与创新网络嵌入的协同演化创新效果分析 ··· 48
- 3.3 样本选择与创新网络构建 ··· 51
- 3.4 变量设定与测度 ··· 52

3.5　协同演化机制检验：联立方程组实证 ……………………… 62
　　3.6　协同演化创新效果检验：中介效应实证 …………………… 67
　　3.7　本章小结 …………………………………………………… 70

第4章　海外并购整合与创新网络关系嵌入重构的协同演化 …… 74

　　4.1　海外并购整合与创新网络关系嵌入重构的协同演化机制 … 76
　　4.2　并购整合目标方自主性与关系嵌入重构的协同演化数理建模 … 79
　　4.3　变量设定与测度 …………………………………………… 85
　　4.4　协同演化机制检验：倾向匹配得分—双重差分法实证 …… 95
　　4.5　协同演化的创新效应检验：负二项回归 ………………… 103
　　4.6　本章小结 …………………………………………………… 108

第5章　海外并购整合与创新网络结构嵌入重构的协同演化 …… 111

　　5.1　海外并购整合与创新网络结构嵌入重构的协同演化机制 … 113
　　5.2　二阶段协调博弈模型构建 ………………………………… 117
　　5.3　均衡分析与演化稳态 ……………………………………… 126
　　5.4　协同演化模型的多主体仿真 ……………………………… 132
　　5.5　实证变量设定与测度 ……………………………………… 145
　　5.6　协同演化机制检验：动态面板系统 GMM 实证 ………… 153
　　5.7　协同演化的创新效应检验：联立方程组实证 …………… 155
　　5.8　本章小结 …………………………………………………… 159

第6章　海外并购整合与创新网络位置嵌入重构的协同演化 …… 162

　　6.1　海外并购整合与创新网络位置嵌入重构的协同演化机制 … 164
　　6.2　海外并购整合与创新网络位置嵌入重构的耦合协调分析 … 166
　　6.3　协同演化机制检验：COX 比例风险模型的生存分析 …… 171
　　6.4　协同演化的创新效果检验：负二项回归 ………………… 179
　　6.5　本章小结 …………………………………………………… 185

第 7 章　结论与展望 ·· 188

　　7.1　研究结论 ··· 188

　　7.2　研究启示与对策建议 ··· 195

　　7.3　研究展望 ··· 198

附录 1　实证样本海外并购案例表 ·· 202

附录 2　第 5 章数理模型证明 ·· 209

附录 3　多主体仿真 Netlogo 代码 ·· 212

参考文献 ·· 221

后记 ··· 240

第 1 章

绪　论

1.1　研究背景与意义

1.1.1　现实背景

麦肯锡发布的《中国创新的全球效应》显示,过往 30 年中国经济增长主要依赖汲取创新模式,通过吸收、改良国际先进的科技知识与实践,追赶领先国家。伴随后发技术优势和人口红利的消失,技术模仿这一经济高速增长的动力不断缩减。后发企业采取模仿、借鉴、学习的本地搜寻策略极易落入"追赶—落后—再追赶"的创新追赶怪圈(江诗松等,2011)。相对于内源式技术进步的高研发难度与高失败率,技术获取型海外并购可以整合全球优势创新资源,嵌入全球创新网络,促进收购方企业技术的蛙跳式跃升(Cowan et al., 2004),实现外源式技术进步。但是自美国打响全球贸易战,宣扬本国利益优先、寻求产业回归的贸易保护主义颠覆了经济全球化、贸易自由化的国际经贸合作规则。加之新冠疫情的全球流行,进一步加剧西方国家对中国崛起的封锁限制,全球产业链的分工协作体系,正遭受前所未有的冲击。发达国家全球经贸政策的不确定性和单边主义的兴起，增加了中国企业外部获取先进技术的难度。

鉴于此，作为海外优质创新资源内部化的重要手段，海外并购整合策略的有效性和时效性，影响了收购方全球创新网络结构配置与演化。伴随整合过程的推进，收购方企业能否有效实施阶段性整合，契合企业发展的多元化、时效性趋势提升整合能力，促进并购后技术转移是影响技术获取型海外并购成败的关键。面对前所未有之大变局，针对以国内大循环为主体、国内国际双循环相互促进的新发展格局，如何应对全球创新网络的竞争合作关系演进，实现并购后整合行为与创新网络重构的协同演化，是决定并购整合后企业技术创新能力提升，实现高质量创新的关键。当前，中国企业利用技术获取型海外并购整合实现创新追赶的过程具有如下特征：

1. 中国企业海外并购活动渐趋理性

根据《中国企业跨境并购年度报告（2018）》的分析，近二十年间，中国企业海外并购经历了由蹒跚学步阶段（2001～2007年）、爆发成长阶段（2008～2016年）到理性回归阶段（2017年至今）的发展历程。2016年，中国企业的跨境并购数量与金额均达到顶峰（见图1-1）。

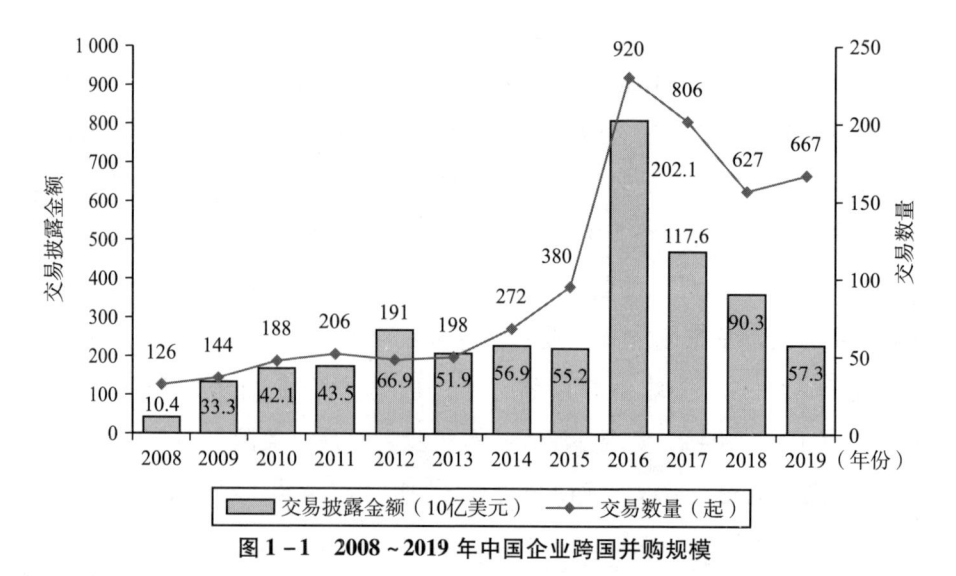

图 1-1 2008～2019 年中国企业跨国并购规模

资料来源：普华永道. 中国地区企业并购回顾与前瞻（2014, 2019）.

面对 2016 年中国企业跨国并购的井喷态势，为推动境外投资合理有序发展，2017 年国家各部委相继出台系列监管措施①。2017 年 8 月，国务院办公厅发布《关于进一步引导和规范境外投资方向的指导意见》（简称《意见》），对境外投资方向加以引导与规范。《意见》部署有关加强与境外高新技术和先进制造业企业的投资合作，鼓励中国企业在境外设立研发中心；对房地产、酒店、影视娱乐、体育俱乐部等对外投资敏感行业的非理性境外投资加以限制。

伴随上述监管政策的发布，2017 年中国企业海外并购在投资金额、投资案例数量方面回归理性。海外并购投资行业逐步与国家产业政策对接。制造业、批发零售、租赁商务服务、信息软件技术以及科学研究和技术服务业等领域的海外并购已超过总量的 70%。其中，制造业海外并购数量的行业占比增长尤为明显（见图 1-2），2018 年制造业海外并购案例数行业占比达到 37.40%，科学研究和技术服务业占比达到 10.62%。

2. 海外并购整合模式需依时而动

《中国企业全球化报告（2015）》指出，截至 2012 年，中国企业实施跨国并购后的总成功率约为 40%，超过全球 25% 的平均水平；但不可否认的是，中国企业海外并购的失败案例依旧占据总量的较大比重。在麦肯锡公司一项针对 2007~2017 年中国企业 500 宗海外并购的研究②中，近 300 宗，约合 3 000 亿美元的海外并购并未创造实际价值。

---

① 《中国企业跨境并购年度报告（2018）》对 2017 年国家颁布的一系列监管政策的收录如下：1 月 18 日国资委出台《中央企业境外投资监督管理办法》；6 月 12 日国资委出台《国有企业投资财务管理办法》；8 月 4 日国务院办公厅转发国家发展改革委、商务部、人民银行、外交部《关于进一步引导和规范境外投资方向的指导意见》；12 月 17 日国家发展改革委、商务部、人民银行、外交部、全国工商联发布《民营企业境外投资经营行为规范》；12 月 26 日国家发展改革委发布《企业境外投资管理办法》。

② 麦肯锡《中国企业跨境并购袖珍指南》：在针对 500 宗海外并购的调查中，大部分中国企业境外投资近 300 宗，约合 3 000 亿美元并没有创造价值。仅有 200 宗约合 1 460 亿美元的交易实现了既定目标。

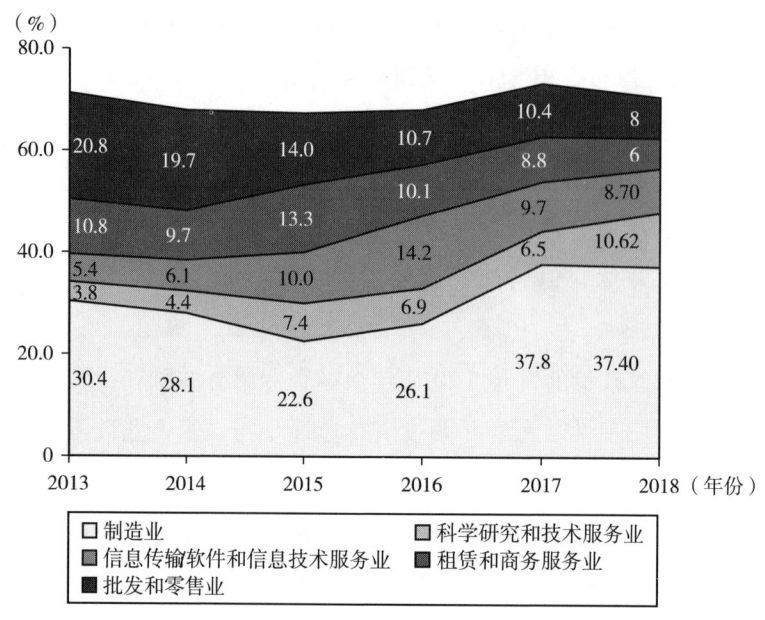

```
(%)
80.0
         10.4    8
60.0  20.8  19.7  14.0  10.7  8.8   6
                        10.1  9.7   8.70
      10.8  9.7   13.3        6.5   10.62
40.0  5.4   6.1   10.0  14.2
      3.8   4.4   7.4   6.9
                              37.8  37.40
20.0  30.4  28.1  22.6  26.1

  0
     2013  2014  2015  2016  2017  2018（年份）
```

□ 制造业　　　　　　　　　　　■ 科学研究和技术服务业
■ 信息传输软件和信息技术服务业　■ 租赁和商务服务业
■ 批发和零售业

图1-2　2013~2018年中国对外直接投资并购数量分行业占比

资料来源：中国对外直接投资统计公报（2013-2018）.

根据《中国企业国际化蓝皮书（2015）》对中国企业海外并购的分析，超过八成的中国企业通过海外横向并购获得规模经济效应。大约5%的中国企业利用纵向海外并购打通上下游的价值链，外部获取品牌或技术以进入高端市场。大约8%的中国企业通过混合海外并购整合全球资源。海外并购的成败取决于并购整合是否契合企业发展的多元化、时效性趋势。因此，把握海外并购整合的动态过程，针对目标方企业技术资源和全球技术浪潮依时而动，变得尤为重要。

根据麦肯锡《中国企业跨境并购袖珍交易指南》一项针对中国企业跨境收购的整合模式的分析（见表1-1），中国企业海外并购并不存在"以一应万、唯一正确"的整合模式。

表1-1　　　　　　　　　　中国企业海外并购整合模式

类型	特征	代表企业
放手式整合	明确公告并购后数年内维持目标方企业的运营独立性，主要依赖董事会形式参与战略讨论	中国化工收购先正达 美的收购库卡 三一重工收购普茨迈斯特
修正重振式整合	收购方企业实施跨国治理权，通过重构管理层、调整薪酬及激励机制等方式向目标方独立资产施压以提升绩效	双汇收购Smithfiel：整合精简目标方运营业务单元
全面式整合	最大限度地将目标方企业整合进入收购方企业的管理系统	上汽并购双龙：重组目标方管理层、推行新的工作实践 联想并购IBM：调整本土运营、对国内业务结构重组
选择式整合	给予目标方企业较高自主权，但对特定协同潜力领域实施密切合作	中石油并购地球物理调查公司Ion：整合勘探研发路线图 中国南车并购半导体公司Dynex：加速铁路模块产品的研发升级
渐进式整合	由单一职能领域的整合开始，逐渐拓展至其他领域	吉利并购沃尔沃：沿技术模块——采购与产品路线图——市场销售布局逐步推进

资料来源：麦肯锡. 中国企业跨境并购袖珍交易指南.

3. 中国创新全球化步伐亟待加速

近十年间，中国的创新能力显示出追赶态势，于2018年首次位列全球创新指数排名前20位（见图1-3），并于2019年首次超过日本排名全球第14位。目前，伴随国家高质量发展的政策导向，中国的科技创新正显示出强劲的追赶势头。

《世界知识产权指标（2018）》指出，2017年中国申请专利总量3 168 900件，占全球专利申请总量的43.6%，领先于第二位美国的19.2%以及第三位日本的10.1%。尽管专利总量方面优势明显，但较于欧美发达国家和近邻日韩两国，中国的创新发展正面临"低质低效"双低困境（诸竹君等，2020）。中国创新效率相比美日等发达国家具有较大差距，创新的全球化程度较低，在融入全球创新合作及参与全球创新治理方面能力不足。

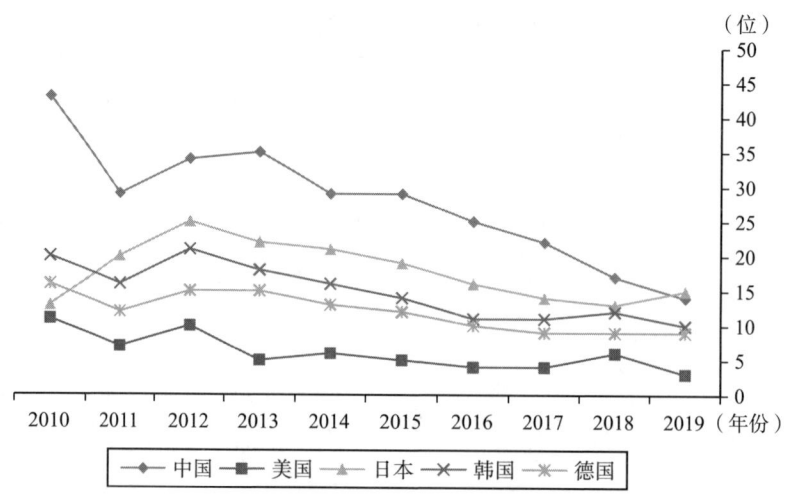

图 1-3　2010~2019 年全球创新指数排名变化情况

资料来源：世界知识产权组织. 全球创新指数（2010-2019）.

根据《全球竞争力报告（2018）》，中国每百万人口专利申请数量位列全球第 32 位。特别的，在海外共同研发①水平一项仅位列世界第 45 位。中国创新活动海外导向性较弱。2018 年，海外导向同族专利②占总专利比重仅为 2.7%，明显低于其他创新领先国家（见图 1-4），海外导向同族专利件数明显少于英、美、日、韩四国。中国企业在参与全球创新活动和科技治理方面，与创新领先国家相比依旧处于劣势地位。

伴随着第四次工业革命的到来，在全球化、网络化、信息化深入发展的条件下，创新要素更具流动性和开放性。为实现中国制造 2025 的规划目标，需要将创新活动的"引进来"与"走出去"相结合，积极融入全球创新网络，全面提升中国科技创新国际合作水平③，促进高质量创新发展。通过海外

---

① 《全球竞争力报告（2018）》定义海外共同研发为专利族中具有海外共同申请人的专利数占每百万人口比重。

② 根据《世界知识产权指标（2018）》，海外导向同族专利（foreign oriented patent family）指同族专利其申请并进行专利审核的机构，至少有一个专利机构与申请人所在国别不同的同族专利。同族专利代表一项发明在不同国家多次申请或公开，具有相同优先权，则这些专利位于一个专利族。报告汇报 2013~2014 年度海外导向同族专利统计数据。

③ 2014 年 8 月 18 日，习近平于中央财经领导小组第七次会议上的讲话。

并购整合，聚四海之气、借八方之力，深化中国企业参与全球科技治理与国际创新网络交流合作的深度和广度。通过海外并购，整合全球资源，在更高的起点上推进自主创新，需要进一步坚持以全球视野谋划、推动科技创新，更为积极、主动地融入全球科技创新网络①。

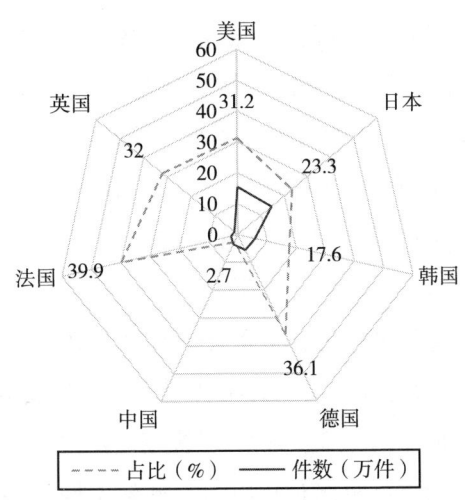

图 1-4 各国海外导向同族专利的件数与占总专利比重

资料来源：世界知识产权组织指标2018.

1.1.2 理论背景

受制于制度二元嵌入所引发的来源国劣势，新兴经济体逆向跨国并购面临整合不利的难题。如何采用有效的动态海外并购整合策略，克服摩擦效应以实现并购的预期创新效果是亟待解决的问题。针对新兴市场国家企业如何利用海外并购提升技术创新能力的难题，学者们提出"轻触整合""跳板理论"等观点（Liu & Woywode, 2013；Luo & Tung, 2018）。上述研究指出，新兴市场国家的收购方企业，可以通过维持低度整合水平，以目标方企业为跳板，实现对世界先进技术的追赶。但是，上述理论在海外并购整合策略时效

---

① 2018年5月29日，习近平于中国两院院士大会上的讲话。

性、收购方企业整合的创新网络效应等方面尚缺乏解释力。为打破静态视角的分析局限，本书引入协同演化分析框架，对海外并购整合动态与创新网络重构的交互关系及互动机制进行分析，尝试解答中国企业如何通过海外并购整合与创新网络重构的协同演化实现对全球先进技术的赶超。

海外并购整合涉及知识的跨组织转移。通过在群组间建立共同的身份、惯例、顺序与模式，组织可以降低交流成本并提升知识协调性，为基于现有知识基础组合开发新知识提供共同的知识环境（Nahapiet & Ghoshal, 1998; Grant, 1996）。创新是一个重组过程，企业探索新颖的知识点并进行知识整合（Henderson & Clark, 1990; Davis & Eisenhardt, 2011），通过逐步架构创新网络的动态过程，企业可以实现学习网络构建并整合外部知识（魏江等，2014）。

一方面，外部连接是多样化、非冗余知识的来源（Burt, 2009; Obstfeld, 2005）。另一方面，整合外部连接中的流动知识是极具成本的（Ahuja, 2000; Aral & Van Alstyne, 2011）。上述两种力量决定重组过程中创新性和整合效率之间的平衡取舍，不同类型重组过程将引发截然不同的创新产出（Kaplan & Vakili, 2015）。

并购整合在本质上是一个动态过程，具有复杂性、模糊性和矛盾性。尽管可以部分计划，但依旧不可避免偶然机会或非参与问题导致的涌现现象（Graebner et al., 2017）。尽管中国海外并购整合企业普遍希望通过快速整合实现技术知识的转移（Yakob et al., 2018），但是，只有交织两个企业现有创新能力提供正向锁定效应时，才会促进企业在产业和技术轨迹方面的演进。对海外并购整合过程的把握，需要考察资源在企业关系网络节点、网络轨迹层面的结构重配（Anand et al., 2005）。创新网络中，节点层次资源动态能力的改变，会引发网络轨迹演化的差异；二者改变相互协同，有利于网络演化向着收益增进的动态平衡状态转化。

协同演化（co-evolution dynamics）分析思路适用于战略管理、组织管理等领域的研究，对于包含历史情境的时间纵向研究、包含跨层次的多向因果研究、包含多变量交互影响的互动问题方面具有适用性（Volberda & Lewin,

2003）。创新网络构建是网络上的自愿行为，例如，通过组织动态的创造和战略联盟形态的改变，在调动资源以支撑网络（Pittaway et al.，2004）形成"松散耦合组织"的同时，维持分离性与自身身份的独立（Dhanaraj & Parkhe，2006），通过持续学习的自我组织网络（Rycroft & Kash，2004）对技术发展和商业模式的重构产生影响（Calia et al.，2007）。

海外并购整合与创新网络重构二者的协同演化研究得益于下述两方面的可行性。首先，海外并购整合具有多维度、动态化特征（Graebner et al.，2017），网络组织面临更多的复杂性和交互依赖。海外并购整合对地理边界及所有权边界的跨越，导致并购整合效果受制于网络支撑架构（Zhang et al.，2010）的影响。其次，网络重构具有多面性的内涵，创新网络重构过程中所涉及的网络动力学演化（Gilbert et al.，2001）和网络嵌入的影响（Grewal et al.，2006；Rouzies et al.，2019；Uzzi，1997），使网络重构具有子系统间的联系性、动态性及边界特征。挖掘海外并购网络整合模式与创新网络重构间的协同演化，有助于企业识别整合过程的重要议题并提升整合成功率。

1.1.3 理论意义

1. 有助于从创新网络重构角度理解海外并购整合的动态内生决策

海外并购整合是收购方企业应对快速改变的外部环境，对目标方企业进行资源获取、资源吸收和资源重构的动态过程，通过资源的转移、删除及保留（Karim & Mitchell，2000）实现双方资源交互作用的合理化。本书构建海外并购整合与创新网络重构的协同演化分析框架，综合考察创新网络"关系嵌入—结构嵌入—位置嵌入"重构的动态过程。尝试从组织边界拓展角度，探究海外并购整合目标方自主性演进与创新网络关系嵌入重构之间的协同演化；从地理边界拓展角度，探究海外并购整合地理边界拓展与创新网络结构嵌入重构之间的协同演化；从学习边界拓展角度，探究海外并购整合与创新网络位置嵌入重构的协同演化。本书为创新网络动态演化系统中如何实现企业整合过程的最优内生决策提供新颖的研究视角。

2. 深化海外并购整合实现创新网络重构的理论机制

海外并购整合与创新网络重构组成一个动态交互系统，从并购整合过程的创新网络重构机制出发，分析网络连接构建的动力机制以及网络连接的边界条件，如何影响二者协同演化下差异性交互依赖关系和创新网络结构的生成涌现。为海外并购整合与创新网络关系嵌入重构，结构嵌入重构，位置嵌入重构的协同演化，提供微观层面的行为动机。本书有助于建立海外并购整合与创新网络"关系嵌入—结构嵌入—位置嵌入"重构的多层次协同演化理论。

3. 有助于理解海外并购整合与创新网络重构协同演化的时空重构特征

创新网络"关系嵌入—结构嵌入—位置嵌入"重构，能否提升创新网络价值并促进企业创新表现，取决于二者协同关系在动态演化系统中的适应、遗传与选择（Nelson & Winter, 1973）。海外并购双方的"竞争—合作"关系演化，对网络中的其他企业的行为产生影响，而这种影响也会通过"全球—地方"网络的张力引发新的网络重构，反馈到收购方企业自身的海外并购整合过程中，通过动态资源流动和结构差异（Gnyawali & Madhavan, 2001）形成错综复杂的交互关系。面对海外并购整合过程中较高的制度距离和技术禀赋差异，从创新网络时空重构的角度出发，本书特别关注整合行为的阶段性特征与创新网络时空维度重构之间的联系，形成一套适应于来源国劣势的创新网络"竞争—合作"二元张力的时空重构演化机制。

1.1.4 现实意义

1. 有助于促进收购方企业动态整合与创新网络的协同共生

通过对海外并购整合与创新网络重构协同演化的传导路径、演化稳态等问题的分析，为中国技术获取型海外并购方企业了解创新网络演进的维度，把握海外并购整合与创新网络重构的阶段性特征提供理论指导。有助于企业明确自身海外并购整合战略目标，实现对全球创新网络协同效应的获取，准确评估海外并购整合在网络关系嵌入途径、网络结构嵌入功能优化、网络位置嵌入位势追赶过程中的风险和机遇，提升过程管控的有效性，提升企业海外并购整合的时效性与应变能力。通过动态调节并购整合策略，提升整合过程中收购方企业资源流入、流出与创新网络价值创造的协同共生，为收购方企业把握并购整合与创新网络重构的协同演化路径、提升收购方企业动态整合能力提供实践指导。

2. 有助于识别创新网络地位与功能，提升海外并购整合的创新网络治理能力

通过海外并购整合过程所引发的创新网络重构的连接机制及网络结构的协同演化研究，有利于企业有效识别、评估自身及其他竞争、合作企业在全球创新网络中的位置和功能，促进收购方企业从演化视角把握创新网络重构过程中的节点位置动态演化，更为准确地识别创新追赶过程中的全球技术轨迹演进，有助于企业更准确的评估自身的发展趋势和发展路径。有效迎合当前全球市场和技术变革的需求，合理化识别与配置网络各部分的功能，实现对企业并购后基于创新网络重构的创新管理。为企业参与国际创新合作、实现国际创新网络治理提供网络重构的自主意识，促进中国海外并购企业进一步识别开放式创新中的网络地位与功能演进，有助于提升整合过程中收购方企业的创新网络治理能力。

3. 有助于收购方企业提升全球创新网络嵌入深度与宽度提供战略部署

利用演化理论的涌现性，对海外并购整合与创新网络重构协同演化的涌现及其机制进行探索，为企业参与网络编配、实施网络治理，实现收购方企业在全球创新网络中的战略部署提供有益导向。面对当前发达国家全球经贸政策的不确定性和逆经济全球化趋势，本书有助于从海外并购整合实现市场内部化，促进企业融入全球科技创新网络的能动性出发，提供应对不良全球创新网络竞争态势的有效路径。有助于收购方企业作为网络中介，在国内、国际双循环相互促进的新发展格局下，促进海外并购整合沿创新网络的知识转移与知识溢出，提升中国企业参与全球创新合作地位，进一步为企业提升参与全球创新网络合作的深度和广度提供战略部署。

1.2 基本概念界定

1.2.1 海外并购整合

格拉布纳等（Graebner et al., 2017）认为并购整合涉及双方企业及其内部单元合并为一个新组织的多个侧面，在本质上是一个多维度组织与协调的过程。新兴经济体企业能否借助技术获取型海外并购，整合海外优质资源、提升企业核心竞争力，关键在于能否对目标方企业核心资源进行有效管理和整合（Kale & Singh, 2017）。

本书从时空重构角度考虑海外并购整合行为。并购是重新划定企业边界的机制（Rhodes-Kropf & Robinson, 2008），海外并购整合过程中，创新资源在组织内外部的流入流出延展企业边界。在时间重构角度，本书基于哈斯佩斯拉格和杰米森（Haspeslagh & Jemison, 1991）的"整合程度—目标方自主性"的并购整合分析框架，并将二者视为相互独立的两种选择（Zaheer et al., 2013）。海外并购整合过程涉及整合程度、目标方自主性两个维度的跨阶段演进，收购方企业通过调整目标方自主性水平实现治理结构优化，改进企业组织边界。在空间重构角度，海外并购整合行为对企业地理边界进行拓展，海外并购后收购方企业通过在目标方所在东道国建立子公司或研发基地，拓宽企业自身的制度背景，通过地理边界拓展，降低整合过程中的摩擦效应，有效实现目标方知识对母国的逆向转移（Yakob et al., 2018）。海外并购整合中，收购方企业得以跨越制度范畴，通过整合过程中的信息获取、信息传播、信息共享实现适应性学习，发展不同的方法和惯例，以解决问题并进行创新（Vasudeva et al., 2013）延展企业的学习边界。

因此，本书从时空重构角度考虑海外并购整合行为对企业组织边界、地理边界、学习边界的拓展。本书对中国技术获取型海外并购整合的定义如下：

在来源国劣势条件下，收购方企业跨越制度范畴配置创新资源在目标方企业、收购方企业之间的流入流出，延展收购方企业组织边界、地理边界、学习边界，实现目标方企业核心创新资源向收购方企业逆向转移的多阶段、多维度动态协调过程。

1.2.2 网络嵌入观的创新网络重构

网络嵌入理论（network embeddedness theory）认为经济活动均镶嵌于跨企业关系网络中（Granovetter，1985），企业所嵌入的创新网络影响企业的创新轨迹，企业需要依赖外部连接的构建以获取重要资源，但同样依赖于正在演进的网络以提供信号（Burt，2009）。本书创新网络以企业为节点，以企业之间的创新合作以及互引关系为连接。通过引入古拉提和加吉洛（Gulati & Gargiulo，1999）跨企业组织网络内生演化理论研究中对网络嵌入性的三种划分，利用关系嵌入（relational embeddedness）、结构嵌入（structural embeddedness）以及位置嵌入（positional embeddedness）刻画创新网络重构。

1. 创新网络关系嵌入

关系嵌入强调网络成员间，过往紧密连接对后续合作的效应（Gulati & Gargiulo，1999），指向网络中的直接连接层次，刻画了两个网络成员间通过连接实现相互信任、互惠行动、情感关系的强度（Granovetter，1973）。关系嵌入代表双方企业间的信任与承诺，促进优质信息共享及共同问题的解决（Uzzi，1997）。关系嵌入背后的高质量关系，维持公司与外部网络成员在经济与知识交易中的持续性。本书从关系嵌入的紧密程度出发，关注创新网络关系嵌入深度的重构。

2. 创新网络结构嵌入

结构嵌入强调成员间与另外一个成员进行合作倾向的结构特征，指向间接连接层次（Granovetter，1992）。结构嵌入指向网络中的三元关系，更为注重成员间信息和声誉的间接渠道效应。结构嵌入通过共享第三方连接，提升信息的可信度，识别具有共同伙伴的网络成员，为网络成员行为提供锁定效应和局部声誉的传递（Gulati & Gargiulo，1999）提供网络渠道。本书从结构嵌入的开放或闭合结构对第三方监督有效性的影响出发，关注创新网络结构嵌入桥接结构的重构。

3. 创新网络位置嵌入

位置嵌入刻画网络中合作关系在整体结构中的位置。位置嵌入超越了直接连接或间接连接的分析层次，转而关注网络中特定位置引发的信息优势和信号属性（Gulati & Gargiulo，1999）。网络位置中心性、网络位置同配性均体现网络位置嵌入的重构。网络同配性刻画了网络中具有相似节点度的节点之间的连接倾向性。鉴于技术获取型海外并购中，中外企业创新网络位置具有非对称性特征，本书关注网络位置嵌入中的同配性重构。

1.2.3　协同演化

埃利希和拉文（Ehrlich & Raven，1964）提出针对生物学的协同演化定义：一个物种的某类特性因回应另一物种的某类特性而进行进化，而后者的该类特性也同样因回应前者的特性而进化的过程。网络结构与网络上个体行为人的策略动机存在相互作用（Ahuja et al.，2012）。罗泽斯等（Rouzies et al.，2019）利用案例研究法，按并购整合前期、并购整合后期以及并购整合网络嵌入协同演化三过程，分析欧洲钢铁产业海外并购整合与网络重构的协同演化特征。在企业创新系统研究方面，协同代表系统内部各要素间、要素和系统整体间、系统与系统之间的一种相互作用模式与机制；演化代表创新主体、创新要素之间通过互动学习与交互共演实现创新活动目标的满足（陈劲，2017）。基于上述概念，本书从共演（coevolution）出发，定义协同演化为海外并购整合与创新网络结构之间的共演，探究海外并购动态整合过程与创新网络重构之间的互动机制，以及对并购后收购方企业技术创新的影响。本书将整合过程划分为初始整合阶段和后续整合阶段，分别针对初始整合阶段整合行为对创新网络嵌入的影响，以及后续整合阶段创新网络嵌入重构对后续整合行为的影响，探究并购整合与创新网络重构二者的协同演化。

1.3 研究问题、思路与方法

1.3.1 研究问题提出

本书旨在分析中国企业海外并购整合与创新网络重构二者间的的协同演化关系。

纵观以往研究，针对企业海外并购整合与创新网络结构的研究，大多从单一方向、静态角度探究某一特定水平的整合程度对网络指标，如结构洞或网络中心性（李飞，2017；Mirc，2012）的影响，探究并购前企业网络位置、网络结构差异对并购成功与否及并购绩效的影响。但是，动态视角的海外并购整合（Ahuja，2001）分析以及网络动力学理论研究表明，海外并购整合与创新网络重构是两个动态过程。海外并购整合通过创新网络嵌入实现网络重构的过程，不仅仅取决于企业跨时期的整合行为决策，也不仅仅取决于网络动力学某种特定的网络连接机制的作用，而是决定于海外并购整合与创新网络嵌入二者的协调交互。

另外，过往研究针对海外并购整合中跨国差异因素的分析，多集中于外生因素视角，将跨国环境差异视为外生因素，例如，采用诸如文化距离、制度距离、地理距离等指标作为外生控制变量，刻画跨国差异对整合行为及并购后创新绩效的差异；但是本书认为，在海外并购整合与创新网络重构的协同演化过程中，跨国环境差异是影响协同演化过程的内生因素，上述国别差异性质，将作为影响演化过程中网络重构的边界限制因素，上述边界内生的决定了当期整合与创新网络重构的方向并影响跨期间边界因素的相对作用力度。

因此，本书提出考察海外并购整合与创新网络重构之间的协同演化，基于网络嵌入观，从"关系嵌入—结构嵌入—位置嵌入"解构创新网络重构。

本书提出以下研究问题：

（1）考虑二者协同演化的特征，海外并购整合与三种不同创新网络嵌入的协同演化，具有何种不同特征？考虑二者协同演化的创新效果，海外并购整合与三种创新网络嵌入协同演化的创新贡献度有何差异？初始整合阶段、后续整合阶段中，收购方企业海外并购整合与何种创新网络嵌入的协同演化，最有助于并购后技术创新的增进？

（2）考虑创新网络关系嵌入重构，从整合的组织边界拓展出发，目标方自主性的动态调整如何引发与创新网络关系嵌入深度重构的协同演化，上述协同演化能否实现并购后创新表现的增进？

（3）考虑创新网络结构嵌入重构，从整合的地理边界拓展出发，收购方企业整合边界沿母国、沿东道国的拓展，如何引发与创新网络结构嵌入桥接重构的协同演化，上述协同演化能否实现并购后创新表现的增进？

（4）考虑创新网络位置嵌入重构，从整合的学习边界拓展出发，收购方企业通过适应性学习跨期提升整合程度，如何引发与创新网络位置嵌入同配性重构的协同演化，上述协同演化能否实现并购后创新表现的增进？

1.3.2 研究思路

针对上述研究问题，本书在中国技术获取型海外并购整合与创新网络重构的协同演化特征分析基础上，分别针对创新网络的"关系嵌入—结构嵌入—位置嵌入"重构，开展海外并购整合与创新网络重构的协同演化研究。具体研究思路如下：

1. 海外并购整合与创新网络嵌入的协同演化特征研究

针对创新网络嵌入观的"关系嵌入—结构嵌入—位置嵌入"内容，开展海外并购整合程度与创新网络嵌入的协同演化研究。研究初始整合阶段，海外并购整合对三种不同创新网络嵌入的影响，以及后续整合阶段三种类型创新网络嵌入重构对后续阶段整合程度的影响。对比三种不同创新网络嵌入的传导机制，分析海外并购整合通过何种网络嵌入的协同演化，实现并购后技术创新。

2. 海外并购整合与创新网络关系嵌入重构的协同演化研究

创新网络的重构，首先体现为直接连接的变动。本书从关系嵌入出发，探究海外并购整合与创新网络关系嵌入重构的协同演化及其对并购方技术创新的作用。基于整合程度—目标方自主性的动态整合分析框架，对初始整合阶段，收购方企业初始整合程度、目标方自主性水平如何影响创新网络关系嵌入强度，以及后续整合阶段，创新网络关系嵌入强度的增进，如何作用于收购方企业跨期整合程度、跨期目标方自主性的选择进行理论机制分析。从交易成本演进角度，通过引入目标方自主性的动态演进，从组织边界拓展的角度，探讨收购方企业高管跨国外派治理的可行性条件。

3. 海外并购整合与创新网络结构嵌入重构的协同演化研究

考虑间接连接改变的创新网络重构，结构嵌入关注焦点企业在间接连接另外两个企业中的结构作用。从结构嵌入出发，探究海外并购整合与创新网络结构嵌入桥接重构的协同演化及其对并购方技术创新的作用。基于创新网络中第三方监督有效性，分析初始整合阶段收购方企业选择何种初始整合程度有助于实现创新网络结构嵌入重构，以及后续整合阶段，创新网络结构嵌入的增进，如何作用于收购方企业后续整合程度。进一步地，考察海外并购整合对企业地理边界拓展，如何影响创新网络结构嵌入重构对技术创新表现的传导。

4. 海外并购整合与创新网络位置嵌入重构的协同演化研究

超越直接连接或间接连接的分析层次，考虑创新网络特定位置引发的优势特征。本书引入适应性学习，进一步分析海外并购整合与创新网络位置嵌入重构的协同演化机制。基于创新网络联合中心性和结构等价性，分析初始整合阶段，收购方选择何种整合程度有助于实现创新网络位置嵌入的同配性重构，以及后续整合阶段中，创新网络位置嵌入重构如何作用于收购方企业跨期整合程度提升，进而促进收购方并购后技术创新。

1.3.3 研究方法

本书采用理论机理、数理模型、仿真研究、实证研究等多种研究方法，开展海外并购整合与创新网络重构的协同演化研究。

1. 基于网络嵌入观的协同演化理论机制研究

在文献梳理的基础上，本书采用网络嵌入观视角，结合社会网络理论、演化经济学理论，探究海外并购整合与创新网络"关系嵌入—结构嵌入—位置嵌入"重构的协同演化特征。为探究二者协同演化关系，将并购过程划分为初始整合阶段与后续整合阶段，对于初始阶段中海外并购整合行为如何影响创新网络重构，以及后续整合阶段中创新网络重构如何进一步作用于跨期海外并购整合提供理论机制分析。

2. 开展动态最优化、二阶段协调博弈等数理模型研究

在海外并购整合与创新网络关系嵌入重构的协同演化研究中，构建企业跨国创新生产的动态最优化问题，采用离散时间整合阶段，将创新网络关系嵌入的节点度演进与对应时期的企业生产力水平提升相联系，作为动态最优化问题的约束条件。通过动态最优化模型求解跨国治理共享发生的条件，为收购方企业动态调整目标方自主性水平提供数理建模依据。针对海外并购整合与创新网络结构嵌入重构的协同演化，对协同演化的初始阶段，构建非对称创新收益的海外并购初始整合决策模型，刻画海外并购决策和海外并购初始整合决策的阈值；引入二阶段协调博弈模型刻画第三方惩罚有效性条件，对海外并购整合与创新网络结构嵌入重构之间的协同演化特征进行分析。在海外并购整合与创新网络位置嵌入重构的研究中，构建耦合协调度模型，测度海外并购整合与创新网络位置嵌入重构的协同演化特征及演化趋势。本书采用多种数理建模方法，提供海外并购整合与创新网络重构的协同演化理论模型分析。

3. 基于多主体模型的网络动态演化仿真研究

考虑连续时间动态的海外并购整合与创新网络结构嵌入重构的协同演化，通过构建海外并购整合与创新网络结构嵌入重构的协同演化多主体（multi-agent simulation）仿真模型。多主体仿真通过赋予主体感知、行动和决策的能力，对复杂系统中多元主体行为及其互动机制加以刻画，实现从个体到整体的"微观向宏观"的涌现。本书引入多主体仿真模型，拓展数理模型二阶段

协调博弈的阶段性特征，更为直观的揭示网络主体行为决策与创新网络结构演化的协同演化关系。通过 Netlogo 软件刻画海外并购整合与创新网络结构嵌入重构的动态协同演化特征，将理论分析中的二阶段划分推广至连续时间动态的分析架构内。

4. 基于倾向匹配—双重差分法、联立方程法、生存分析等多种方法的实证研究

为处理协同研究中的内生性问题，在海外并购整合与创新网络关系嵌入重构的协同演化实证研究中，采用反事实的拟自然实验，利用倾向得分匹配—双重差分法，将海外并购整合对创新网络关系嵌入的影响从创新网络自身的演化特征中剥离，并进一步分析处理组相对于对照组，其海外并购整合的阶段性特征与创新网络关系嵌入重构的协同演化差异；在拓展海外并购整合边界拓展与创新网络结构嵌入重构的协同演化研究，采用动态面板系统 GMM 法、联立方程法三阶段最小二乘法处理协同演化系统的内生性；针对适应性学习下，海外并购整合与创新网络位置嵌入重构的协同演化，利用 Cox 比例风险模型、Kaplan–Meier 生存分析法，刻画海外并购整合与创新网络同配性之间的协同演化事件生存概率。针对以创新专利数刻画的创新表现分析中，采用负二项回归法检验协同演化的创新绩效，并针对创新专利数进行零膨胀负二项回归稳健性检验分析。

1.4 研究目标、内容与框架

1.4.1 研究目标

本书的研究目标如下：①探究海外并购整合与创新网络嵌入的协同演化特征及其创新效果。基于网络嵌入观，分析"关系嵌入—结构嵌入—位置嵌入"的传导机制及创新效果的差异性；②探究海外并购整合与创新网络关系

嵌入重构的协同演化理论机制；分析如何动态安排目标方自主性水平实现其与创新网络关系嵌入深度的协同演化，以实现并购后技术创新；③探究海外并购整合与创新网络结构嵌入重构的协同演化理论机制；收购方企业如何动态整合程度、延展整合的地理边界以实现海外并购整合与创新网络结构嵌入桥接重构的协同演化，以实现并购后技术创新；④探究海外并购整合与创新网络位置嵌入重构的协同演化理论机制，分析收购方企业如何通过合理安排跨期海外并购整合程度以实现创新网络位置嵌入同配性重构的协同演化，以实现并购后技术创新。对来源国劣势下，中国技术获取型海外并购整合的动态性分析，建立海外并购整合"组织边界—地理边界—学习边界"延展与创新网络"关系嵌入—结构嵌入—位置嵌入"重构的协同演化分析框架，为提升中国收购方企业创新网络治理能力、提升并购后技术创新能力提供理论支持。

1.4.2 研究内容

本书构建技术获取型海外整合与创新网络"关系嵌入—结构嵌入—位置嵌入"重构的协同演化分析框架。并从以下四项内容，开展研究海外并购整合与创新网络重构的协同演化研究。

研究内容一：海外并购整合与创新网络嵌入的协同演化特征研究

作为全书理论分析的伊始，基于网络嵌入观理论，从关系嵌入—结构嵌入—位置嵌入出发，分析海外并购整合与三类创新网络嵌入的协同演化机制以及协同演化的创新表现。首先，针对创新网络关系嵌入、结构嵌入、位置嵌入，提供海外并购整合与创新网络嵌入的协同演化传导机制分析；其次，分析初始整合阶段和后续整合阶段中，基于何种创新网络嵌入重构最有助于实现海外并购整合后的技术创新效应；采用2001~2013年中国技术获取型海外并购整合样本，采用联立方程组模型，检验海外并购整合与三种不同创新网络嵌入的协同演化的差异性特征；最后，采用中介效应模型，分别检验初始整合阶段，后续整合阶段中，海外并购整合在创新网络嵌入与技术创新传导中的中介作用。

研究内容二：海外并购整合与创新网络关系嵌入重构的协同演化研究

拓展并购整合的组织边界，通过引入"整合程度—目标方自主性"的综合整合分析框架，从交易成本动态演进角度，探究海外并购整合中的组织边界拓展与创新网络关系嵌入重构之间的动态关系，实现目标方自主性动态收缩的整合策略与创新网络关系嵌入深度重构之间的协同演化分析。在布斯坦因和纳兰霍（Burstein & Naranjo，2009）跨国企业技能流动模型的基础上，进一步引入收购方企业生产力伴随并购整合的创新网络关系嵌入的动态演进条件，构建离散时间动态模型。在理论分析基础上，采用2001~2013年中国技术获取型海外并购整合样本进行实证检验。利用倾向匹配得分—双重差分法（Propensity Score Matching – Difference in Difference，PSM – DID）处理协同演化系统的内生性问题，对目标方自主性与创新网络关系嵌入重构协同演化关系进行检验。进一步地，采用负二项回归检验海外并购整合与创新网络关系嵌入深度重构对并购后技术创新的传导。

研究内容三：海外并购整合与创新网络结构嵌入重构的协同演化研究

拓展并购整合的地理边界，从第三方监督有效性角度，探究海外并购整合与创新网络结构嵌入桥接重构之间的协同演化关系。从整合地理边界拓展对创新网络地理凝聚性内生影响出发，探究如何提升利用海外并购整合基于创新网络结构嵌入重构对创新表现的传导效果。基于创新网络第三方监督有效性和创新网络地理凝聚性的内生变动，构建二阶段协调博弈和多主体仿真模型进行数理建模研究。进一步地，采用中国技术获取型海外并购整合样本，实施动态面板系统广义矩估计（system gMM）检验协同演化机制，并利用联立方程组法处理创新网络地理凝聚性的内生性问题，检验协同演化的创新效果。

研究内容四：海外并购整合与创新网络位置嵌入重构的协同演化研究

拓展并购整合的学习边界，从收购方企业适应性学习出发，基于企业行为和网络结构互动的学习适应演进，分析收购方海外并购整合过程中，跨期整合程度提升与创新网络度位置嵌入同配性重构的协同演化及其对创新表现的影响。通过构建耦合协调度模型,采用中国技术获取型海外并购整合样本,对中国技术获取型海外并购整合与网络位置嵌入重构的协同演化进行初步测度。实证研究中,首先采用 Cox 比例风险模型以及 Kaplan – Meier 生存函数分析,探究跨期整合程度提升与创新网络位置嵌入重构的协同演化理论机制,进一步地,利用负二项回归分析检验协同演化的创新效果。

1.4.3 研究框架

图 1 – 5 展示本书研究框架。

1.5 研究创新点

本书将海外并购整合与创新网络重构纳入协同演化的分析系统。不同于以往整合行为对创新网络影响或初始网络位置对海外并购影响的单一方向研究,本书对协同演化的研究,进一步考虑海外并购整合与创新网络重构的双向互动及其演化性特征。本书具有如下创新点:

1. 网络嵌入观的动态海外并购整合模式研究

本书开创性地提出网络嵌入观的动态海外并购整合模式。不同于现有静态视角的逆向跨国并购整合模式研究,本书将收购方的海外整合行为嵌入于全球创新网络的演化过程。采用分阶段、渐进式的动态视角,开展技术获取型海外并购的动态整合模式研究。针对技术获取型海外并购中的来源国劣势,考察如何利用有效整合行为实现全球创新网络嵌入深度和宽度的提升。网络嵌入观的引入,将收购方企业资源识别、整合、应用的资源配置过程与企业在网络中的地位、位置和与其他企业之间的相互关系加以联系。通过区分初始整合阶段、后续整合阶段,分析不同整合阶段中,创新网络关系嵌入、结构嵌入、位势嵌入差异对收购方动态整合模式的影响机制。

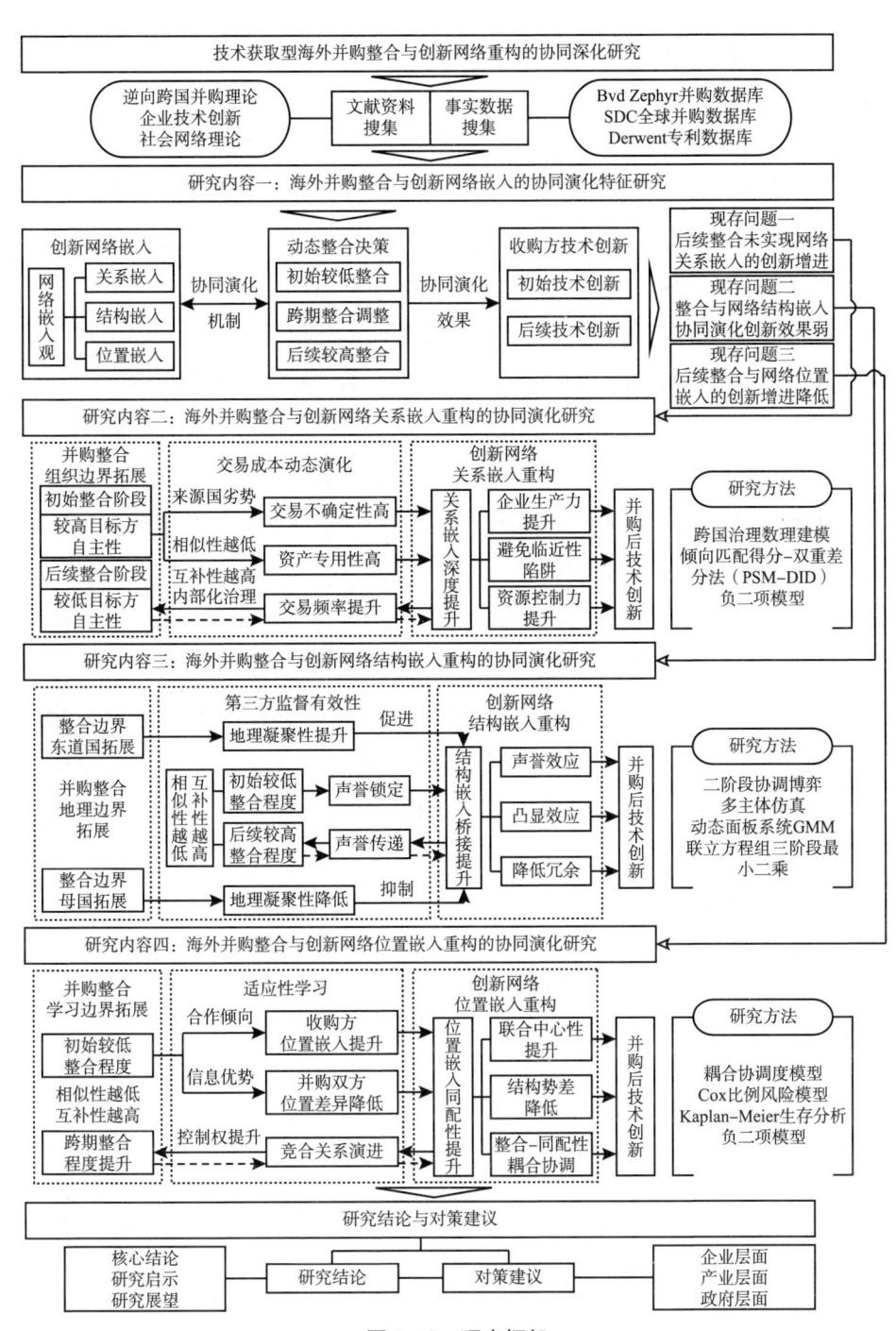

图 1-5 研究框架

2. 海外并购整合与创新网络"关系嵌入—结构嵌入—位置嵌入"重构协同演化框架

本书从海外并购整合与创新网络嵌入重构的协同演化出发，依次分析如何拓展整合的组织边界实现创新网络嵌入强度重构，如何拓展整合的地理边界实现创新网络结构嵌入桥接重构，如何拓展整合的时间维度实现创新网络位置嵌入同配性重构。实现了海外并购整合与创新网络"关系嵌入—结构嵌入—位置嵌入"重构的协同演化研究框架，而上述研究框架也代表了对创新网络重构的研究层次，沿"直接连接—间接连接—网络位势"的逐步深入。

3. 基于"时空重构"特征的海外并购整合与创新网络重构的协同演化

就空间重构特征而言，基于管理层跨国治理共享，分析海外并购目标方自主性动态演化与创新网络关系嵌入强度的协同演化关系；基于创新网络结构嵌入桥接重构和内生的创新网络地理凝聚性，分析海外并购整合边界沿母国或东道国的拓展与创新网络结构嵌入重构的协同演化关系。就时间重构特征，通过初始整合阶段、后续整合阶段的阶段性划分，刻画海外并购整合程度、目标方自主性水平的动态演化，利用多主体仿真分析、倾向得分匹配—双重差分法（PSM）、动态面板数据系统广义矩估计（GMM）等动态分析方法，探究动态海外并购整合与创新网络重构的协同演化关系。

第 2 章

文献综述

2.1 技术获取型海外并购整合与企业技术创新效应研究

2.1.1 新兴经济体技术获取型海外并购整合策略研究

格拉伯内尔等（Graebner et al.，2017）认为并购整合涉及双方企业及其内部单元合并为一个新组织的多侧面，在本质上是一个多维度组织与协调的过程。通过改变功能、结构、系统及组织文化，实现合并体的整体功能优化（Pablo，1994）。并购整合导致目标方企业作为独立商业单位的终止（Puranam et al.，2006）。并购首要动因是通过核心能力转移，快速获取企业创新所需的新技术（Acemoglu & Cao，2015）。技术获取型海外并购企业，通过整合目标方公司创意资源，实现开放式创新向自主创新能力的转化（李杰等，2011；罗仲伟等，2014）。

不同于发达国家收购方企业利用跨国并购后结构性整合（Puranam et al.，2009）实现规模效应；新兴经济体收购方企业更关注跨国并购后关键技术、知识与能力的获取，采用轻触式（Liu & Woywode，2013）、无为而治（Sun，2018）、支持性伙伴（Oliveira & Rottig，2018；Kale et al.，2009）等整合模式，提升企业核心竞争力。拉恩夫特和劳德（Ranft & Lord，2002）提出慢速整合可以促进双方之间信任的形成，并避免并购双方知识基础的退化。在并购双方文化距离差距较大的海外并购中，慢速整合是有利的（Monin et al.，2013）。慢速整合过程引入更多参与性交流并避免因组织身份突变引发的失调。

新兴经济体企业最终能否借助逆向跨国并购整合海外优质资源、提升企业核心竞争力，关键在于能否对被并企业进行有效管理和整合（Kale & Singh，2017）。哈斯佩斯拉格和杰米森（Haspeslagh & Jemison，1991）提供了"整合程度—目标方自主性"的并购整合分析框架，采用较低整合与高度自主性的共生整合模式，为延迟整合提供理论支持。相对于将整合程度与目标方自主性视为统一体两端的对立关系，近来学者提出整合程度与自主性是相互独立的两种选择（Zaheer et al.，2013）。利用治理共享和协调运营两个维度的高低匹配，学者们提出后发跨国并购整合的融合型、隔离型、合作型整合策略（魏江和杨洋，2018）。跨国并购背景下，海外子公司追求自主性，因为它们可能认为自身更理解当地或区域环境（Bouquet & Birkinshaw，2008）。目标方自主性有利于维持目标方企业热情及创新能力（Puranam et al.，2006），当并购双方松散耦合时，可强化并购后企业在不同东道国中对当地需求的响应。中国企业受制于技术禀赋差距，自身的吸收能力不足，导致大量中国企业在跨国并购后，不得不完整保留目标方企业的品牌、人员以及公司架构（Liu & Woywode，2013）。

相对于上述静态视角的整合模式研究，现实中很多新兴经济体企业在并购发达国家企业之后采取了"分阶段""渐进式"的动态整合战略（杨勃和张宁宁，2020）。并购整合作为一个多阶段过程，包含收购方与目标方企业合并形成新组织的多层面、动态过程（Graebner et al.，2017）。利用纵向案例法，谢洪明等（2019）提出中国企业连续跨国并购的双向资源结构化——纵向资源结构化——横向+纵向资源结构化循环的演化过程，通过环境撬动、业务撬动、平台撬动三种方式促进并购价值创造。但是，对于大量非连续的单次海外并购，目前中国企业海外并购整合的理论机制研究尚缺乏基于动态视角，对整合战略的动态变化和演进予以深入探索（魏江和杨洋，2018）。

2.1.2 资源基础观的海外并购整合与技术创新研究

技术获取型海外并购整合行动需要考虑并购双方企业的资源基础，战略互补性、文化拟合以及整合速度的推进均影响整合的成败（Bauer & Matzler，2014）。从企业技术资源维度出发，针对技术相似性在并购整合过程中如何作用于并购后技术创新绩效，卢白金等（Lubatkin et al.，2001）提出具有相似性技术的企业并购可以降低整合风险，提升新技术开发的可预测性。技术重叠是企业并购后协同效应的重要来源，并购双方相同的知识背景及认知结构，能够促进学习与知识共享（Makri et al.，2010）。米尔格鲁姆和罗伯茨（Milgrom & Roberts，1995）指出，当一种资源的增进能提高另一种资源的产出表现时，两种资源具有互补性。马克里等（Makri et al.，2010）通过实证分析提出技术互补性将促进新产品的开发，进而提升技术创新产出的观点。金和芬克尔斯坦（Kim & Finkelstein，2009）认为资源互补性所带来的差异，如果不能通过有效整合来提升资源组合效率，亦无法产生价值创造。布拉纳姆等（Puranam et al.，2013）认为互补性的协同效应可实现销量的增长，从而降低每单位产品的研发费用，促进技术创新。科伦坡和拉比奥希（Colombo & Rabbiosi，2014）认为产品市场互补时收购方企业通过维持低度整合可以激励创新。动机导向的互补性资源影响并购后整合的逆向能力转移（Ai & Tan，2020）。在目标方企业整合到收购方组织中而不保留其独立性时，目标方科研人员由于自主性的损失，将对创新效率产生较大的负向影响（Paruchuri et al.，2006；Kapoor & Lim，2007）。

在海外并购整合的协同效应研究中，上述单一资源视角忽视了企业的资源属性是基于资源相似性和资源互补性两个维度，在并购整合中资源相似性和资源互补性之间存在交互影响作用，需要综合考察资源相似性、资源互补性的不同强弱组合（Chen et al., 2016）。在中国技术驱动的跨国并购协同效应研究中，王寅（2013）引入资源相似性、互补性交互作用，分析整合收益的摩擦效应与协同效应。陈珧（2016）进一步引入目标方自主性维度，探究制度因素对并购整合协同效应的影响机制。陈等（Chen et al., 2018）通过分位数回归方法，检验不同资源组合下，海外并购整合程度选择对企业技术创新收益的差异化影响。考虑跨国并购整合中的二元制度嵌入性，东道国制度发展水平对海外并购企业创新绩效有显著的正向效应（李梅和余天骄，2016）。

相对于采用实证方法测度海外并购整合表现，学者们近来陆续针对并购后整合过程开展数理模型研究。考尔和吴（Kaul & Wu, 2016）构建了基于能力视角的收购目标方选择的模型，但是基于企业能力的静态视角出发分析能力对并购绩效的作用，并不能有效地刻画并购整合过程中企业的决策和行动，无法对并购发生和并购整合过程的动态性进行刻画。伊斯塔诺和赛德斯拉切斯（Banal-Estañol & Seldeslachts, 2011）构建了对称收益结构的全局博弈模型以分析并购失败的机制。通过信号识别，刻画企业在并购决策和并购整合努力行为的分阶段特征。阿库斯等（Akkus et al., 2016）构建双边匹配博弈模型，利用偏好揭示法，分析银行业并购整合后的价值创造效应的来源。通过对1995~2005年样本的逐年极大值估计，提出样本中并购价值创造更多来源于分支机构效率提升和对市场竞争力的关注，而非管理者代理问题或表现驱动的并购。格里桑拉南（Gowrisankaran, 1999）首次构建基于马尔科夫博弈的内生水平并购动态模型，通过对并购、退出、投资、进入阶段的内生性引入，利用仿真及比较动态分析，刻画不同偏好和技术条件下并购价值的差异。国内研究方面，陈等（2017）基于非对称全局博弈模型，引入海外并购双方企业能力异质性，建立中国技术获取型海外并购整合与技术创新数理模型。陈等（2016）采用动态仿真方法，对不同资源相似性、互补性组合下，海外并购整合与企业技术创新关系的动态演化特征提供趋势分析。进一步地，陈等（2018）通过对海外并购双方企业资源控制力刻画，建立海外并购整合与企业技术创新的动态马尔科夫博弈模型。

2.1.3　创新网络视角的海外并购整合与技术创新研究

弗里曼（Freeman，1991）提出创新网络是企业主动跨越组织边界，获取外部技术及创新资源的主要方式。创新轨迹不再单纯由企业个体决定，而是极大地受企业所嵌入网络的影响（Powell et al.，1996）。企业跨组织网络连接行为在多种产业内极大地促进企业创新产出以及竞争力的提升（Ahuja，2000）。

创新网络的连接行为通过风险共担（Grandori，1997），新市场、技术的获取（Grandori & Soda，1995；George et al.，2008），加速产品市场化（Almeida & Kogut，1999）以及合并互补性技能（Hagedoorn & Duysters，2002）等机制促进企业创新收益的提升。在跨国的创新网络连接过程中，合作伙伴信息的获取难度高，并且合作伙伴信息的可靠性缺乏，将导致跨国创新网络连接风险的增加继而影响企业网络连接决策（Gulati & Gargiulo，1999）。网络的跨组织嵌入是影响创新网络节点信息识别、组织学习、风险感知的重要方式。池仁勇（2007）通过对创新网络密度，网络中心化和节点中心性，节点和块分析，派系分析以及中心外围结构，分析区域中小企业创新网络节点连接效率情况，发现节点连接强度对企业新产品研发具有正向影响。应瑛等（2018）利用归纳式案例研究法，将二元创新理论与国内、国际市场的独占机制相结合，对后发企业如何在全球开放式创新网络中实现价值独占，提供主导范式设计、因果模糊和互补性资产等传导机制。

目前仅有少量并购整合的研究从企业网络资源与并购整合表现间的联系入手。并购整合引发现有组织关系解体并破坏知识的社会嵌入性，阻碍后续知识转移（Colman & Rouzies，2019）。在社会网络视角的并购整合研究中，弗朗兹（Frantz，2012）提出并购整合过程是对现有社会网络的破坏和重建，通过对行为人、资源、任务构建社会网络，仿真分析并购整合中组织规模对企业表现的影响。朱等（Zhu et al.，2013）借助文化惯例视角分析海外并购文化整合，提出路径长度和节点集中度对文化整合冲突率具有重要影响。米尔克（Mirc，2012）采用社会网络视角，分析微观执行者行为决策和宏观企业层面整合表现，通过案例分析法描述以执行者为节点的项目合作网络在海外并购整合过程中的演化。

在创新网络视角的跨国并购整合研究中，李飞（2017）从网络中心性和网络结构洞出发，探究海外并购整合对产业技术创新的影响。陈等（2019）利用结构方程法，实证检验并比较中韩企业海外并购整合经创新网络中心性、结构洞对产业技术创新传导的差异。赫尔南德斯和门农（Hernandez & Menon，2019）提出并购方自我网络的节点折叠机制，认为并购发生后收购方实现对目标方企业的完全控制并获取外部网络连接。但是，海外并购整合过程的多维度和动态性特征表明，网络资源并不会因为网络关系构建而实现快速、完全的资源转移。收购方通过资源编配，主动重塑跨国创新网络伙伴关系，通过连接的构建与剔除（Hernandez & Shaver，2019）创造网络位置优势，通过连锁反应实现网络扩散（Degbey & Pelto，2013），重塑网络拓展并购整合后的竞争优势。雷乌斯等（Reus et al.，2016）提出海外并购整合过程中，非地理特殊知识通过海外分支网络转移并拓展优势的过程。卡瑞姆和考尔（Karim & Kaul，2014）分析跨组织知识结构重组与创新间的关系，提出结构重组解锁潜在跨组织知识的同时，也破坏现有知识基础，二者需要平衡。只有在知识整合过程中，存在高水平跨组织知识协同、对原始知识的路径依赖低以及知识资源质量较高时，结构重组才最终有利于创新。

2.2 跨企业外部创新网络重构研究

2.2.1 创新网络重构的视角与分析维度

从系统的观点出发，特定行为人的网络存在，将引发与其他行为人间的特定关系，而这种关系在行为人未占据该位置时，是行为人所无法提供的

(Ferrary & Granovetter，2009)。创新网络中，由于行为人之间彼此的交互依赖，一个行为人的消失会削弱其他人，并随之削弱整个系统的效率和稳健性。学者们已经发现网络作为社会资本更迭和运输的机制，能反过来提供社会收益或私人优势（Burt，2017）。但是，网络的收益依赖于网络结构和其伴随时间的演化。因此，网络结构受到节点行动影响，行为人行动将影响系统的动态性。为弥合网络结构、网络关系、策略网络生成机制间的理论间隙，需要将网络行为人视为主动性节点，将网络结构配置作为实现行为人自身需求的网络连接者所进行的行为操纵（Watts，2001；Granovetter，2003）。

学者们对于网络重构的分析，尚未形成统一视角。结构主义视角关注行为人网络位置而不考虑构建网络行为人所具有的价值（Freeman，1991；Galaskiewicz & Wasserman，1994）；现象学视角分析连接关系的模式，关注行为人转化或重塑长期结构的能力（Harrisson & Laberge，2002）；复杂网络理论将网络视为多种经济主体交互关系的结果（Newman et al.，2011）。阿胡加等（2012）在针对组织网络动态演化起源的分析中，提出网络架构（network architecture）概念作为衡量、研究网络节点，节点间连接，网络模式和结构特征的研究范式。通过将网络架构沿整体网络（whole network）和自我网络（ego network）两层次进行划分，阿胡加等（2012）提出自我网络层面学者们主要关注了网络中心性和网络结构洞两个维度；整体网络层面学者们主要关注度分布、联通性、凝聚性、密度和度的相配性五个维度。

针对焦点企业的创新网络重构模式，现有研究主要从跨区位重构和跨时段重构两个维度展开。对于创新网络的跨时段重构，创新网络层面的连续创新将成为改变需求和动摇网络位置的因素。网络结构配置是动态过程，企业随时间阶段的动态决策，将引发其对网络结构配置中管控能力的差异性。在跨时间重构的研究中，构建连接的机会，体现网络中跨企业联系的过往模式（Ahuja，2000）；网络经验，代表知识如何产生合作的方式，对于合作过程中新知识的获得以及创新率具有正向联系（Powell et al.，1999）。网络位置成为解释企业过往在创新网络表现的一个有效衡量变量（Gulati et al.，2000）。企业可能占据主导地位，并能够征用其他网络成员的能力和技术，伴随时间推移构建一个中心位置，以领导和重构网络实现创新。对于创新网络的跨区域重构，企业竞争实力的有限性，以及创新价值在产业内的动态地理分布，将引发企业在其边界之外构建合作关系。结构配置和管理创新网络是一个具有挑战性的任务，网络复杂性影响跨组织知识共享的条件，继而影响组织创新表现（Samaddar et al.，2006）。网络结构配置的重构，要求网络行为人随之改变对伙伴需求和能力的适应性，并不断改变产业环境。赫斯塔德等（Herstad et al.，2014）提出，企业能否构建一个真正的全球创新网络的结构，受知识本质、知识发展积累性、知识产权保护的影响。

2.2.2 网络嵌入观的创新网络重构研究

学者们提供有偏爱依附连接（Barabasi & Albert，1999）、混合连接（Jackson & Rogers，2007）等外生网络生成连接机制，但上述连接机制无法解释行为人策略网络的形成。相对于上述外生网络连接机制，在策略网络生成研究中，学者们主要从网络嵌入机制角度提供策略网络内生形成的研究。

网络嵌入包含关系嵌入、结构嵌入以及位置嵌入（Gulati & Gargiulo，1999）。跨企业网络形态的重构演化，受到嵌入网络中企业的组织行为及其引发的内生结构变迁的影响（Gulati & Gargiulo，1999）。网络嵌入是影响收购方企业对创新网络进行信息识别、组织学习以及风险感知的重要方式（Yang et al.，2011）。关系嵌入指向网络中的直接连接，刻画两个组织间关系的强度，代表网络成员间通过连接实现相互信任、互惠行动、情感关系的强度，代表企业间过往连接通过提升双方相互信任程度，对未来网络连接的影响。高凝聚性连接为组织提供相互学习竞争力的渠道并且提升信息的可信度，降低跨企业间合作的不确定性。关系嵌入代表了双方企业之间的信任、承诺，促进优质信息共享及共同问题的解决（Uzzi，1997）。

结构嵌入指网络行为人间的三元关系，刻画企业间结构对与另外一个企业构建连接倾向性的影响，通过间接连接，实现信号识别和声誉锁定效应，促进先前间接连接的企业跨组织直接合作的构建。布特（Burt，2009）提出结构洞理论，占据结构洞中心位置的主体，获得丰富信息渠道和控制优势，通过信息传递、信息渠道、信息过滤（Singh et al.，2016）对三元关系信息流通效果的影响，从而处于更有权力的位置。网络结构已经被证明是影响创新效果的关键因素或调节效应（Kash & Rycroft，2002）；不同的创新网络结构配置模式和关系强度，影响产品创新和过程创新的成功率（Gemunden et al.，1996）。但是，学者们在企业自我网络位置对创新绩效影响的研究中得到差异化结果，一些研究证实企业网络的结构洞将促进知识创造（Baum et al.，2000；McEvily & Zaheer，1999），扮演桥接角色连接不同区域、不同技术类型的组织，通过弱连接（Levin & Cross，2004）推进不同种类、较为遥远的知识进行交流与传递，降低知识冗余性促进创新（Gulati et al.，2012）。但是另外的研究表明闭合性的网络结构能够提升企业的创新表现（Ahuja，2000；Schilling & Phelps，2007），相比于开放网络，更紧密连接的网络结构，如闭合网络将为创新提供更有效的渠道（Coleman，1988）。学者们尝试从类型细分角度调和上述理论分歧。阿胡加（2000）提出考察连接的类型，他认为水平关系的网络连接由于面临更高水平竞争，将更倾向从闭合网络中降低机会主义行为并提升知识共享；而垂直关系的网络连接则倾向于结构洞网络结构以增加知识流动的丰富性。

网络位置嵌入则从网络整体结构角度，探究创新网络中企业所扮演的角色。企业占据网络位置的差异性，引发创新过程中利用外部知识机会的差异性（Tortoriello，2015）。企业在过往联盟网络中的位置，同样影响未来新连接的构建。具有高度嵌入新的企业往往倾向于同另外高嵌入性的企业进行跨企业连接，结构同配性可以降低创新合作中的道德风险。网络同配性刻画网络节点之间，节点度水平的同步匹配性（Jackson，2010）。针对网络位置差异的网络同配性研究表明，一方面，企业通过与较高嵌入性的企业构建连接，能够提升自身的网络嵌入性，提升网络结构中的同配性；另一方面，当企业自身的网络嵌入性过低时，会降低网络中高嵌入性企业与之合作的激励，网络的同配性和非对称性作为两股权衡的力量，影响企业跨组织网络位置嵌入（Ahuja et al.，2009）。

2.2.3 创新网络重构的演化动力学研究

前面有关创新网络重构的传导机制,是基于行为人策略网络动机下的网络生成研究,但是网络结构与其表现之间的协同演化模式表明,个体行为人的策略动机与网络结构之间存在相互作用(Ahuja et al.,2012)。基于动态视角研究网络结构的演化是重要的,因为当前行为人的一些刻意的网络操控行为可能影响后续的网络结构。但是动态视角的引入将挑战网络位置对网络表现影响的持续性。阿胡加等(2012)提供自我网络层面网络演化的四类微观基础:代理人、机会、惯性和外部随机因素。网络演化和创造的一个重要因素是行为人有目的的改变其社会结构,普遍称为代理人行为(Emirbayer & Mlsche,1998)。行为人选择是否与某些其他的行为人建立连接,例如网络连接的构建或删减,或者关系的强化或弱化。将行为人视为有目的、动机的行为人,其自利行动引发的焦点节点及其连接引发网络结构的生成。机会则代表受便利性影响而引发的微观网络行为,如声誉推荐(Gulati & Gargiulo,1999)或临近性(Rivera et al.,2010)。机会同样可以基于过往连接的模式进行证明。基于机会连接的一个自然结果是凝聚或闭合网络的形成,成员间的推荐、传递性和声誉强化了连接的深度;惯性代表了交互作用关系中所形成的惯例、习惯对连接持续性或发展的影响。通常,不单单是结构本身,而是通过结构之上实现的社会过程作为促进网络持续性的机制。基于惯性的网络持续性是网络交互作用伴随时间的重构生产并将产生时空中的结构性质(Kim et al.,2006)或制度框架;外部因素则指向演化过程中的外生随机因素对演化过程的影响。

网络演化的传导机制为行为人动机如何指向网络结构变化的传导路径进行分析,而网络演化动力学分析,则提供了现有网络架构维度沿微观动力基础对后期网络架构影响的分析。对创新网络重构的传导机制以及基于动力学的微观基础分析的结合,将为解答引入时间维度后,网络结构与网络表现之间的相互影响提供分析的可能性。

2.3 跨国背景下企业创新网络重构的影响因素研究

2.3.1 跨地理边界对创新网络重构影响研究

海外并购整合的知识转移过程，面临多种类型边界的限制：雅各布等（Yakob et al.，2018）认为网络通过利用新兴市场母国低生产成本和发达东道国特殊知识池的地域优势，通过桥接成熟市场与新兴市场，优化资源的空间配置。通过打破地理界限的空间动态重构，实现海外并购的创新增益。巴瑟利特和科恩丹特（Bathelt & Cohendent，2014）提出知识创造动态性受以下两个因素影响：①地方生态系统中新观念的交互；②创造性活动及行为人在地方—全球间的连接。地方与全球间，通过构建地方与全球之间的信息渠道，连接遥远的知识提供者（Owen–Smith & Powell，2004）。

在海外并购整合的创新网络时空演化研究方面，王秋玉等（2018）从创新网络地理分异的角度，基于专利合作数据探究跨国并购对全球—地方创新网络演进的影响，利用创新网络等级性、小世界性等指标特征，提出企业垂直合作网络具有向全球延伸，水平自主创新合作网络具有国家内部尺度的观点。雅各布等（2018）认为网络通过利用新兴市场母国低生产成本和发达东道国特殊知识池的地域优势，通过桥接成熟市场与新兴市场，优化资源的空间配置。通过打破地理界限的空间动态重构，实现海外并购的创新增益。海外并购整合过程中涉及的资源要素跨国流动，涉及对企业地理边界的跨国重新划定（王艳和李善民，2017）。李等（Li et al.，2019）首次基于创新网络内外嵌入均衡视角，通过 OLS/GLS 回归检验 151 起中国制造海外并购整合的创新质量，通过区分国内嵌入和海外嵌入，构建内外嵌入均衡指标，检验海外并购创新网络嵌入的地域间平衡对并购后创新质量的调节作用。当国内网络依赖更强时，网络嵌入均衡对知识整合与创新质量间关系的调节作用才最为明显（Li et al., 2019）。

2.3.2 跨制度边界对创新网络重构影响研究

现代经济中知识在不同的分离范畴中分布：国家的、产业的、技术的以及一系列其他分类。每一个范畴均可以概念化为一个制度背景，其中具有不同的意识形态、惯例、价值和思维模式。企业所嵌入的制度环境在知识演化轨迹中具有决定性作用（Meyer & Rowan, 1977）。每一个制度范畴内的知识是相互疏远的，因为组织实践在技术效应之外，还受到意义和价值的侵染。在企业创新网络时空重构研究方面，知识跨组织转移面临边界限制。第一，不同组织分区之间存在认知边界，其具有各自的行为方式、理解方式以及认知方式，因此知识跨越这些边界的转移造成困难（Kogut & Zander, 1996; Brown & Duguid, 2001）。第二，经济人的有限理性特征，导致行为人仅仅对网络的部分知识具有理解能力，在组织整合知识转移过程中无法挖掘企业网络其他位置知识的协同效应（Nerkar & Paruchuri, 2005）。第三，跨组织知识转移受企业实际边界和政治障碍的影响。组织间不同模块间可能存在竞争性，造成合作的不利（Tsai, 2002; Birkinshaw & Lingblad, 2005）。上述原因均造成海外并购整合过程中，跨企业知识转移受到制度边界因素的限制。在针对1991~2015年中国企业跨境并购与产业政策关联的实证研究中，钟宁桦等（2019）论证中国企业跨境并购的重要意图为贯彻国家战略，易受到被并购企业所在国阻挠而降低并购完成率。

全球创新网络的国别差异的背后，通常代表明显意义上的制度差异（Ghemawat, 2001）。刘青等（2017）针对中国海外并购动因的广延边际研究中发现，中国企业海外并购区位选择过程，对东道国政治、经济风险欠缺考虑。在针对新兴经济体跨国并购的来源国劣势研究中，魏江等（2020）提出企业针对产品维和制度维的来源国劣势具有不同的合法性获取战略，企业通过制度遵从、组织制度设计、资源协同、声誉重构等渠道提升合法性。创新网络具有鲜明的国家特征，海外并购后收购方企业通过在目标方所在东道国建立子公司，拓宽企业自身的制度背景，可降低整合阶段目标方企业的摩擦，有效实现目标方知识对母国的转移（Yakob et al.，2018）。跨越制度范畴的企业发展不同的方法和惯例，以解决问题并创新（Vasudeva et al.，2013）。在他们获取创新的过程中，企业极大的跨越制度边界构建连接。这些连接具有多种形式，从跨国研发联盟到多产业组织中的多技术范畴合作。如同跨越结构边界的伙伴，跨越制度边界的合作同样影响知识重组中的两类元素。在不同范畴中建立伙伴关系将获得新的，偏远的知识机会（Owen-Smith et al.，2002；Rosenkopf & Almeida，2003），但是跨越制度边界转移并整合知识同样具有成本（Davis，2016；Vasudeva et al.，2013；Jensen & Szulanski，2004）。

2.4 海外并购整合与外部网络重构的协同演化研究

2.4.1 协同演化分析范式的建立

达尔文指出生物体在自然环境中表现出的"突变—适应—选择—保留"动态，发展了生物演化的"自然选择"机制。演化概念的引入，导致学者们开始关注变化过程的长期性与渐进性。对动态性的分析范式，从连续法则的牛顿机械论，转向关注系统中内生起源的达尔文主义（Dopfer，2005）。演化经济学理论由尼尔森和温特（Nelson & Winter，1973）创建，他们首次系统地论述演化经济理论在研究基础、研究框架、分析方法上与传统新古典经济学的差异。新古典经济学对均衡概念和平稳状态的分析思路表明，非均衡行为会迅速向均衡状态收敛，稳定性分析是建立在系统动态界定于平衡状态紧邻的邻域内。美特卡菲等（Metcalfe et al.，2005）提出，现实经济系统中的以下情况：非均衡调整状态的随机性，多重均衡的选择，均衡变化快于收敛调整速度，会引发均衡分析对动态系统描述的无效性。基于利润最大化的均衡分析，尽管该分析范式刻画了均衡状态下行为人的最优解，但是在描述系统为何到达均衡、怎样到达均衡，以及若出现偏离误差系统如何改变等动态方面的问题，均无法提供有效解答。

对系统演化过程和涌现现象的关注，引发复杂经济学对传统经济范式的修正，基于动态性的视角，系统中存在行动和策略的不断进化，系统中交互元素如何影响整体模式，整体模式的变化如何反之改变交互元素的改变或适应行为，成为分析的重点（Arthur，2014）。考虑行动和策略的不断进化，引入时间变动的演化分析中，经济系统存在结构的持续形成和重构，介于微观和宏观之间的中观层次（meso-layer），为分析系统的涌现特征提供新颖的分析层次。协同演化的分析框架具备在一个整体框架下，整合微观和宏观的演变潜力，通过引入多分析层次以及情境效应，创建新颖的分析理论并构建新颖的经验方法（江诗松等，2011）。

创新是一个重组过程，企业探索新颖的知识点并按原有方式进行知识整合（Davis & Eisenhardt，2011）。阿瑟（Arthur，2014）提出技术的组合式演进概念，新技术来源于现有技术的组合或整合，而不仅仅是现有技术微小变化的累积。企业之间重复发生的社会交互作用将行为人限制在网络内。局部的交互行为将引发大规模的空间结构，伴随时间的推进，行为人、企业得以基于过往网络中的成功经验，对个体策略进行适应性选择。技术创新的过程具有非线性、互动、涌现和跨科层内嵌的特征（Crossman & Apaydin，2010；黄凯南和乔元波，2018）。

埃利希和拉文（Ehrlich & Raven，1964）提出针对生物学的协同演化定义：一个物种的某类特征因回应另一物种的某类特征而进行进化，而另一物种的该类特征也同样因回应前者的特征而进化的过程。协同演化是一个强化组织适应性和应变性的重要过程，通过组织不断变化以适应所处环境并便随环境改变进行互动（Ozturk & Cavusgil，2019）。协同演化的分析思路，在战略管理或组织关系研究中具有广泛的适用性。特别的，对于包含历史情境的时间纵向研究、包含跨层次的多向因果研究、包含多变量交互影响的互动问题方面具有适用性（Volberda & Lewin，2003）。描述企业的演化首先需要界定不同企业在选择上具有显著意义上的差异，对企业在知识变异，如技术创新和信息搜寻方面的不同进行理论化；通过假定企业具有"惯例"（Nelson & Winter，1973）和"能力"（Dosi & Marengo，1993），刻画企业的基因遗传性。企业通过搜寻新的惯例，并在惯例间进行选择，实现生产技术变革并提升竞争力。

2.4.2 海外并购整合与网络重构的协同演化研究

海外并购整合过程包含了知识的跨组织重组。卡瑞姆和考尔（2014）分析跨组织知识结构重组与创新间的关系，提出结构重组解锁潜在跨组织知识的同时，也破坏现有知识基础，二者需要平衡。只有在知识整合过程中，存在高水平跨组织知识协同、对原始知识的路径依赖低以及知识资源质量较高时，结构重组才最终有利于创新。巴瑟利特和科恩丹特（2014）提出知识创造动态性受到新观念交互作用和创新活动在全球—地方连接分布的影响。跨地域知识网络节点，通过构建地方与全球之间的信息渠道，连接遥远的知识提供者（Owen-Smith & Powell，2004），扮演桥接母国和东道国创新资源的结构洞（李飞，2017）。罗泽斯等（Rouzies et al.，2019）利用案例研究法，按并购整合前期、并购整合后期以及并购整合网络嵌入协同演化三过程，分析欧洲钢铁产业海外并购整合与网络重构的协同演化特征；从预期—行动—收益三者的循环过程，探究任务整合中"协调—分离"以及人力整合中"凝聚—疏远"这两组张力的动态性特征。米尔克和维里（Mirc & Very，2015）提出对于共生型收购，社会网络中结构洞行为人通过拓展兼并企业的边界促进收购整合。但伴随收购后网络变迁，每个行为人具有的结构洞属性亦发生改变，即收购整合过程中，占据结构洞位置行为人的总量发生改变。

2.5 简要评述

纵观现有海外并购整合与创新网络重构领域的相关研究积累，研究者们

已经完成下述现有工作:

第一,学界已开始关注海外并购后的创新网络结构变化。已有研究已经开展了网络资源整合与社会网络重构间关系(Zhang et al., 2010; Zhang & Guler, 2019),并购后潜在网络协同效应(Hernandez & Shaver, 2019)的分析。基于跨企业网络的演化,已有研究试图利用网络重构,揭开海外并购与企业技术创新表现关系的黑箱,为企业海外并购整合与创新网络重构协同演化研究提供基本分析要素及思路。

第二,学界已经开始对海外并购整合动态性及其对企业跨组织创新网络的影响加以考察。赫尔南德斯和萨弗(Hernandez & Shaver, 2019)等研究表明并购过程存在阶段性特征,并且范畴、行动地域分异性均将影响并购过程中跨组织合作、冲突的二元张力。而上述网络合作所引发的网络协同效果,将影响收购方节点对网络资源的进一步吸收。

已有研究成果为海外并购整合与创新网络重构的研究提供基础,但是相关研究在以下几个方面有待进一步深入:

第一,现有研究更多停留于单一方向的影响机制分析,分析并购整合模式对创新网络重构的影响,尚缺乏以协同演化的思路,分析海外并购整合与创新网络重构协同演化的理论机制、动态演化及传导路径。在海外并购整合模式方面,国内学者多静态视角,对企业海外并购整合模式进行类型、程度的划分。如洪联英等(2015)构建海外并购生产整合模型。基于全球生产组织理论,提出等级制控制方式及契约式控制方式两种生产整合模式并分析其适用性。从全球生产组织理论入手,构建海外并购生产整合模型,考察企业生产率、行业资本密集度、跨国交易成本水平对并购后收购方企业实施等级式控制方式的影响。钟芳芳(2015)针对不同资源相似性、资源互补性资源组合,探究海外并购整合模式对企业创新表现的传导路径。但是,现有研究对于创新网络重构后如何影响海外并购整合的跨期动态性特征缺乏考察。

第二,目前企业海外并购整合引发创新网络重构的研究,更多地从网络功能、网络效果出发,分析不同的海外并购整合模式对应于何种网络指标的变动,但是对于企业海外并购整合如何决定企业在创新网络重构过程中的新连接构建机制、现有连接删减机制等方面上缺乏讨论。即针对海外并购整合的网络生成研究，尚缺乏基于收购方企业主体动机的网络生成理论及模型分析。

第三，我国学者对海外并购整合与网络重构的协同演化研究还处于初期阶段，对于影响协同演化的因素、传导路径、演化方式等方面均未形成系统的研究框架，体现为在创新网络重构研究指标选取上的单一性，以及受演化系统内生性影响而造成实证研究方法论的缺乏。国外前沿研究大多集中于发达国家海外并购的创新网络重构分析。因此，开展企业海外并购整合与网络重构的协同演化研究，具有较大的研究空间。

第四，目前对海外并购整合动态性的研究，多基于案例研究法分析跨国并购中组织身份合法化的演进。但是，对于整合过程动态性演进对并购后企业技术创新的影响，以及整合阶段性特征与创新网络结构演进的互动机制方面尚缺乏实证研究与检验。

在先前文献的基础上，本研究的主要目标为从协同演化关系出发，将海外并购整合动态过程与创新网络重构过程纳入一个统一的协同演化系统中；探究收购方企业海外并购整合行为对其创新网络重构的作用机制，以及创新网络重构演化过程反之对企业并购整合跨阶段决策的内生影响性。

第 3 章

海外并购整合与创新网络嵌入的协同演化特征分析

中国企业技术获取型海外并购中，收购方企业在核心能力、外部声誉、技术品牌等方面，相对目标方企业处于弱势地位。不同于发达国家收购方企业利用跨国并购的结构性整合（Puranam et al.，2009）实现规模效应；新兴经济体收购方企业更关注跨国并购后关键技术、知识与能力的获取，采用轻触式（Liu & Woywode，2013）、无为而治（Sun，2018）、支持性伙伴（Oliveira & Rottig，2018）等整合模式，提升企业核心竞争力。相对于上述静态视角的整合模式研究，现实中很多新兴经济体企业在并购发达国家企业之后采取了"分阶段""渐进式"的动态整合战略（杨勃和张宁宁，2020）。并购整合作为一个多阶段过程，包含收购方与目标方企业合并形成新组织的多层面、动态过程（Graebner et al.，2017）。当前中国企业海外并购整合研究，尚缺乏基于动态视角，对整合战略的动态变化和演进予以深入探索（魏江和杨洋，2018）。

并购整合是收购方企业、并购方企业合并形成新组织的动态多阶段过程（Graebner et al.，2017）。技术获取型海外并购中，收购方通过并购得以获取目标方企业现有创新网络关系资源（Hernandez & Shaver，2019）。网络嵌入理论（network embeddedness theory）认为经济活动均镶嵌于跨企业关系网络中（Granovetter，1985）。网络结构与网络上个体行为人的策略动机存在相互作用（Ahuja et al.，2012），收购方企业海外并购整合过程与创新网络嵌入之间存在动态交互的协同演化关系，影响并购后收购方企业的技术创新表现。

作为企业快速拓展外部网络的途径，收购方通过并购得以获取目标方企业现有网络关系资源（Hernandez & Shaver，2019）。创新网络是企业主动跨越组织边界，从外部获取技术以及创新资源的主要方式（Freeman，1991）。企业所嵌入的创新网络影响企业的创新轨迹，企业需要依赖外部连接的构建以获取重要资源，但是同样依赖于正在演进的网络以提供信号（Burt，2009）。本章基于网络嵌入理论，探究海外并购整合与创新网络嵌入重构二者协同演化的作用机制及阶段性特征。

本章引入古拉提和加尔吉洛（Gulati & Gargiulo，1999）跨企业组织网络内生演化理论研究中对网络嵌入性的三种划分，分析关系嵌入（relational embeddedness）、结构嵌入（structural embeddedness）以及位置嵌入（positional embeddeness）与海外并购整合的协同演化。关系嵌入强调网络成员间，过往紧密连接对后续合作的效应（Gulati & Gargiulo，1999），指向网络中的直接连接，刻画了两个网络成员间通过连接实现相互信任、互惠行动、情感关系的强度。结构嵌入强调成员间与另外一个成员进行合作倾向的结构特征。结构嵌入指向网络中的三元关系，更为注重成员间信息和声誉的间接渠道效应。位置嵌入刻画网络中合作关系在整体结构中的位置。位置嵌入超越了直接连接或间接连接的分析层次，转而关注网络中特定位置引发的信息优势和信号属性（Gulati & Gargiulo，1999）。

为实现收购方企业技术创新的优化，针对海外并购整合与创新网络嵌入重构的协同演化，本章提出以下两个研究问题：第一，考虑二者协同演化的特征，海外并购整合与三种不同创新网络嵌入重构的协同演化，具有何种不同特征？第二，考虑二者协同演化的创新效果，三种创新网络嵌入的重要性或贡献度有何差异？初始整合阶段、后续整合阶段中，收购方企业海外并购整合通过何种创新网络嵌入的重构，最有助于并购后技术创新的增进？

为回答上述研究问题，本章首先，针对创新网络关系嵌入、结构嵌入、位置嵌入，提供海外并购整合与创新网络嵌入的协同演化传导机制分析。其次，分析初始整合阶段和后续整合阶段中，基于何种创新网络嵌入重构最有助于实现海外并购整合后的技术创新效应。进一步地，采用 2001~2013 年中国技术获取型海外并购整合样本，采用联立方程组模型，检验海外并购整合与三种不同创新网络嵌入的协同演化的差异性特征。最后，采用中介效应模型，分别检验初始整合阶段，后续整合阶段中，收购方企业的海外并购整合如何实现创新网络嵌入到并购后技术创新的传导。

本章行文安排如下：3.1 节为海外并购整合与创新网络嵌入的协同演化机制分析。3.2 节为海外并购整合与创新网络嵌入的协同演化创新效果分析。3.3 节为样本选择与创新网络构建。3.4 节为变量设定与测度。3.5 节为联立方程组模型，检验协同演化机制。3.6 节为中介效应模型，检验初始整合阶段、后续整合阶段的协同演化创新效应。3.7 节为本章小结，结合研究结果分析中国样本海外并购整合与创新网络嵌入的协同演化特征及现存问题。

3.1 海外并购整合与创新网络嵌入的协同演化机制

技术获取型海外并购中，收购方初始整合过程中，面临较高的跨国制度距离、技术禀赋差距。并购双方资源相似性越低、互补性越高时，收购方企业应当选择较低的初始整合程度（Chen et al., 2018），有助于降低摩擦效应。收购方通过维持降低的初始整合程度，维持现有支持性伙伴关系（Oliveira & Rottig, 2018）。初始整合阶段中，若采取较高的整合程度、实施结构性整合，将降低目标方企业创新意愿，破坏激励机制和组织惯例（Puranam, 2009），不利于并购后创新知识的逆向转移。

网络嵌入是影响收购方企业对创新网络进行信息识别、组织学习以及风险感知的重要方式（Yang et al., 2011）。本节依次考察创新网络关系嵌入、结构嵌入、位置嵌入与收购方动态整合程度选择的协同演化影响机制。

3.1.1 海外并购整合与创新网络关系嵌入的协同演化机制

关系嵌入强调网络成员间，过往紧密连接对后续合作的效应（Gulati &

Gargiulo，1999），指向网络中的直接连接层次，刻画了两个网络成员间通过连接实现相互信任、互惠行动、情感关系的强度。关系嵌入代表了双方企业之间的信任、承诺，促进优质信息共享及共同问题的解决（Uzzi，1997）。关系嵌入背后的高质量关系，维持公司与外部网络成员在经济与知识交易中的持续性。

1. 创新网络关系嵌入对跨期整合影响分析

并购双方企业创新网络关系嵌入水平越高，代表双方已具有过往直接创新合作关系。企业之间形成了彼此学习、了解的渠道（Gulati & Gargiulo，1999），双方间具有较强信任，降低了对未来合作不确定性的担忧（Podolny，1994；Burt & Knez，1995）。创新网络关系嵌入越高，收购方企业对目标方企业的信任越强，降低海外并购整合过程中的信息不对称性，促进收购方企业在整合过程中动态提升整合程度。相对的，缺乏创新网络关系嵌入时，并购双方企业间缺乏合作经验导致信任水平低下，整合过程面临较高的信息不对称性和整合风险，收购方企业整合过程中选择维持现有整合程度和支持性伙伴关系，没有动态提升整合程度的动力。因此，海外并购双方企业的创新网络关系嵌入水平越高，收购方企业越倾向于在整合过程中动态提升整合程度。

2. 跨期整合提升对创新网络关系嵌入重构影响分析

通过动态提升跨期整合程度，收购方企业的感知能力得到提升，帮助企业有效识别外部组织情境及机会（Barreto，2010）。动态能力的增进，促进收购方企业对彼此组织文化、组织惯例的理解与重构，拓展了收购方企业的获取能力，为企业获取外部资源支持提供了稳定的渠道（Wang & Ahmed，2007）。进一步促进并购方、收购方企业之间创新合作、交流的提升，大量隐性知识通过非正式的交流形式进行逆向技术转移。因此，收购方企业通过提升后续整合程度，实现创新网络关系嵌入水平的增进。鉴于此，本章提供研究假设1a：

H1a：技术获取型海外并购中，初始整合阶段，创新网络关系嵌入水平越高，收购方企业越倾向于提升跨期整合程度；后续整合阶段，提升跨期整合程度进一步促进创新网络关系嵌入。

3.1.2 海外并购整合与创新网络结构嵌入的协同演化机制

结构嵌入强调成员间与另外一个成员进行合作倾向的结构特征，指向间接连接层次（Granovetter，1985）。结构嵌入指向网络中的三元关系，更为注重成员间信息和声誉的间接渠道效应。结构嵌入通过共享第三方连接，提升信息的可信度，识别具有共同伙伴的网络成员，为网络成员行为提供锁定效应和局部声誉的传递（Gulati & Gargiulo，1999）。

1. 创新网络结构嵌入对跨期整合影响分析

海外并购双方创新网络结构嵌入，代表两者已经与共同的第三方成员形成封闭三角，并购双方企业初始整合阶段的行为，具有共同第三方成员进行监督。收购方企业整合过程中，若采用动态提升整合程度，实施结构性整合行动，破坏目标方企业运营的组织惯例，将形成结构嵌入封闭三角中的不良声誉，不利于创新网络内企业间创新合作。相反，整合过程中动态维持较低整合程度，保护目标方企业组织惯例，将形成创新网络中的良好声誉，促进初始整合阶段创新网络中企业间的合作，促进整合后技术创新。因此，海外并购双方企业的创新网络结构嵌入水平越高，收购方企业越倾向于在整合过程中动态维持较低整合程度。

2. 跨期维持较低整合对创新网络结构嵌入重构影响分析

收购方对创新网络的嵌入序贯决策影响创新网络合作的整体收益以及收益在不同成员间的分配（Zhang & Guler，2019）。创新网络中的第三方成员，会基于收购方初始整合行为对创新网络子群权力分布的改变，决定后续整合阶段与收购方进一步建立创新合作的决策，影响收购方企业创新网络的结构嵌入重构。整合过程中动态维持较低整合程度，保护目标方企业组织惯例，将形成创新网络中的良好声誉，较低整合的良好声誉通过目标方企业沿网络向共同第三方传递，进一步促进创新网络中企业间的多元关系合作，促进整合后技术创新。维持较低跨期整合程度，形成创新网络弱连接，不影响创新网络中在位企业对群体权力分布变动的预期，吸引更多不同制度背景海外子群企业与收购方进行创新网络合作（Krackhardt，1999；Phillips & Cooney，2005），促进创新网络的结构嵌入重构。因此，收购方企业通过维持较低整合程度，实现创新网络结构嵌入水平的增进。鉴于此，本章提供研究假设1b：

H1b：技术获取型海外并购中，初始整合阶段，创新网络结构嵌入水平越高，收购方企业越倾向于维持较低整合程度；后续整合阶段，维持较低跨期整合程度进一步促进创新网络结构嵌入。

3.1.3 海外并购整合与创新网络位置嵌入的协同演化机制

位置嵌入刻画网络中合作关系在整体结构中的位置，超越了直接连接或间接连接的分析层次，转而关注网络中特定位置引发的信息优势和信号属性（Gulati & Gargiulo，1999）。

1. 创新网络位置嵌入对跨期整合影响分析

创新网络位置嵌入水平高，代表收购方企业与目标方企业在创新网络中占据更为核心的位置。并购双方的合作关系，在创新网络中的信息优势和识别效应增进，更容易搜索和识别到创新网络中的新的知识和潜在合作机会。因此，收购方企业整合阶段中对创新网络中的知识感知能力提升。在技术获取型海外并购中，网络位置中心性的提升，削弱了收购方企业因来源国劣势而引发的组织合法性（程聪等，2017）对整合过程的限制，提升后续整合阶段的整合能力，促进收购方提升整合程度实现基于位置嵌入重构的技术创新增进。因此，海外并购双方企业的创新网络位置嵌入水平越高，收购方企业越倾向于在整合过程中动态提升整合程度。

2. 跨期整合提升对创新网络位置嵌入重构影响分析

跨企业网络形态的重构演化，受到嵌入网络中企业的组织行为及其引发的内生结构变迁的影响。网络成员具有与更高中心性成员进行合作连接的倾向，但是中心位置的成员不希望与边缘位置成员进行连接，因为边缘位置企业被认为无法提供有效的信息或资源。

通过跨期提升海外并购整合程度，收购方企业的感知能力得到提升，企业动态能力增进，促进收购方企业整合目标方资源获得信息的有效性，强化其在创新网络中的信息优势和信号属性，吸引更多企业与之构建创新合作关系。网络中两个成员间的位置嵌入联合中心性越高，越利于后续合作行为的产生（Uzzi，1997；Gulati & Gargiulo，1999）。因此，收购方企业通过提升后续整合程度，实现创新网络位置嵌入水平的增进。鉴于此，本章提供研究假设1c：

H1c：技术获取型海外并购中，初始整合阶段，创新网络位置嵌入水平越高，收购方企业越倾向于提升跨期整合程度；后续整合阶段，提升跨期整合程度进一步促进创新网络位置嵌入。

3.2 海外并购整合与创新网络嵌入的协同演化创新效果分析

本节考察不同海外并购整合阶段中，海外并购整合在三种创新网络嵌入对创新表现影响中的重要性或贡献度差异。针对三种不同的创新网络嵌入重构，本节探究收购方初始阶段整合、后续阶段整合与何种创新网络嵌入的协同演化对创新表现的传导最明显。

3.2.1 初始整合阶段：协同演化的创新效果分析

初始整合阶段，并购双方相似性越低，互补性越高时，通过维持较低整合程度，引发基于位置嵌入重构的创新增进最为明显。首先，创新网络关系嵌入重构代表并购双方之间二元关系的交流强度，需要伴随整合阶段的动态推进，通过并购双方交流、惯例的破坏与重建，实现彼此关系嵌入强度的提升，初始整合阶段中基于关系嵌入重构所引发的收购方整合感知能力和动态能力提升需要一定的反应时间。其次，对于创新网络结构嵌入，维持较低初始整合程度引发的创新网络凸显效应和声誉传递效应，均需要基于网络共同第三方成员的传递，同样需要一定的反应时间。相对的，基于创新网络位置嵌入重构，收购方通过维持较低初始整合程度，可直接获取目标方企业优势网络地位的信息优势和信号优势，在创新网络中的信息优势和识别效应增进，更容易搜索和识别到创新网络中的新的知识和潜在合作机会，对创新表现的传导效果更为明显。

因此，技术获取型海外并购中，初始整合阶段，收购方维持较低整合程度，基于创新网络位置嵌入重构对并购后技术创新的正向传导最为明显。鉴于此，本章提供研究假设2a：

H2a：技术获取型海外并购双方相似性越低、互补性越高时，初始整合阶段，收购方企业选择较低整合程度，主要引发创新网络位置嵌入增进，促进了初始阶段并购后技术创新。

3.2.2 后续整合阶段：协同演化的创新效果分析

后续整合阶段中，考虑动态提升跨期整合程度引发的创新网络关系嵌入增进，收购方企业通过较高整合程度，对目标方企业投入过多整合精力，双方过于频繁的交流合作导致落入临近性陷阱（Rivera et al.，2010），收购方企业丧失拓展多元化，非冗余资源渠道，不利于后续整合阶段的创新表现。

后续整合阶段中，海外并购整合引发的位置嵌入提升幅度明显低于初始整合阶段。这是因为初始整合阶段中，从并购前双方企业无连接状态，变更为初始整合阶段收购方企业嵌入目标方所在创新网络，收购方从对目标方的位置嵌入中实现了显著的网络位置增进，其信息优势和信号优势的边际效应明显；后续整合阶段，并购双方企业之间已经具有直接连接，二者网络位置的演进更多受制于双方自我网络其他合作企业的网络连接结构变动，伴随初始整合阶段收购方网络位置增进，后续阶段位置嵌入实现的网络位置增进相比于初始阶段降低，信息优势和信号优势的作用降低，不利于进一步推进后续整合阶段通过提升跨期整合程度，促进基于创新网络位置嵌入重构的创新表现。

考虑基于创新网络结构嵌入重构的创新效应，鉴于收购方选择维持较低整合程度促进后续创新网络结构嵌入的重构,二者协同演化在初始整合阶段和后续整合阶段对创新表现的正向作用大小并为发生明显变化。鉴于上述分析,后续整合阶段,跨期维持较低整合基于创新网络结构嵌入重构对技术创新的正向作用并未发生明显的阶段性提升;后续整合阶段,跨期提升整合程度基于创新网络关系嵌入重构和创新网络位置嵌入重构的过程负向作用于创新表现。考虑跨期中传导效应的动态增进,基于关系嵌入增进重构对创新表现的作用效果明显高于基于位置嵌入与基于结构嵌入的作用效果。鉴于此,本章提供研究假设2b:

H2b:技术获取型海外并购双方相似性越低、互补性越高时,后续整合阶段,收购方企业选择较高整合程度,主要引发创新网络关系嵌入增进,抑制了后续阶段并购后技术创新。

图3-1为海外并购整合与创新网络嵌入的协同演化理论机制图。

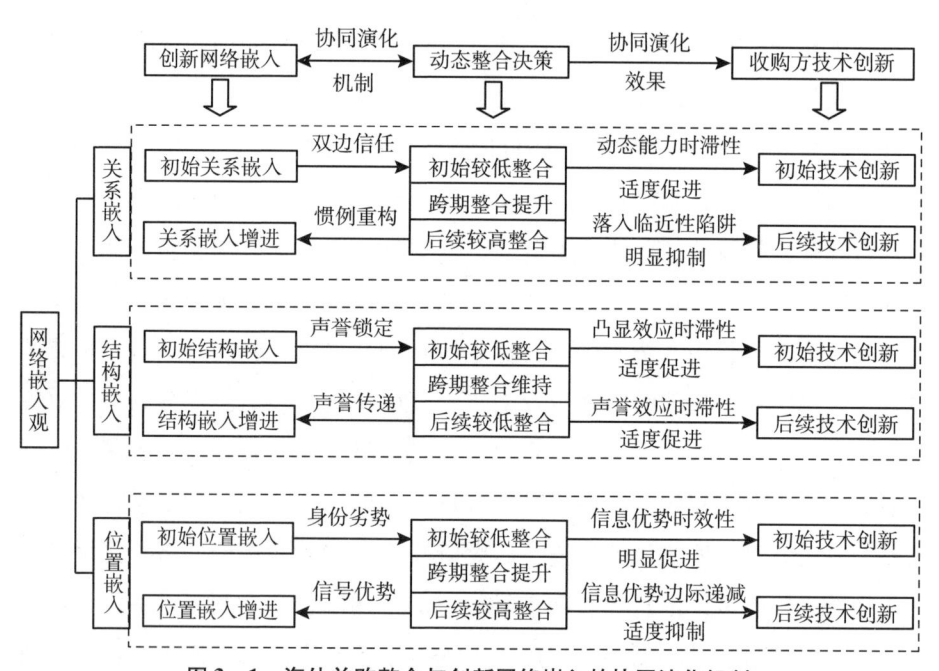

图3-1 海外并购整合与创新网络嵌入的协同演化机制

3.3 样本选择与创新网络构建

在前面理论机制分析的基础上，本书采用中国技术获取型海外并购整合样本开展实证研究，检验当前中国企业海外并购整合与创新网络嵌入的协同演化特征。本节具体介绍样本筛选及创新网络构建的方法。

3.3.1 样本选择

本书海外并购样本来源于 BvD_Zephyr 全球并购交易分析库以及 SDC Plantinum 全球并购数据库，样本筛选步骤如下：

（1）选择并购完成时间介于 2001 年 1 月 1 日至 2013 年 12 月 31 日的中国企业跨国并购。得益于中国 2001 年加入世贸组织对国际化进程的加速，中国企业海外并购活动于 2001 年开始展现初步增长的阶段性特征，因此，本书设定样本筛选起始时间为 2001 年；现有文献指出，考虑创新网络演化的阶段性特征，创新网络构建一般需要 3~5 年的时间窗口加以呈现（Gulati, 2001），而并购后的实质整合时段为并购后初始三年内（颜士梅和张钢, 2020），本书设定协同演化过程中初始整合阶段为海外并购发生后 1~3 年内、后续整合阶段为海外并购发生后 4~6 年内，考虑数据的可得性，样本筛选截止时间为 2013 年。

（2）在并购样本的行业分布方面，剔除金融业、传媒、房地产、软件外包服务与自然资源行业。借鉴马克里等（Makri et al., 2010）对技术获取型并购的设定，选择海外并购公告等新闻信息中提及以技术驱动为目的并购样本，得到 117 宗初始样本。

（3）剔除中国母公司并购其海外子公司的情况以及并购失败情况，得到 114 宗样本。

（4）进一步地，基于创新网络重构分析的需要，剔除并购前 3 年至并购后6年内,双方企业均无专利申请的样本,得到109宗样本。出于对海外并购整合行为分析的需要,剔除 Lexis Nexis 新闻数据库及企业年报资料查询不到整合资料的样本,得到106宗样本,具体样本选取的并购案信息见附录。

3.3.2 创新网络构建

专利申请和引用是构建企业创新网络的有效信息(Guan & Chen,2012)。通过德温特专利数据库(Derwent innovation index),统计并购双方企业,在并购发生前3年至并购后6年间,所有申请人为收购方、目标方企业的专利信息,并进一步统计所有被施引人为收购方、目标方企业的专利信息。记录上述专利申请人企业信息,以及上述施引专利的申请人企业信息,作为创新网络构建的节点企业集合。网络节点为专利申请人企业,网络连接为具有专利施引或共同申请的关系。对于上述节点企业集合的专利申请企业,搜索其统计时段内所有专利信息,并考察节点集企业间的创新专利合作申请和引用情况。对所有专利,记录其共同申请企业名称、施引专利申请人企业名称、专利申请年份、专利类别、专利数量信息、属地国别信息,其中专利权人国别属地信息来自智慧芽全球专利检索数据库以及欧洲专利局;利用 Gephi 0.9.2 网络软件生成具有时间动态的无向创新网络拓扑结构。

在时间段设定上,本书数据区分以下三个时段,并购前阶段(并购发生前3年内)、初始整合阶段(并购发生后1~3年)、后续整合阶段(并购发生后4~6年),以探究海外并购整合不同阶段中企业整合行为的差异性特征。

3.4 变量设定与测度

3.4.1 因变量

创新表现($Inno_t$)。本节选择专利数量作为衡量收购方整合过程中收购方创新表现的指标（Griliches，1990）。现有研究采用专利数量是衡量企业创新表现的指标（沈国兵和袁征宇，2020）。为考察不同整合时段内对应的创新表现的改变，对每组并购案例，均分别统计初始整合阶段（海外并购发生后 1~3 年）中收购方企业作为专利权人所申请的专利数量，以及后续整合阶段（海外并购发生后 4~6 年）中收购方企业作为专利权人所申请的专利数量。数据来源为德温特创新数据库（Derwent innovation index）。

创新表现增进（$Innoincrease_t$）。基于上述专利数量，计算后续整合阶段获取专利数量相对初始整合阶段专利数量的增长率，为避免零除情况的发生，采用（$Inno_{t2} - Inno_{t1}$）/（$Inno_{t1} + 1$）的形式计算创新表现的增进。

3.4.2 核心解释变量

整合程度。借鉴卡波尔和里姆（Kapoor & Lim，2007），采用虚拟变量刻画整合程度。若目标方企业被纳入收购方企业运营的一部分，则整合程度为 1；否则为 0。数据来源为并购公报、企业年报以及新闻数据（如 Lexis Nexis 新闻数据库）。依次统计，初始整合阶段（海外并购发生后 1~3 年）以及后续整合阶段（并购发生后 4~6 年）的资料，得到对应整合阶段的整合程度。

关系嵌入。借鉴古拉提和加尔吉洛（Gulati & Gargiulo，1999），如果创新网络中，并购双方过往 3 年内存在直接连接，则记为 1，否则，记为 0，统计对应整合阶段中，关系嵌入发生的次数。数据来源 Derwent innovation index 以及 Gephi 网络软件。分别统计初始整合阶段（海外并购发生后 1~3 年）及后续整合阶段（海外并购发生后 4~6 年）中的关系嵌入水平。

结构嵌入。借鉴古拉提和加尔吉洛（1999），如果创新网络中并购双方企业之间具有直接连接，并且具有共同第三方连接，记录第三方个数为结构嵌入水平。数据来源 Derwent innovation index 以及 Gephi 网络软件。分别记录并购前阶段（并购发生前 3 年内）、初始整合阶段（并购发生后 3 年内）、后续整合阶段（并购发生后 4~6 年内）的结构嵌入情况。

位置嵌入。借鉴古拉提和加尔吉洛（1999），采用联合中心性刻画收购方企业对目标方创新网络的位置嵌入。利用并购双方企业的特征向量中心性的几何平均刻画。对每组网络中各成员的特征向量中心性数据，除以该网络中的最大值以便组间比较；进一步，对并购双方的中心性指标求几何平均得到联合中心性。采用迭代的思想，特征向量中心性（Jackson，2010）计算如下：$Ce_i^{Bonacich}(g, a, b) = (II - bg)^{-1} agII$，节点的权力声望是沿其散发的行迹的加权，其中 a 代表每条长度为 1 的行迹的价值，b 为到其他长度为 k 的行迹处的衰减。a＞0，b＞0，II 为 n×1 向量。数据来源德温特专利数据库和 Gephi 网络分析软件。分别统计初始整合阶段（海外并购发生后 1～3 年）及后续整合阶段（海外并购发生后 4～6 年）中联合中心性水平。

3.4.3 控制变量

1. 收购方企业层面

研发投入强度。收购方企业的研发投入影响并购后企业技术创新表现。企业研发投入有助于企业开展新技术、新项目的研究与开发。现存理论表明研发投入与企业创新存在正向的相关关系（Cohen & Levinthal，1990；Stokey，1995）。本书采用并购前收购方企业研发投入占营业收入的百分比刻画企业研发强度。数据来源为国泰安 CSMAR 数据库和企业年报资料。

研发人员数量。企业内部研发人员数量代表了企业从事研究开发活动的人力资本情况，影响企业技术创新活动表现（刘诗源等，2020）。本书采用对数化研发人员数量进行刻画，数据来源为国泰安 CSMAR 数据库和企业年报。

研发人员占比。企业内部研发人员比重代表了企业内部研发人力资本相对于总人力资本分布的重要性（Ahuja & Katila，2001）。研发人员占比越高，代表企业越重视研究开发工作。研发人员占比为收购方企业内部研发人员占企业总员工数量，数据来源为国泰安 CSMAR 数据库和企业年报。

企业规模。企业规模反映了收购方企业的经营实力。较大规模的企业更倾向于进行投资研发（Stock & Fischer，2002）。本书采用并购前收购方企业对数化的万元总资产加以刻画，数据来源为国泰安 CSMAR 数据库和企业年报。

资产负债率。企业的资产负债率体现了企业财务杠杆的松弛程度,资产负债率越低,企业研发投入过程中的财务限制相对更小,影响创新活动的投资(周艳菊等,2014)。因此,本书利用并购前收购方企业的总负债与总资产比率刻画资产负债率,数据来源为国泰安 CSMAR 数据库和企业年报。

并购经验。过往海外并购的经历,为收购方企业积累整合经验及问题解决能力,有助于推进后续技术获取型海外并购整合过程的创新转化(Bauer & Matzler,2014)。本书采用 0~1 二值变量刻画并购经验,针对一宗海外并购案例,如果并购发生前,收购方企业已具有过往海外并购经验,则海外并购经验设定为 1,否则设定为 0。数据来源,基于 BvD_Zephyr 全球并购交易分析库整理。

2. 海外并购特征层面

股权比例。刻画并购案例中,收购方购买的目标方股权比例。股权比例在一定程度上展示收购方企业对目标方企业资源的预期,过低的股权比例无法实现目标方整体资源的转移,不利于整合后的收购方技术创新(Bauer & Matzler,2014)。数据来源为 BvD_Zephyr 全球并购交易分析库。

资源相似性。参照王和扎加克(Wang & Zajac,2007),按企业北美产业分类系统代码(NAICS)定义并购双方相似性。若两企业主 NAICS 码,前四位相同记相似性为 1;仅前三位相同,记为 0.75;仅前两位相同,记为 0.5;仅首位相同,记为 0.25;若所有位均不相同,记为 0。数据来源于 BvD_Zephyr 数据库。

资源互补性。借鉴王和扎加克(2007)测量方法,若一对 NAICS 码 i 和 j 同时出现在多个企业 NAICS 码中,则 i 和 j 具有较高互补性。首先,选择多于一个 NAICS 码的并购双方企业及其 NAICS 码;其次,不计算任何 NAICS 与其自身的互补性。NAICS 代码 i 和 j 互补性如下:$Com_{ij} = (J_{ij} - \mu_{ij}) / \sqrt{\mu_{ij} \times (1 - N_i/K) \times (K/(K-1)) \times (1 - N_j/K)}$。其中,$J_{ij}$ = 两个 NAICS 代码出现在同一个企业的次数;$\mu_{ij} = (N_i \times N_j)/K$,$N_i$ = NAICS 代码 i 出现在多少个企业中;N_j = NAICS 代码 j 出现在多少个企业中;K = 企业总数。本书 106 组样本中,K = 212,剔除单一存在 NAICS 码后 NAICS 码类别共 184 类。对上

述数值进行 0~1 标准化。数据来源于 BvD_Zephyr 数据库。

文化距离。技术获取型跨国并购整合对收购方企业创新表现的作用，受到并购双方国别文化距离差异的影响（Ahuja & Katila，2001）。基于霍夫斯特德（Hofstede，1980）六维度跨国文化差异（权力距离、个体主义或集体主义、男性化或女性化、不确定性规避、长期趋向或短期趋向、放纵或约束），构建综合的跨国文化距离指标。基于寇伽特和辛格（Kogut & Singh，1988）文化距离由以下形式构建：Culture Distance = $\sum_{i=1}^{n} \{(I_{ij} - I_i)^2 / V_i\} / n$。考虑 106 宗并购案例所涉及的并购双方所在国别。I_{ij} 是目标方所在国家 j 在第 i 个文化维度的 Hofstede 评分，文化维度 n = 6。I_i 是收购方企业中国在第 i 个文化维度的 Hofstede 评分。V_i 是所有国别的 Hofstede 评分在第 i 个文化维度中的方差。数据来源 Hofstede 个人网站。

表 3-1 汇报了本章实证的变量设定与测度情况。包含变量类型、名称、测度方式以及数据来源。

表 3-1　　变量设定与测度

变量类型	变量名称	变量测度	数据来源
因变量	创新表现	选择专利数量作为衡量收购方整合过程中收购创新表现的指标（Griliches，1990）。按阶段划分，分别统计并购前3年，初始整合阶段（海外并购发生后1~3年）以及后续整合阶段（海外并购发生后4~6年）中收购方企业所申请的专利数量	德温特创新数据库（Derwent innovation index）
	创新表现增进	基于申请专利数量，计算后续整合阶段获取专利数量相对初始整合阶段专利数量的增长率，为避免零除情况的发生，采用 $(Inno_{t2} - Inno_{t1})/(Inno_{t1} + 1)$ 的形式计算创新表现的增进	德温特创新数据库（Derwent innovation index）
自变量	海外并购整合	借鉴库波尔和里姆（2007），设置二分变量，利用 Lexis Nexis 新闻数据库及企业年报资料，判断若目标公司被整合进入并购方公司日常经营运作的一部分被明确提及，整合程度变量取值为1；否则为0	Lexis Nexix 新闻数据库、企业年报、公开新闻信息

续表

变量类型	变量名称	变量测度	数据来源
自变量	关系嵌入	借鉴古拉提和加尔吉洛（1999），如果创新网络中，并购双方过往存在直接连接，则记为1，否则，记为0。数据来源 Derwent innovation index 以及 Gephi 网络软件	基于 Gephi 软件生成的网络计算
	结构嵌入	借鉴古拉提和加尔吉洛（1999），如果创新网络中，并购双方企业之间具有直接连接，并且具有共同第三方连接，记录第三方个数为结构嵌入。数据来源 Derwent innovation index 以及 Gephi 网络软件	基于 Gephi 软件生成的网络计算
	位置嵌入	计算并购双方企业的 Bonacich 特征向量中心性，该指标由网络成员相连接成员的重要性迭代计算。借鉴古拉提和加尔吉洛（1999），对每组网络中各成员的特征向量中心性数据，除以该网络中的最大值以便组间比较；进一步，对并购双方的中心性指标求几何平均得到联合中心性	基于 Gephi 软件生成的网络计算
控制变量：收购方个体特征层面	研发强度	研发投入占营业收入的百分比刻画企业研发强度	国泰安 CSMAR 数据库和企业年报资料
	研发人员数量	采用对数化研发人员数量进行刻画	国泰安 CSMAR 数据库和企业年报资料
	研发人员占比	研发人员占比为收购方企业内部研发人员占企业总员工数量	国泰安 CSMAR 数据库和企业年报资料
	企业规模	采用企业对数化的万元总资产加以刻画	国泰安 CSMAR 数据库和企业年报资料
	资产负债率	采用总负债与总资产比率刻画资产负债率	国泰安 CSMAR 数据库和企业年报
	并购经验	采用0~1二值变量刻画并购经验，针对一宗海外并购案例，如果收购方企业具有过往海外并购经验，则海外并购经验设定为1，否则设定为0	BvD_Zephyr 全球并购交易分析库整理
控制变量：并购双方特征层面	股权比例	刻画并购案例中，收购方购买的目标方股权比例	BvD_Zephyr 全球并购交易分析库

续表

变量类型	变量名称	变量测度	数据来源
控制变量：并购双方特征层面	资源相似性	参照王和扎加克（2007），按企业北美产业分类系统代码（NAICS）定义并购双方相似性。若两企业主 NAICS 码，前四位相同记相似性为 1；仅前三位相同，记为 0.75；仅前两位相同，记为 0.5；仅首位相同，记为 0.25；若所有位均不相同，记为 0。数据来源 BvD_Zephyr 数据库	BvD_Zephyr 全球并购交易分析库
	资源互补性	借鉴王和扎加克（2007）测量方法，若一对 NAICS 码 i 和 j 同时出现在多个企业 NAICS 码中，则 i 和 j 具有较高互补性。首先，选择多于一个 NAICS 码的并购双方企业及其 NAICS 码；其次，不计算任何 NAICS 与其自身的互补性。NAICS 代码 i 和 j 互补性如下：$Com_{ij} = (J_{ij} - \mu_{ij})/\sqrt{\mu_{ij} \times (1 - N_i/K) \times (K/(K-1)) \times (1 - N_j/K)}$。其中，$J_{ij}$ = 两个 NAICS 代码出现在同一个企业的次数；$\mu_{ij} = (N_i \times N_j)/K$，其中 N_i = NAICS 代码 i 出现在多少个企业中；N_j = NAICS 代码 j 出现在多少个企业中；K = 企业总数。本书 106 组样本中，K = 212，剔除单一存在 NAICS 码后 NAICS 码类别共 184 类。上述数值 0~1 标准化	BvD_Zephyr 全球并购交易分析库
	文化距离	基于霍夫斯特德（1980）六维度跨国文化差异（权力距离、个体主义或集体主义、男性化或女性化、不确定性规避、长期趋向或短期趋向、放纵或约束），构建综合的跨国文化距离指标。基于寇伽特和辛格（1988）文化距离由以下形式构建：$\text{Culture Distance} = \sum_{i=1}^{n} \frac{\{(I_{ij} - I_i)^2/V_i\}}{n}$。考虑 106 宗并购案例所涉及的并购双方所在国别。I_{ij} 是目标方所在国家 j 在第 i 个文化维度的 Hofstede 评分，文化维度 n = 6。I_i 是中国在第 i 个文化维度的评分。V_i 是所有国别的 Hofstede 评分在第 i 个文化维度中的方差	Hofstede 个人网站

3.4.4 变量描述性统计

本节研究分别针对并购前、初始整合阶段、后续整合阶段，划分为三组截面数据，每组数据的样本量为106起并购案例。表3-2汇报变量的描述性统计情况，展示了各变量的观测值、均值、标准差及最大、最小值。

表3-2　　　　　　　　　变量描述性统计

	变量	观测值	均值	标准差	最小值	最大值
因变量	创新表现	106	3.052	2.094	0.000	8.600
	创新表现增进	106	-0.397	3.458	-25.000	0.986
动态并购整合	后续整合程度	106	0.726	0.448	0.000	1.000
	初始整合程度	106	0.443	0.499	0.000	1.000
创新网络嵌入重构	后续关系嵌入	106	1.019	0.308	0.000	4.000
	后续结构嵌入	106	0.236	0.834	0.000	5.000
	后续位置嵌入	106	0.589	0.182	0.000	1.000
	初始关系嵌入	106	0.151	0.360	0.000	1.000
	初始结构嵌入	106	0.226	1.045	0.000	10.000
	初始位置嵌入	106	0.632	0.199	0.000	1.000
	并购前关系嵌入	106	0.094	0.294	0.000	1.000
	并购前结构嵌入	106	0.085	0.537	0.000	5.000
	并购前位置嵌入	106	0.111	0.241	0.000	1.000
控制变量	股权比例	106	0.930	0.141	0.500	1.000
	资源相似性	106	0.606	0.383	0.000	1.000
	资源互补性	106	0.567	0.161	0.000	1.007
	文化距离	106	3.965	1.249	1.573	5.887
	并购经验	106	0.245	0.432	0.000	1.000
	企业规模	106	12.965	1.420	10.539	16.469
	资产负债率	106	0.440	0.192	0.014	0.836
	研发强度	106	5.779	10.916	0.703	107.000
	研发人员	106	6.637	1.438	2.474	9.980
	研发人员占比	106	17.596	16.560	1.070	79.520

3.4.5 变量相关系数矩阵

表3-3汇报变量的相关系数矩阵。除各阶段创新网络嵌入指标之间存在显著的相关性,其余各自变量间的相关系数均较低且多数不显著。故自变量不存在多重共线性。

表3-3 变量相关系数矩阵

变量	1	2	3	4	5	6	7
1. 创新表现	1						
2. 创新表现增进	0.188*	1					
3. 后续整合程度	0.023	0.170*	1				
4. 初始整合程度	0.169*	-0.102	0.420***	1			
5. 后续关系嵌入	0.125	0.01	0.038	0.069	1		
6. 后续结构嵌入	0.224**	-0.225**	-0.157	-0.025	-0.017	1	
7. 后续位置嵌入	-0.111	-0.178*	0.059	-0.005	0.028	0.220**	1
8. 初始关系嵌入	0.062	-0.300***	0.022	-0.005	0.232**	0.356***	0.218**
9. 初始结构嵌入	0.097	-0.454***	-0.192**	-0.103	-0.013	0.485***	0.051
10. 初始位置嵌入	-0.02	-0.057	-0.002	-0.05	0.074	0.143	0.582***
11. 并购前关系嵌入	0.094	-0.373***	-0.019	0.037	-0.02	0.452***	0.229**
12. 并购前结构嵌入	0.12	-0.382***	-0.180*	-0.106	-0.01	0.572***	0.045
13. 并购前位置嵌入	0.148	-0.337***	0.044	0.071	-0.028	0.488***	0.227**
14. 股权比例	-0.057	-0.072	0.115	0.086	0.031	-0.133	0.065
15. 资源相似性	0.011	-0.036	-0.023	0.026	0.084	-0.019	0.007
16. 资源互补性	-0.026	0.004	0.105	0.12	0.039	-0.084	-0.013
17. 文化距离	-0.024	0.121	-0.026	0.002	-0.113	0.009	0.054
18. 并购经验	0.07	0.024	-0.093	-0.023	-0.035	0.102	0.126
19. 企业规模	0.265***	-0.103	-0.081	0.113	0.047	0.206**	0.028
20. 资产负债率	-0.036	-0.001	-0.086	0.003	-0.103	-0.046	-0.087
21. 研发强度	-0.016	0.014	-0.027	-0.113	-0.022	-0.007	-0.002
22. 研发人员	0.185*	-0.054	-0.236**	0.065	0.245**	0.059	0.076
23. 研发人员占比	0.032	-0.01	-0.204**	-0.047	0.021	0.04	0.158

续表

变量	8	9	10	11	12	13	14
8. 初始关系嵌入	1						
9. 初始结构嵌入	0.364***	1					
10. 初始位置嵌入	0.035	0.037	1				
11. 并购前关系嵌入	0.765***	0.395***	-0.006	1			
12. 并购前结构嵌入	0.377***	0.934***	0.025	0.493***	1		
13. 并购前位置嵌入	0.620***	0.327***	0.073	0.736***	0.380***	1	
14. 股权比例	-0.115	-0.001	0.164*	-0.098	-0.043	0.004	1
15. 资源相似性	0.073	-0.019	0.117	0.101	0.014	-0.093	-0.093
16. 资源互补性	0.016	-0.13	0.057	-0.089	-0.137	0.02	0.078
17. 文化距离	-0.075	-0.185*	0.159	-0.014	-0.089	0.1	0.273***
18. 并购经验	-0.057	-0.061	0.136	-0.034	-0.05	0.05	0.102
19. 企业规模	-0.021	0.213**	0.067	-0.041	0.238**	0.066	-0.016
20. 资产负债率	-0.044	0.071	-0.058	-0.029	0.103	-0.001	-0.111
21. 研发强度	-0.021	0.005	0.057	-0.041	-0.007	-0.068	-0.116
22. 研发人员	0.074	0.1	-0.015	0.015	0.067	-0.108	0.028
23. 研发人员占比	0.085	-0.018	0.066	0.055	-0.053	-0.016	0.102

变量	15	16	17	18	19	20	21	22
15. 资源相似性	1							
16. 资源互补性	-0.223**	1						
17. 文化距离	-0.145	0.087	1					
18. 并购经验	-0.029	0.012	0.102	1				
19. 企业规模	-0.068	-0.011	-0.144	0.240**	1			
20. 资产负债率	0.033	0.075	-0.006	0.193*	0.251**	1		
21. 研发强度	0.007	-0.004	-0.091	-0.078	-0.093	-0.024	1	
22. 研发人员	-0.043	-0.036	-0.235**	0.237**	0.484***	0.067	-0.167*	1
23. 研发人占比	-0.121	0.07	0.017	-0.058	-0.123	-0.375***	0.161*	0.397***

注：*** $p<0.01$；** $p<0.05$；* $p<0.1$。

3.5 协同演化机制检验：联立方程组实证

3.5.1 联立方程组计量模型设定

海外并购整合程度与创新网络嵌入的协同演化具有内生性。二者协同演化包含以下过程：①初始整合阶段中，并购前创新网络嵌入水平影响初始阶段整合程度选择；②初始整合阶段中，初始整合程度影响初始阶段创新网络嵌入的重构；③后续整合阶段中，初始阶段创新网络嵌入的重构影响跨期整合程度选择；④后续整合阶段中，跨期整合程度选择影响后续阶段创新网络重构；⑤后续整合阶段，海外并购整合程度与创新网络嵌入重构共同影响并购后收购方企业技术创新表现的增进。

为刻画上述协同演化系统之间的相互影响，本章引入联立方程法进行实证研究，联立方程组法适用于多方程且有内生性的问题。本节设定并购前阶段 $t=0$；初始整合阶段 $t=1$；后续整合阶段 $t=2$。学者们已经利用面板数据联立方程模型有效解决内生性问题，并进一步分解各个变量彼此之间的交互作用影响渠道（储德银等，2019），本书联立方程模型是递归模型（recursive system），即在结构方程体系中，每个内生变量只是前定变量和比其序号低的内生变量的函数，每个时期的核心被解释变量，均受到前期变量的影响。基于上述五个影响过程，本书构建如下联立方程组模型：

①初始阶段：并购前创新网络对初始整合影响：

$$\text{Integ}(t_1) = \alpha_1 + \beta_{1n}\sum_{n=1}^{3}\text{Network}_n(t_0) + \gamma_1 X(t_0) + \varepsilon_1 \quad (3-1)$$

式（3-1）中，因变量为初始整合程度，自变量为并购前网络嵌入 Network_n，$n=1,2,3$ 分别代表关系嵌入、结构嵌入、位置嵌入。控制变量 X 包含并购双方相似性、互补性以及文化距离。

②初始阶段：初始整合对初始创新网络嵌入影响：

$$\text{Network}_n(t_1) = \alpha_2 + \beta_{2n}\text{Integ}(t_1) + \varepsilon_2 \quad (3-2)$$

式（3-2）中，因变量为初始创新网络嵌入，自变量为初始整合程度；分别对关系嵌入、结构嵌入、位置嵌入进行分析。

③后续阶段：初始阶段创新网络对后续整合影响：

$$\text{Integ}(t_2) = \alpha_3 + \beta_{3n}\sum_{n=1}^{3}\text{Network}_n(t_1) + \gamma_3 X(t_1) + \varepsilon_3 \quad (3-3)$$

式（3-3）中，因变量为后续整合程度，自变量为初始网络嵌入 Network$_n$，n=1，2，3 分别代表关系嵌入、结构嵌入、位置嵌入。控制变量 X 包含并购双方相似性、互补性以及文化距离。

④后续阶段：后续整合对后续创新网络嵌入影响：

$$\text{Network}_n(t_2) = \alpha_4 + \beta_{4n}\text{Integ}(t_2) + \varepsilon_4 \quad (3-4)$$

式（3-4）中，因变量为后续创新网络嵌入，自变量为后续整合程度；分别对关系嵌入、结构嵌入、位置嵌入进行分析。

⑤后续阶段：协同演化对创新表现增进影响：

$$\Delta\text{Patent}(t) = \alpha_5 + \beta_{5n}\sum_{n=1}^{3}\text{Network}_n(t_2) + \beta_{54}\text{Integ}(t_2)$$
$$+ \delta_n\sum_{n=1}^{3}\text{Integ}(t_2) \times \text{Network}_n(t_2) + \gamma_5 Z(t_2) + \varepsilon_5 \quad (3-5)$$

式（3-5）中，因变量为创新增进，自变量为创新网络嵌入、整合程度以及二者交互项，控制变量 Z 为研发投入强度、研发人员数量、研发人员占比、企业规模、资产负债率、并购经验、资源相似性、资源互补性、文化距离。

通过联立上述五个方程，实现了海外并购整合与创新网络嵌入的协同演化计量建模。上述动态协同演化系统的示意图如图 3-2 所示。

上述联立方程组计量模型中，内生变量为初始阶段整合、初始阶段三种网络嵌入、后续阶段整合、后续阶段三种嵌入、创新表现增进。

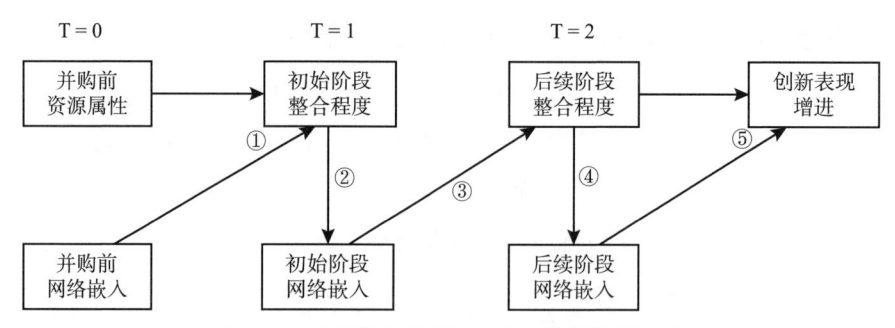

图 3-2 协同演化的联立方程组计量模型示意

3.5.2 联立方程组实证结果分析

本节采用三阶段最小二乘法（three-stage-least-square，3SLS），利用 Stata 软件对联立方程组进行估计。表 3-4 汇报联立方程组的 3SLS 估计结果，涉及海外并购整合与创新网络嵌入的协同演化的方程①~④均通过 $p=0.01$ 显著性检验，核心解释变量结果显著汇报在表 3-4 中，方程⑤因变量为创新表现的实证中，控制变量同 3.4.3 节，但方程的 p 值（$p=0.15$）未通过显著性检验，方程⑤仅汇报核心解释变量结果。

表 3-4　　　　　联立方程组三阶段最小二乘估计结果

模型	因变量	自变量	估计系数	标准差	z 值	P>|z|
①初始整合	初始整合	并购前关系嵌入	0.500 ***	0.190	2.630	0.008
		并购前结构嵌入	-0.443 ***	0.070	-6.340	0.000
		并购前位置嵌入	0.204	0.226	0.900	0.366
		股权比例	-0.020	0.233	-0.090	0.932
		资源相似性	0.069	0.088	0.780	0.434
		资源互补性	0.193	0.207	0.930	0.352
		常数项	0.264	0.263	1.000	0.317
②初始网络嵌入	初始网络关系嵌入	初始整合	0.456 ***	0.147	3.110	0.002
		常数项	-0.040	0.074	-0.540	0.591

续表

模型	因变量	自变量	估计系数	标准差	z值	P>|z|
②初始网络嵌入	初始网络结构嵌入	初始整合	-2.329***	0.415	-5.620	0.000
		常数项	1.228***	0.211	5.810	0.000
	初始网络位置嵌入	初始整合	0.307***	0.069	4.460	0.000
		常数项	0.498***	0.036	13.940	0.000
③后续整合	后续整合	初始网络关系嵌入	0.407***	0.147	2.770	0.006
		初始网络结构嵌入	-0.142***	0.043	-3.270	0.001
		初始网络位置嵌入	2.703***	0.544	4.970	0.000
		股权比例	-0.080	0.301	-0.270	0.790
		资源相似性	-0.152	0.111	-1.370	0.170
		资源互补性	-0.205	0.247	-0.830	0.406
		常数项	-0.728**	0.352	-2.070	0.039
④后续网络嵌入	后续网络关系嵌入	后续整合	0.306***	0.072	4.260	0.000
		常数项	0.800***	0.060	13.260	0.000
	后续网络结构嵌入	后续整合	-0.467***	0.169	-2.770	0.006
		常数项	0.549***	0.144	3.820	0.000
	后续网络位置嵌入	后续整合	0.195***	0.036	5.450	0.000
		常数项	0.444***	0.032	14.080	0.000
⑤创新表现	创新表现	后续整合	-13.575	236.130	-0.06	0.954
		后续关系嵌入	24.506	47.798	0.51	0.608
		后续结构嵌入	-6.614	12.043	-0.55	0.583
		后续位置嵌入	5.605	244.592	0.02	0.982
		控制变量（已加入）				

注：*** $p<0.01$；** $p<0.05$；* $p<0.1$；$N=106$。

考虑海外并购整合与创新网络关系嵌入的协同演化，方程①中，并购前关系嵌入对初始阶段海外并购整合程度的影响系数显著为正（估计系数为 0.500，$p<0.01$），表明海外并购中，并购前创新网络关系嵌入性越高，收购方企业有激励提升整合程度；方程②初始整合阶段中，初始整合程度显著正

向影响初始阶段创新网络关系嵌入（估计系数为 0.456，$p<0.01$）。方程③中，初始阶段关系嵌入对后续阶段海外并购整合程度的影响系数显著为正（估计系数为 0.407，$p<0.01$），表明初始阶段创新网络关系嵌入性提升，导致收购方企业后续整合阶段进一步提升整合程度；方程④中，后续整合阶段中，后续整合程度显著正向影响后续阶段创新网络关系嵌入（估计系数为 0.306，$p<0.01$）。上述协同演化过程中，初始整合阶段，创新网络关系嵌入水平越高，收购方企业越倾向于提升跨期整合程度；后续整合阶段，提升跨期整合程度进一步促进创新网络关系嵌入。上述实证结果支持研究假设 1a。

考虑海外并购整合与创新网络结构嵌入的协同演化，方程①中，并购前结构嵌入对初始阶段海外并购整合程度的影响系数显著为负（估计系数为 -0.443，$p<0.01$），表明海外并购中，并购前创新网络结构嵌入性越高，收购方企业越倾向于选择较低整合程度；方程②初始整合阶段中，初始整合程度显著负向影响初始阶段创新网络结构嵌入（估计系数为 -2.329，$p<0.01$）。方程③中，初始阶段结构嵌入对后续阶段海外并购整合程度的影响系数显著为负（估计系数为 -0.142，$p<0.01$），表明初始阶段创新网络结构嵌入性，导致收购方企业后续整合阶段没有激励提升整合程度；方程④中，后续整合阶段中，后续整合程度显著负向影响后续阶段创新网络结构嵌入（估计系数为 -0.467，$p<0.01$）。上述协同演化过程中，初始整合阶段，创新网络结构嵌入水平越高，收购方企业越倾向于维持较低整合程度；后续整合阶段，维持较低跨期整合程度进一步促进创新网络结构嵌入。上述实证结果支持研究假设 1b。

考虑海外并购整合与创新网络位置嵌入的协同演化，方程①中，并购前位置嵌入对初始阶段海外并购整合程度的影响系数为正（估计系数为 0.204）；方程②初始整合阶段中，初始整合程度显著正向影响初始阶段创新网络位置嵌入（估计系数为 0.307，$p<0.01$）。方程③中，初始阶段位置嵌入对后续阶段海外并购整合程度的影响系数显著为正（估计系数为 2.703，$p<0.01$），表明初始阶段创新网络位置嵌入性提升，导致收购方企业后续整合阶段进一步提升整合程度；方程④中，后续整合阶段中，后续整合程度显

著正向影响后续阶段创新网络位置嵌入（估计系数为 0.195，$p < 0.01$）。上述协同演化过程中，初始整合阶段，创新网络位置嵌入水平越高，收购方企业越倾向于提升跨期整合程度；后续整合阶段，提升跨期整合程度进一步促进创新网络位置嵌入。上述实证结果支持研究假设1c。

3.6 协同演化创新效果检验：中介效应实证

3.6.1 中介效应计量模型设定

本节探究初始整合阶段和后续整合阶段中，海外并购整合在三种创新网络嵌入对创新表现影响中的重要性或贡献度差异。采用中介效应模型，分别检验初始整合阶段，后续整合阶段中，海外并购整合在创新网络嵌入与技术创新传导中的中介作用。图3-3提供了本章中介效应模型实证示意图。

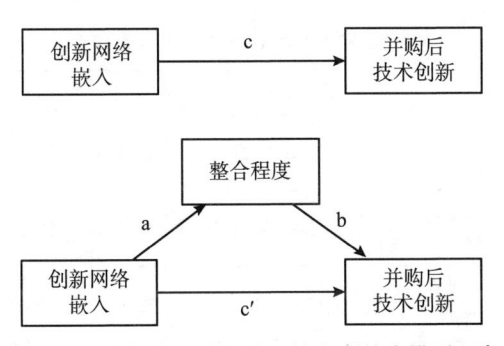

图3-3 协同演化创新效果的中介效应模型示意

相比传统引入交互项的模型，中介效应模型通过分析创新网络嵌入情况对海外并购整合程度的影响（效应a），和海外并购整合程度传导至收购方并购后技术创新表现的影响（效应b），检验海外并购整合行为是否具有中介效应（$ab \neq 0$）。分别将上述中介效应模型应用于初始整合阶段和后续整合阶段的分析中。通过分别考察三种创新网络嵌入（关系嵌入、结构嵌入、位置嵌入）情况下，收购方企业通过调整海外并购整合程度对并购后技术创新的中介影响大小，探究海外并购整合在三种创新网络嵌入对创新表现影响中的重要性或贡献度差异，分析初始整合阶段、后续整合阶段中，针对何种创新网络嵌入下的海外并购整合行为，最有助于并购后技术创新的增进。

本书利用 Stata 软件检验整合程度的中介效应，因变量为对应阶段的创新表现，自变量为对应阶段的创新网络嵌入，中介变量为对应阶段的海外并购整合程度，控制变量为研发投入强度、研发人员数量、研发人员占比、企业规模、资产负债率、并购经验、资源相似性、资源互补性和文化距离。

3.6.2 中介效应实证结果分析

本书利用 Stata 软件，使用索贝尔（Sobel, 1982）检验中介效应的存在性。表 3-5 分别汇报了初始阶段整合、后续整合阶段中，收购方企业海外并购整合程度在影响三类不同创新网络嵌入对技术创新传导中的中介效应结果。

表 3-5　　　　　　整合程度的中介效应 Sobel 检验结果

	中介效应：整合程度	a	b	c	Sobel 值	中介占比	z 值
初始整合阶段	关系嵌入—整合程度—创新	-0.020	-127.215	113.545	2.55	2.25%	0.538
	结构嵌入—整合程度—创新	-0.109	-94.561	143.478	10.27	7.16%	2.528**
	位置嵌入—整合程度—创新	-0.170	-127.585	32.963	21.64	65.66%	3.067***
后续整合阶段	关系嵌入—整合程度—创新	0.086	-182.933	11.437	-15.76	-137.77%	-2.925***
	结构嵌入—整合程度—创新	-0.077	-110.049	259.384	8.51	3.28%	2.110**
	位置嵌入—整合程度—创新	0.260	-173.176	-202.057	-45.06	22.30%	-4.672***

注：*** $p<0.01$；** $p<0.05$；* $p<0.1$。

表3-5结果中，a代表创新网络嵌入对整合程度直接影响效应；b代表整合程度对创新表现直接影响效应；c代表创新网络嵌入对创新表现影响效应。Sobel值代表经过整合程度变量的中介作用，路径 a×b 对创新表现的影响程度。中介占比计算方式为 a×b/c，代表整合程度中介效应相对于创新网络对创新表现直接效应的相对重要程度。上述路径系数估计，均采用 bootstrap 法自抽样迭代法，迭代时期为500期。Z值汇报了中介效应路径的显著性。

表3-5上方初始整合阶段结果显示，通过收购方企业的初始阶段海外并购整合，实现了三种网络嵌入经海外并购整合对创新表现的正向中介传导。考虑初始阶段海外并购整合，在多大程度上影响不同网络嵌入对创新表现的作用，中介效应占比一列显示，初始整合阶段，位置嵌入—整合程度—创新路径的中介占比最高，达到65.66%，明显高于关系嵌入以及结构嵌入路径；上述结果表明，初始整合阶段，收购方维持较低整合程度，基于创新网络位置嵌入重构对并购后技术创新的正向传导最为明显。上述结果支持了研究假设2a。

表3-5下方后续整合阶段结果显示，通过收购方企业的后续阶段海外并购整合，实现结构嵌入—整合程度—创新表现的正向传导（Sobel值为8.51），但是关系嵌入与位置嵌入通过整合程度对创新的中介效应为负（Sobel值为-15.75和-45.06）。中介效应占比方面，后续整合阶段，关系嵌入对创新表现的直接作用相对于初始整合阶段明显降低（初始阶段113.545降低至后续阶段11.437），并且后续整合阶段整合程度的增进，负向作用于创新网络关系嵌入对创新表现。基于关系嵌入增进重构对创新表现的作用效果幅度（中介占比-137.77%），明显高于基于位置嵌入与基于结构嵌入的作用效果幅度（中介占比为3.28%和20.30%）。后续整合阶段，收购方企业选择较高整合程度，主要引发创新网络关系嵌入增进重构，抑制了后续阶段并购后技术创新。上述结果支持研究假设2b。

3.7 本章小结

本章作为全书理论分析的伊始，基于网络嵌入观理论，从关系嵌入—结构嵌入—位置嵌入出发，分析海外并购整合与三类创新网络嵌入的协同演化机制以及协同演化的创新表现。

3.1节与3.2节提供理论机制分析。3.1节为海外并购整合与创新网络嵌入的协同演化理论机制研究，引入初始整合阶段和后续整合阶段的时段划分，通过初始整合阶段创新网络嵌入对跨期整合动态作用，以及后续整合阶段跨期整合重构对后续阶段创新网络嵌入重构的影响实现协同演化理论机制的分析。在协同演化的具体传导机制方面，本节提供三种网络嵌入的差异性传导机制：其中，①创新网络关系嵌入通过提升双方信任促进跨期整合程度的提升；而跨期整合提升反过来引发双边惯例重构，进一步促进创新关系嵌入的演进。②创新网络结构嵌入通过声誉锁定，限制了收购方跨期提升整合程度的动机；而后续阶段维持较低整合通过声誉传递，促进了结构嵌入的演进。③创新网络位置嵌入提升通过降低组织身份劣势地位，促进跨期整合的动态提升；而后续阶段跨期整合提升形成信号优势，促进位置嵌入的增进。基于上述理论分析，本章提供研究假设1a、1b、1c。

3.2节为海外并购整合与创新网络嵌入协同演化的创新效果分析。进一步考察针对三种不同的创新网络嵌入重构，收购方初始阶段整合、后续阶段整合基于何种创新网络嵌入重构对创新表现的传导最明显。考虑协同演化所引发的信息识别、组织学习以及风险感知的时效性对创新表现的影响，本节提供不同阶段海外并购整合与三种创新网络嵌入协同演化对创新表现贡献度的差异性分析：其中，①初始整合阶段，考虑整合过程中，关系嵌入引发的感知能力增进以及结构嵌入引发的凸显效应具有时滞性；而整合过程中，位置嵌入可以快速获得信号优势，因此初始整合阶段，收购方维持较低整合程度，基于创新网络位置嵌入重构对并购后技术创新的正向传导最为明显。②后续整合阶段，后续较高整合程度以及关系嵌入增进，引发临近性陷阱明显阻碍技术创新；而后续维持较低整合与结构嵌入增进的协同演化的声誉效应具有时滞性，适度促进技术创新；位置嵌入增进引发的信息优势逐渐降低，对后续创新具有适度抑制作用。因此，后续整合阶段，基于关系嵌入增进重构对创新表现的作用效果明显高于基于位置嵌入与基于结构嵌入的作用效果。基于上述理论分析，本章提供研究假设 2a，2b。

在理论机制分析基础上，本书采用 2001～2013 年中国技术获取型海外并购整合样本，基于专利合作与专利施引构建外部创新网络，开展实证研究。3.5 节开展基于联立方程组计量模型的协同演化机制分析。通过引入初始整合阶段、后续整合阶段的交互作用方程，内生化初始阶段、后续整合阶段的整合程度和三种创新网络嵌入变量，采用三阶段最小二乘法（3SLS）解决协同演化系统的内生性问题，实证检验综合考虑三类不同创新网络嵌入模式下，海外并购整合与创新网络嵌入的协同演化机制。实证研究支持研究假设 1，得到以下研究结论：

研究结论一：

1a：技术获取型海外并购中，初始整合阶段，创新网络关系嵌入水平越高，收购方企业越倾向于提升跨期整合程度；后续整合阶段，提升跨期整合程度进一步促进创新网络关系嵌入。

1b：技术获取型海外并购中，初始整合阶段，创新网络结构嵌入水平越高，收购方企业越倾向于维持较低整合程度；后续整合阶段，维持较低跨期整合程度进一步促进创新网络结构嵌入。

1c：技术获取型海外并购中，初始整合阶段，创新网络位置嵌入水平越高，收购方企业越倾向于提升跨期整合程度；后续整合阶段，提升跨期整合程度进一步促进创新网络位置嵌入。

3.6 节开展基于中介效应的协同演化创新效果分析。采用中介效应模型，分别检验初始整合阶段，后续整合阶段中，海外并购整合在创新网络嵌入与技术创新传导中的中介作用。利用 Bootstrap 法得到路径系数估计，通过分析中介效应 Sobel 值以及中介效应占比，分析不同整合阶段中，海外并购整合通过何种收购方初始阶段整合、后续阶段整合，海外并购整合与何种创新网络嵌入的协同演化对创新表现的传导最明显。上述实证结果支持研究假设2，得到以下研究结论：

研究结论二：

2a：技术获取型海外并购双方相似性越低、互补性越高时，初始整合阶段，收购方企业选择较低整合程度，主要引发创新网络位置嵌入增进，促进了初始阶段并购后技术创新。

2b：技术获取型海外并购双方相似性越低、互补性越高时，后续整合阶段，收购方企业选择较高整合程度，主要引发创新网络关系嵌入增进，抑制了后续阶段并购后技术创新。

上述研究结论一、研究结论二综合考察三种创新网络嵌入，论证了海外并购整合与创新网络关系嵌入、结构嵌入、位置嵌入的协同演化及其对创新表现传导中的差异性作用。基于现有研究结论，针对关系嵌入、结构嵌入、位置嵌入在海外并购整合与创新网络嵌入的协同演化方面的差异性特征，本书提出，当前中国技术获取型海外并购整合与创新网络嵌入的协同演化，尚存在以下三个问题：

现存问题一：

后续整合阶段，海外并购整合与创新网络关系嵌入协同演化，未能实现创新增进。

现存问题二：

协同演化全过程中，海外并购整合与创新网络结构嵌入协同演化的创新增进效果在三种嵌入中偏弱。

现存问题三：

后续整合阶段，海外并购整合与创新网络位置嵌入协同演化未能延续初始阶段的创新增进效果。

针对以上三个现存问题，本书后续主体内容章节将分别从"整合的组织边界拓展—网络关系嵌入重构""整合的空间边界拓展—网络结构嵌入重构""整合的学习边界拓展—网络位置嵌入重构"进行深入推进。基于问题一，本书第 4 章开展海外并购整合与创新网络关系嵌入重构的协同演化研究,旨在回答①如何利用有效动态整合策略,实现后续阶段关系嵌入的重构,以促进协同演化的创新效果;基于问题二,本书第 5 章开展海外并购整合与创新网络结构嵌入重构的协同演化研究,旨在回答②如何提升海外并购整合与创新网络结构嵌入重构对创新增进的传导效果;基于问题三,本书第 6 章开展海外并购整合与创新网络位置嵌入重构的协同演化研究,旨在回答③如何实现海外并购整合与创新网络位置嵌入重构间协同演化对创新表现的持续促进。本书第 4~6 章内容,将分别针对上述三个方面深入分析。

第 4 章

海外并购整合与创新网络关系嵌入重构的协同演化

第 3 章针对关系嵌入的协同演化特征研究显示,海外并购整合程度与创新网络关系嵌入的协同演化存在以下问题:后续整合阶段,海外并购整合与创新网络关系嵌入协同演化,未能实现创新增进。后续整合阶段,维持较高整合程度以及创新网络关系嵌入增进,限制收购方获取新颖知识能力,落入临近性陷阱不利于并购后技术创新。受制于并购前网络嵌入性差的困境,较高的来源国劣势与技术能力差距导致中国企业对目标方的单向依赖性较高(Awate et al., 2017)。能否利用海外并购整合获取目标方企业现有网络关系资源(Hernandez & Shaver, 2019),实现创新网络关系嵌入重构,将影响收购方企业并购后技术创新表现。为解决上述问题,本章考虑引入"海外并购整合的组织边界拓展",从整合过程中对目标方自主性的动态调节出发,分析如何利用有效的动态"整合程度—目标方自主性"综合整合框架,实现创新网络关系嵌入的重构促进并购后技术创新增进。

并购整合理论研究中,哈斯佩拉格和杰米森(Haspeslagh & Jemison, 1991)提供了"整合程度—目标方自主性"的并购整合综合分析框架。目标方自主性代表收购方给予目标方企业运营权力的自由度及持续性水平(Datta & Grant, 1990)。相对于将整合程度与目标方自主性视为统一体两端的对立关系,近来学者提出整合程度与目标方自主性是相互独立的两种选择(Zaheer et al., 2013)。利用治理共享和协调运营两个维度的高低匹配,学者们提出后发国家技术获取型海外并购整合的融合型整合战略、合作型整合战略以及隔离型整合战略（魏江和杨洋，2018）。不同类型的整合模式代表了收购方企业在处理并购后联合体治理结构上的差异。从交易成本角度出发，企业交易成本的相对高低决定了企业的边界演进，而资产专用性、交易不确定性以及交易频率均影响企业的治理结构和企业边界（Williamson，2002）。威廉姆森（Williamson，2002）将交易成本具体划分为以下类别：包含搜寻成本、信息成本、决策成本以及监督交易进行的成本等。公司间的并购后重组是企业边界重新界定的有效机制（Rhodes – Kropf & Robinson，2008），整合过程中，技术资源在企业间的共享与逆向转移，引发治理结构一体化成本的增加（李青原，2006）。企业海外并购整合过程中，收购方与目标方企业内部资源整合过程产生诸如内部管理成本、外部信息搜寻成本以及整合过程监督成本等交易成本，因此本书引入交易成本视角分析海外并购过程中的治理结构变动。

技术获取型海外并购中，并购双方技术差距较大，收购方整合过程依赖于目标方技术人员的交流与逆向溢出，技术整合过程的人力资产专用性较高。技术获取型海外并购中，初始整合阶段，由于双方企业技术能力不对等性较高，收购方通过赋予目标方企业较高自主性水平，有助于维持关键研发人员生产力（Kapoor & Lim，2007），但是高目标方自主性同时面临整合合作中较高的机会主义风险，提升双方技术、知识交易的不确定性。考虑动态视角的整合策略演进，伴随整合过程的推进，初始整合阶段引发的创新网络关系嵌入导致并购双方企业交易频繁程度提升；连同收购方企业能力动态提升，引发企业整合技术资源过程中的内部化倾向加剧，激发收购方企业选择统一治理模式，降低目标方自主性通过跨国治理延展企业组织边界，提升创新网络关系嵌入深度促进并购后技术创新。基于"整合程度—目标方自主性"的动态整合分析框架，对技术获取型海外并购整合与创新网络关系嵌入重构的协同演化机制的分析，为促进有效海外并购整合，克服网络嵌入性劣势，实现创新网络关系嵌入强度的提升，促进收购方技术创新提供理论支持。

本章首先提供对海外并购整合的目标方自主性与创新网络关系嵌入重构之间的协同演化理论机制分析。随后，在布斯坦因和纳拉霍（Burstein &

Naranjo, 2009) 跨国企业技能流动模型的基础上, 进一步引入收购方企业生产力伴随并购整合的创新网络关系嵌入的动态演进条件, 构建离散时间动态模型, 将海外并购目标方自主性的动态演进与创新网络关系嵌入重构纳入协同演化的分析系统。实现对不同整合阶段赋予目标方自主性的条件及其演化特征的分析。理论模型分析显示, 初始整合阶段, 收购方选择较高目标方自主性水平将提升创新网络关系嵌入深度, 后续整合阶段, 创新网络关系嵌入深度提升, 使收购方企业得以降低目标方自主性水平, 提升跨国治理能力促进对目标方技术的吸收, 提升自身技术创新水平。在理论分析基础上, 本书采用 2001~2013 年中国技术获取型海外并购整合样本进行实证检验。利用倾向匹配得分—双重差分法（propensity score matching-difference in difference, PSM–DID）处理协同演化系统的内生性问题, 对不同整合阶段中, 目标方自主性与创新网络关系嵌入重构协同演化关系进行检验并采用负二项回归检验海外并购整合与创新网络关系嵌入重构对并购后技术创新的传导。

本章行文思路如下: 4.1 节为海外并购整合与创新网络关系嵌入重构的协同演化理论机制分析。4.2 节构建动态整合过程中, 目标方自主性动态演化与创新网络关系嵌入重构的协同演化数理模型。4.3 节为变量设定与测度。4.4 节为协同演化机制检验。利用倾向匹配得分—双重差分法实证检验海外并购整合与创新网络关系嵌入重构的协同演化机制。4.5 节为协同演化的创新效应检验。利用负二项回归计量模型对海外并购整合与创新网络关系嵌入重构的协同演化技术创新效果进行研究。4.6 节为本章小结。

4.1 海外并购整合与创新网络关系嵌入重构的协同演化机制

4.1.1 初始整合阶段: 初始海外并购整合对创新网络关系嵌入重构影响

技术获取型海外并购中, 收购方企业面临较高的跨国制度距离、技术禀赋差距。初始整合阶段，并购双方资源相似性越低、互补性越高时，收购方选择较低整合并维持较高目标方自主性有助于实现创新网络关系嵌入深度的重构，避免资源临近性陷阱促进并购后技术创新。具体而言，并购双方企业资源相似性越低、互补性越高时，双方企业资产的专用性越高。资产专用性指不牺牲生产价值的条件下，资产可重新应用于其他用途或其他生产者的程度。并购双方资源相似性越低、互补性越高时，整合过程中，资产用途和使用者的改变，会引发资源较高的损失。

初始整合阶段，目标方企业技术资源具有较高的人力资本专用性。并购双方资源相似性越低、互补性越高时，由于技术知识、生产经营模式领域存在差异，在并购整合过程中研发人员对并购前生产技术范畴的存续产生疑虑，研发人员的身份识别认知状态（Knippenberg et al., 2002）受到威胁。初始整合阶段，收购方企业的生产力水平较弱，收购方能否有效整合目标方资源，取决于能否维护保持目标方核心研发人员、团队的研发能力，通过创新网络关系嵌入实现技术交流、学习及逆向转移。

关系嵌入深度代表网络新成员与特定在位成员间过往连接的强度（Zhang & Guler, 2019）。收购方企业作为目标方创新网络的新进入者，其与目标方企业创新网络合作的连接强度受到初始阶段海外并购整合行为的影响。并购整合初期，收购方企业采取较低并购整合程度，给予较高目标方自主性水平，将弱化目标方研发人员焦虑水平（Cartwright & Cooper, 1994；Marks & Mirvis, 2001）。可以提升并购双方企业间技术、人员沟通交流，习得处理不同地理、制度背景企业合作整合的隐性知识，提升其在处理跨组织合作过程中组织身份不对等性、企业组织文化冲突等问题的能力，促进其与不同制度背景创新网络子群成员的创新合作（Krackhardt, 1999；Phillips & Cooney, 2005），提升创新网络关系嵌入深度。

通过较低整合程度—较高目标方自主性的初始整合策略，收购方企业实现了创新网络关系嵌入深度的增进，有助于拓展收购方企业进行网络信息搜寻的广度，降低网络资源识别、资源搜寻过程的同质性，能够有效克服资源临近性陷阱，拓展企业知识池促进并购后技术创新。通过维持较低整合程度—给予目标方较高自主性，克服互补性技术模块间的整合摩擦，为创新网络研发人员、项目实现协同效应提供基础。利用目标方企业作为信息渠道的载体（Singh et al.，2016）。借助目标方核心研发技术踏板（Luo & Tung，2018）与其海外研发伙伴建立潜在新连接，获得更为广泛的海外创新合作机会，实现收购方技术水平、知识类别的蛙跳式跃升（Cowan et al.，2004）。

4.1.2 后续整合阶段：创新网络关系嵌入重构对后续海外并购整合影响

初始阶段创新网络关系嵌入深度的重构，提升并购双方企业技术、知识交流频率。关系嵌入代表双方企业之间的信任、承诺，促进优质信息共享及共同问题的解决（Uzzi，1997），为成员提供彼此学习、了解的渠道（Gulati & Gargiulo，1999），强化成员间的信任机制并降低对未来合作不确定性的担忧（Podolny，1994；Burt & Knez，1995）。初始整合阶段，收购方选择较低整合程度引发的关系嵌入，进一步强化并购双方的双边合作关系。

一方面，伴随初始整合过程中的资源整合与转移，收购方企业的动态生产力得以提升；双方企业对彼此组织文化、惯例理解提升，降低了组织不对称性。收购方企业的感知能力得到提升，帮助企业有效识别外部组织情境及机会（Barreto，2010）。双方企业人员信任水平，交流频次的提升，有助于后续整合阶段维持双边创新合作，降低整合风险。

另一方面，双方资源相似性越低、互补性越高时，较高的资产专用性水平、以及跨国合作中面临的较高不确定性，引发企业实施内部化的治理结构重塑（Williamson，2002），拓展企业边界。而伴随创新网络关系嵌入强度的重构，双方企业的交流频率显著提升，收购方企业内部化治理结构的倾向上升。创新网络关系嵌入强度重构，引发后续整合阶段收购方企业组织边界拓展，导致收购方企业实施跨国治理，降低目标方自主性水平。

后续整合阶段，通过提升后续整合程度、降低目标方自主性水平，收购方得以提升对目标方企业的控制权，通过派驻高级管理层的跨国治理共享，实现原有初始整合阶段交易成本的内部化,降低收购方企业整合过程中的交易成本,提升整合目标方异质性资源的效率,提升并购后企业技术创新收益的获取能力,促进收购方企业并购后技术创新。

图4-1提供了海外并购整合与创新网络关系嵌入重构的协同演化理论机理图。实线代表初始整合对创新网络影响,以及创新网络对后续整合影响;虚线代表后续整合对创新网络影响。

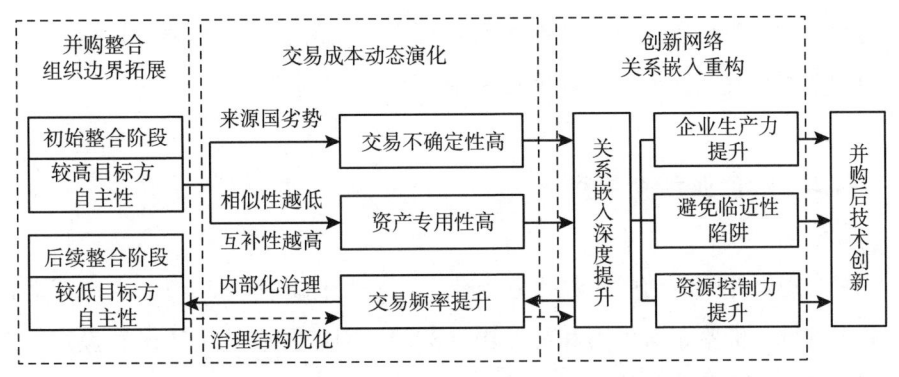

图4-1 海外并购整合与创新网络关系嵌入重构的协同演化机理

基于上述分析,本章提出研究假设3:

研究假设3

H3:技术获取型海外并购整合中,并购双方资源相似性越低、互补性越高,收购方初始整合阶段"低整合程度—高目标方自主性"、后续阶段"高整合程度—低目标方自主性"的动态整合策略,将引发与创新网络关系嵌入深度增进的协同演化,促进并购后收购方企业技术创新。

4.2 并购整合目标方自主性与关系嵌入重构的协同演化数理建模

关系嵌入背后的高质量关系,维持公司与外部网络成员在经济与知识交易中的持续性。凭借动态调整目标方自主性水平,收购方企业利用海外并购整合,实现市场内部化下的企业治理结构重构。在收购方整合参与开放式创新中,企业知识技能的跨国流动,将影响双方企业之间交流的频率和质量,影响并购后创新资源的转移和收购方自主创新。本节在布斯坦因和纳兰霍(2009)跨国企业技能流动模型的基础上,进一步引入收购方企业生产力伴随并购整合的创新网络关系嵌入的动态演进条件,构建离散时间动态模型,将海外并购目标方自主性的动态演进与创新网络关系嵌入重构纳入协同演化的分析系统,分析阶段性海外并购整合过程中,如何通过动态调整目标方自主性与创新网络关系嵌入协同演化实现并购后企业技术创新。

4.2.1 企业创新生产

考虑跨国并购活动中,收购方企业 i = 1;目标方企业 i = 2。生产活动在企业中进行,借鉴布斯坦因和纳兰霍(2009)对跨国企业生产函数设定,设定参与海外并购的企业单位化的创新生产函数如下:

$$y = z_i x_i^{1-v} n^v \qquad (4-1)$$

其中,z_i 代表国家嵌入生产力,国家嵌入生产力代表受基础设施、规制、自然设施等非转移性的国家生产能力。技术获取型海外并购中,母国技术能力低于目标方东道国,因此,$0 < z_1 < z_2$。国家嵌入生产力为外生参数。x_i 代表企业嵌入生产力,其代表嵌入于管理者的知识技能(know-how)。管理者利用其具有的知识技能处理企业重要的技术、生产决策。企业嵌入生产力可借助外派高级管理人员,实现跨国转移。技术获取型海外并购中,并购前收购方企业生产力低于目标方企业,因此,$0 < x_1 < x_2$。参数 n 代表单位化劳动,v 代表管理者所控制的劳动力对创新生产活动的规模递减程度,$v \in (0, 1)$。为刻画海外并购整合的动态性特征,引入初始整合阶段 T = 1 和后续整合阶段 T = 2。并购整合过程中,收购方企业生产力水平发生内生波动(用 $x_{1,T=1}$ 以及 $x_{1,T=2}$ 表示),目标方企业生产力水平维持不变(为 x_2,为外生参数)。

考虑技术获取型海外并购双方企业的初始技术差异，设定初始整合阶段，并购双方的企业生产力差距大于并购双方的国家嵌入生产力差距，即 $\frac{x_{1,T=1}}{x_2} < \frac{z_1}{z_2}$。后续整合阶段，伴随整合后收购方企业生产力的提升，并购双方的企业生产力差距小于并购双方的国家嵌入生产力差距，即 $\frac{x_{1,T=2}}{x_2} > \frac{z_1}{z_2}$。

每个企业内部，存在 L_i 单位的劳动力，其中 ω 比例为管理者，其余 $1-\omega$ 比例为工人。管理者控制 $n = \frac{1-\omega}{\omega}$ 单位的劳动。加总个体单位的产出，得到企业的创新生产函数形式为：

$$Y_i = \mu [z_i(x_i)^{1-v}] L_i \quad (4-2)$$

其中，$\mu = \omega^{1-v}(1-\omega)^v$。并购整合后联合体的创新生产函数为：

$$Y_{Merge} = \mu \{[z_1(x_1)^{1-v}]L_1 + [z_2(x_2)^{1-v}]L_2\} \quad (4-3)$$

4.2.2 跨国治理共享

设比例为 $m \in (0,1)$ 的收购方管理者在后续整合阶段，被外派至目标方东道国。所有目标方东道国管理者继续在本国内进行管理。跨国管理人员流动后，收购方企业的创新生产函数为：

$$Y_1 = (1-m)\omega L_1 z_1(x_1)^{1-v}(n_1)^v = \mu z_1(x_1)^{1-v}(1-m)^{1-v} L_1 \quad (4-4)$$

目标方企业的生产函数为：

$$Y_2 = \mu z_2 (mL_1 x_1 + L_2 x_2)^{1-v}(L_2)^v \quad (4-5)$$

考虑整合阶段 $T=1$，$T=2$，分别代表初始整合阶段和后续整合阶段。海外并购整合中，整合程度 $s_T \in [0,1]$，收购方的企业嵌入生产力 x_{1T} 的阶段性波动满足以下形式：

$$x_{1,T} - x_{1,0} = \frac{s_T x_2}{d_1(G_T)} \quad (4-6)$$

其中，$x_{1,T} - x_{1,0}$ 代表整合阶段 T，收购方企业嵌入生产力 $x_{1,T}$ 相对并购前收购

方企业嵌入生产力 $x_{1,0}$ 的增长；公式右侧 $s_T x_2$ 为经历 T 个时期，以整合程度 s_T 进行并购整合后对目标方企业生产力 x_2 的吸收。$d_1(G_T)$ 为对应时期，创新网络结构为 G_T 时，收购方企业的关系嵌入的节点度。收购方企业在整合过程中通过建立创新合作关系实现相互交流而受益，如果关系嵌入的节点度更高，则在与目标方企业的特定合作项目上花费的时间降低，并购整合所吸收的目标方生产力对收购方生产力的提升越不明显。因此，采用 $\dfrac{1}{d_1(G_T)}$ 的形式刻画节点度对特定合作项目投入的负向影响，对网络成员节点度负向作用于合作项目投入时间而影响收益的上述公式设定，来源于杰克逊和沃林斯基（Jackson & Wolinsky, 1996）提出的合著模型（coauthor model），网络中的每个参与者都存在固定的花费在各个项目上的时间数量，而研究人员 i 花费在一定项目上的时间和他参与的项目个数 $d_i(g)$ 是逆相关的。收购方企业关系嵌入的节点度越高，收购方投入并购双方连接的精力越低，并购整合所吸收的目标方生产力对收购方生产力的提升越不明显。

创新网络结构 $d_1(G_T)$ 的具体形式依赖于网络结构演进。本章设定创新网络的结构演进服从指数度分布（Jackson, 2010），设定并购前在时间 {0, 1, …, k} 诞生的 k+1 个节点都是相互连接的。根据上述设定，初始整合阶段伊始创新网络具有 k+1 个节点，其中，并购方企业节点 1 和目标方企业节点 2 之间具有直接连接。创新网络是无向的，按照指数分布的泊松随机网络规则，每个新生节点一致随机的选择现有节点中的 k 个并与其连接。新诞生节点代表通过海外并购整合所搜寻到的具有非冗余资源的新企业。并购初始整合阶段期末（时间 k+1 期），搜寻到的新节点期望得到 $\dfrac{k}{k+1}$ 条连接。并购后续整合阶段期末（时间 k+2 期），搜寻到的新节点的期望度为 $k + \dfrac{k}{k+1} + \dfrac{k}{k+2}$。因此，$d_1(G_{T=1}) = k + \dfrac{k}{k+1}$，$d_1(G_{T=2}) = k + \dfrac{k}{k+1} + \dfrac{k}{k+2}$。

4.2.3 动态最优化求解

根据上述设定，收购方企业最大化并购后联合体的生产。最优化问题如下：

$$\max[Y_1(x_{1,T}; m) + Y_2(x_{2,T}; m)]$$
$$\text{s.t.} \quad x_{1,1} - x_{1,0} = s_1 x_2 / d_1(G_{T=1})$$
$$x_{1,2} - x_{1,0} = (s_1 + s_2) x_2 / d_1(G_{T=2}) \qquad (4-7)$$

对管理者外派求导,得到一阶条件:

$$m_T^* = \frac{1 - \frac{x_2}{x_{1,T}}\left(\frac{z_1}{z_2}\right)^{1/v}}{1 + \frac{L_1}{L_1}\left(\frac{z_1}{z_2}\right)^{1/v}} \qquad (4-8)$$

收购方企业外派管理者进行跨国治理($m_T^* > 0$)的充要条件为:

$$\frac{x_2}{x_{1,T}}\left(\frac{z_1}{z_2}\right)^{\frac{1}{v}} < 1 \qquad (4-9)$$

考虑公式(4-9)跨国治理共享条件的适用性,本章提出定理一。

定理一:给定参数满足条件 $\frac{x_{1,1}}{x_2} < \frac{z_1}{z_2} < \frac{x_{1,2}}{x_2}$,

初始整合阶段 $T = 1$,$\frac{x_2}{x_{1,1}}\left(\frac{z_1}{z_2}\right)^{\frac{1}{v}} \geq 1$,收购方企业不跨国外派管理层。

后续整合阶段 $T = 2$,$\frac{x_2}{x_{1,2}}\left(\frac{z_1}{z_2}\right)^{\frac{1}{v}} < 1$;收购方企业跨国外派管理层。

证明(定理一):

①初始并购阶段:已知 x_i,z_i 均大于0,参数条件 $\frac{x_{1,1}}{x_2} < \frac{z_1}{z_2} \Leftrightarrow \frac{x_2}{x_{1,1}}\left(\frac{z_1}{z_2}\right) > 1$。

已知 $\frac{x_{1,1}}{x_2} < \frac{z_1}{z_2} < 1$,故 $\frac{x_2}{x_{1,1}} > 1$。指数函数 $y = a^x$,($a > 1$)单调递增,已知 $v \in (0, 1)$,$\frac{1}{v} > 1$,故 $\left(\frac{x_2}{x_{1,1}}\right)^{\frac{1}{v}} > \frac{x_2}{x_{1,1}}$。

因此有 $\left(\frac{x_2}{x_{1,1}}\right)^{\frac{1}{v}}\left(\frac{z_1}{z_2}\right) > \frac{x_2}{x_{1,1}}\left(\frac{z_1}{z_2}\right) > 1$。对 $\left(\frac{x_2}{x_{1,1}}\right)^{\frac{1}{v}}\left(\frac{z_1}{z_2}\right) > 1$ 不等式两边取 v 次方,$v > 0$ 时幂函数单调增,不等式符号不变,因而得到 $\frac{x_2}{x_{1,1}}\left(\frac{z_1}{z_2}\right)^{\frac{1}{v}} \geq 1$。初始整

合阶段 $T=1$，条件 $\frac{x_2}{x_{1,1}}\left(\frac{z_1}{z_2}\right)^{\frac{1}{v}} \geq 1$ 得证，因此收购方企业不跨国外派管理层。

②后续并购阶段：由于 x_i，z_i 均大于0，参数条件 $\frac{z_1}{z_2} < \frac{x_{1,2}}{x_2} \Leftrightarrow \frac{x_2}{x_{1,2}}\left(\frac{z_1}{z_2}\right) < 1$。

已知 $0 < \frac{z_1}{z_2} < 1$，$\frac{1}{v} > 1$，指数函数 $y = a^x$，$(0 < a < 1)$ 单调递减，故 $\left(\frac{z_1}{z_2}\right)^{\frac{1}{v}} < \frac{z_1}{z_2}$。

由 $\frac{x_2}{x_{1,2}}\left(\frac{z_1}{z_2}\right)^{\frac{1}{v}} < \frac{x_2}{x_{1,2}}\left(\frac{z_1}{z_2}\right) < 1$，后续整合阶段 $T=2$，条件 $\frac{x_2}{x_{1,2}}\left(\frac{z_1}{z_2}\right)^{\frac{1}{v}} < 1$ 得证，因此收购方企业跨国外派管理层。

定理1表明，技术获取型海外并购整合过程中，通过将整合程度—目标方自主性纳入统一动态框架，利用动态目标方自主性收缩策略可以实现基于创新网络关系嵌入重构后，并购后企业生产力提升的技术创新增进。具体而言，初始整合阶段，收购方选择不派驻海外管理人员，维持目标方企业自主性，并在后续整合阶段，降低目标方自主性，跨国外派管理层，可以实现基于创新网络关系嵌入重构的并购后技术创新。

定理1背后的经济学含义如下：初始整合阶段，由于技术知识、生产经营模式领域存在差异，在并购整合过程中对并购前生产技术范畴的存续产生疑虑，研发人员的身份识别认知状态（Knippenberg et al., 2002）受到威胁。技术获取型海外并购，初始整合阶段，受制于较低的整合程度，基于创新网络关系嵌入重构对并购方企业生产力的增进效果有限。采取维持目标方较高的自主性，将弱化目标方人员焦虑水平（Cartwright & Cooper, 1994; Marks & Mirvis, 2001），提升并购双方员工对未来预期和彼此企业文化的理解，促进企业员工、管理者间的正向情绪（Lawler & Yoon, 1993; Knippenberg et al., 2002）。

对过往整合关系评价满意度（Labianca et al., 1998; Lawler, 2001; Zhelyazkov, 2018）的提升为后续更多的双边创新合作提供可能，网络中的信任机制为进一步拓展并购双方资源整合提供网络渠道，促进后续整合阶段收购方企业提升并购整合程度。后续整合阶段，伴随初始整合后企业生产力的增进，通过跨国共享治理权，将促进技术诀窍的跨国流动（Burstein & Naranjo，2009），进一步提升交流强度。促进共同惯例（Krackhardt，1999）形成，促进隐性知识的跨组织逆向转移，提升并购整合后跨国企业的生产效率，避免收购方企业创新网络嵌入过程中落入临近性陷阱。因此，后续整合阶段收购方通过跨国管理层的重构，降低目标方自主性水平，可进一步促进创新网络关系嵌入重构并促进并购后的技术创新。

本书模型，在布斯坦因和纳兰霍（2009）跨国企业技能流动模型的基础上，进一步引入收购方企业生产力伴随并购整合的创新网络关系嵌入的动态演进条件，构建离散时间动态模型，将海外并购目标方自主性的动态演进与创新网络关系嵌入重构纳入协同演化的分析系统。实现对不同整合阶段赋予目标方自主性的条件及其演化特征的分析。相对于布斯坦因和纳兰霍（2009）跨国企业技能流动模型，引入创新网络动态演化的泊松随机网络连接规则，实现跨国技能流动与网络生成演进模型之间的桥梁架构。通过引入网络生成模型，实现了创新网络背景下的跨国知识流动建模，丰富了原有数理模型的研究背景和建模意义。同时，相对于过往海外整合目标方自主性的数理模型研究（陈珧，2017；Chen et al.，2016），实现了将海外并购整合目标方自主性的动态跨期决策行为的建模刻画，从跨国知识流动和跨国治理角度，丰富了过往目标方自主性数理模型的理论内涵。

4.3 变量设定与测度

4.3.1 因变量

创新表现。本节选择专利数量作为衡量收购方整合过程中收购方创新表现的指标（Griliches，1990）。现有研究采用专利数量是衡量企业创新表现的指标（沈国兵和袁征宇，2020），结合本节采用的负二项回归方法，以专利数量的计数变量是合理的。为考察不同整合时段内对应的创新表现的改变,对每组并购案例,均分别统计初始整合阶段(海外并购发生后 1~3 年)中收购方企业作为专利权人所申请的专利数量,以及后续整合阶段(海外并购发生后 4~6 年)中收购方企业作为专利权人所申请的专利数量。数据来源为德温特创新数据库(Derwent innovation index)。

4.3.2 核心解释变量

整合程度。借鉴卡波尔和里姆(2007),采用虚拟变量刻画整合程度。若目标方企业被纳入收购方企业运营的一部分,则整合程度为 1;否则为 0。数据来源为并购公报、企业年报以及新闻数据(如 Lexis Nexis 新闻数据库)。依次统计初始整合阶段(海外并购发生后 1~3 年),后续整合阶段(并购发生后 4~6 年)的资料,得到对应整合阶段的整合程度。

目标方自主性。基于马希默和奥格杰卡(Massimo & Ognjenka, 2010)设定二值变量,利用 Lexis Nexis 新闻数据库及企业年报资料,判断目标方高管团队是否得到留用。对应的整合阶段中,如果资料体现出维持原有高管团队、CEO 被保留,则目标方自主性取值为 1,目标方企业享有自主性的决策权力;如果资料显示更换高管,则目标方自主性为 0。数据来源为 Lexis Nexis 新闻数据库及企业年报资料。分别统计初始整合阶段(海外并购发生后 1~3 年)及后续整合阶段(海外并购发生后 4~6 年)中的目标方自主性水平。

关系嵌入。借鉴古拉提和加尔吉洛(1999),如果创新网络中,并购双方过往 3 年内存在直接连接,则记为 1,否则,记为 0,统计对应整合阶段中,关系嵌入发生的次数。数据来源为 Derwent innovation index 以及 Gephi 网络软件。分别统计初始整合阶段(海外并购发生后 1~3 年)及后续整合阶段(海外并购发生后 4~6 年)中的关系嵌入水平。

关系嵌入深度。关系嵌入深度变量刻画收购方企业与创新网络中其他企业,在过往时段中,通过创新网络连接进行知识合作的深度。借鉴当前对嵌入深度的研究(Sorenson & Stuart, 2008;Zhelyazkov & Gulati, 2016),过往年份中行为人参与网络内特定合作的频次刻画了两者间知识合作深度。本书采用收购方企业统计时段内进行专利施引发生的频次，代表企业间创新合作中的交流程度。数据来源为德温特专利数据库（Derwent Innovation Index）。分别统计初始整合阶段（海外并购发生后 1~3 年）及后续整合阶段（海外并购发生后 4~6 年）中的关系嵌入深度。

4.3.3 控制变量

1. 收购方企业层面

研发投入强度。收购方企业的研发投入影响并购后企业技术创新表现。企业研发投入有助于企业开展新技术、新项目的研究与开发。现存理论表明研发投入与企业创新存在正向的相关关系（Cohen & Levinthal，1990；Stokey，1995）。本书采用并购前收购方企业研发投入占营业收入的百分比刻画企业研发强度。数据来源为国泰安 CSMAR 数据库和企业年报资料。

研发人员数量。企业内部研发人员数量代表了企业从事研究开发活动的人力资本情况，影响企业技术创新活动表现（刘诗源等，2020）。本书采用对数化研发人员数量进行刻画，数据来源为国泰安 CSMAR 数据库和企业年报。

研发人员占比。企业内部研发人员比重代表了企业内部研发人力资本相对于总人力资本分布的重要性（Ahuja & Katila，2001）。研发人员占比越高，代表企业越重视研究开发工作。研发人员占比为收购方企业内部研发人员占企业总员工数量，数据来源为国泰安 CSMAR 数据库和企业年报。

企业规模。企业规模反映了收购方企业的经营实力。较大规模的企业更倾向于进行投资研发（Stock & Fischer，2002）。本书采用并购前收购方企业对数化的万元总资产加以刻画，数据来源为国泰安 CSMAR 数据库和企业年报。

资产负债率。企业的资产负债率体现了企业财务杠杆的松弛程度，资产负债率越低，企业研发投入过程中的财务限制相对更小，影响创新活动的投资（周艳菊等，2014）。因此，本书利用并购前收购方企业的总负债与总资产比率刻画资产负债率,数据来源为国泰安 CSMAR 数据库和企业年报。

并购经验。过往海外并购的经历,为收购方企业积累整合经验及问题解决能力,有助于推进后续技术获取型海外并购整合过程的创新转化(Bauer & Matzler,2014)。本书采用 0-1 二值变量刻画并购经验,针对一宗海外并购案例,如果并购发生前,收购方企业已具有过往海外并购经验,则海外并购经验设定为 1,否则设定为 0。数据来源,基于 BvD_Zephyr 全球并购交易分析库整理。

2. 海外并购特征层面

股权比例。刻画并购案例中,收购方购买的目标方股权比例。股权比例在一定程度上展示收购方企业对目标方企业资源的预期,过低的股权比例无法实现目标方整体资源的转移,不利于整合后的收购方技术创新(Bauer & Matzler,2014)。数据来源,BvD_Zephyr 全球并购交易分析库。

联合中心性。借鉴古拉提和加尔吉洛(1999)采用联合中心性,利用并购双方企业的特征向量中心性的几何平均刻画。采用迭代的思想,特征向量中心性(Jackson,2010)计算如下:$Ce_i^{Bonacich}(g, a, b) = (II - bg)^{-1} agII$,节点的权力声望是沿其散发的行迹的加权,其中,a 代表每条长度为 1 的行迹的价值,b 为到其他长度为 k 的行迹处的衰减。$a > 0$,$b > 0$,II 为 $n \times 1$ 向量。数据来源德温特专利数据库和 Gephi 网络分析软件。分别统计初始整合阶段(海外并购发生后 1~3 年)及后续整合阶段(海外并购发生后 4~6 年)中联合中心性水平。

结构等价性。并购双方网络结构差异越大,越不利于收购方企业对目标方企业资源的控制和逆向转移,影响并购后技术创新。本书借鉴阿胡加等(2009)非对称性设定,采用并购双方网络中心性的比值(收购方中心性比目标方中心性),刻画并购双方企业的网络势差。数据来源德温特专利数据库和 Gephi 网络分析软件。分别统计初始整合阶段(海外并购发生后 1~3 年)及后续整合阶段(海外并购发生后 4~6 年)中的结构等价性。

资源相似性。参照王和扎加克(Wang & Zajac,2007),按企业北美产业分类系统代码(NAICS)定义并购双方相似性。若两企业主 NAICS 码,前四位相同记相似性为 1；仅前三位相同，记为 0.75；仅前两位相同，记为 0.5；仅首位相同，记为 0.25；若所有位均不相同，记为 0。数据来源于 BvD_Zephyr 数据库。

资源互补性。借鉴王和扎加克（2007）测量方法，若一对 NAICS 码 i 和 j 同时出现在多个企业 NAICS 码中，则 i 和 j 具有较高互补性。首先，选择多于一个 NAICS 码的并购双方企业及其 NAICS 码；其次，不计算任何 NAICS 与其自身的互补性。NAICS 代码 i 和 j 互补性如下：$Com_{ij} = (J_{ij} - \mu_{ij})/\sqrt{\mu_{ij} \times (1 - N_i/K) \times (K/(K-1)) \times (1 - N_j/K)}$。其中，$J_{ij}$ = 两个 NAICS 代码出现在同一个企业的次数；$\mu_{ij} = (N_i \times N_j)/K$，$N_i$ = NAICS 代码 i 出现在多少个企业中；N_j = NAICS 代码 j 出现在多少个企业中；K = 企业总数。本书 106 组样本中，K = 212，剔除单一存在 NAICS 码后 NAICS 码类别共 184 类。对上述数值进行 0~1 标准化。数据来源于 BvD_Zephyr 数据库。

文化距离。技术获取型跨国并购整合对收购方企业创新表现的作用，受到并购双方国别文化距离差异的影响（Ahuja & Katila，2001）。基于霍夫斯特德（1980）六维度跨国文化差异（权力距离、个体主义或集体主义、男性化或女性化、不确定性规避、长期趋向或短期趋向、放纵或约束），构建综合的跨国文化距离指标。基于寇伽特和辛格（1988）文化距离由以下形式构建：$Culture\ Distance = \sum_{i=1}^{n} \frac{\{(I_{ij} - I_i)^2 / V_i\}}{n}$。考虑 106 宗并购案例所涉及的并购双方所在国别。I_{ij} 是目标方所在国家 j 在第 i 个文化维度的 Hofstede 评分，文化维度 n = 6。I_i 是收购方企业中国在第 i 个文化维度的 Hofstede 评分。V_i 是所有国别的 Hofstede 评分在第 i 个文化维度中的方差。数据来源 Hofstede 个人网站。

3. 产业效应及时间效应

产业效应。产业类型、产业集中度等产业效应对产业内企业创新产生影响。并购方所在产业的差异，对企业技术创新表现产生影响。本书实证研究中控制所在产业的产业效应。

年份效应。本书样本分布于 2001~2013 年中，不同年份中对应于不同的宏观经济环境和风险。因此本书实证研究中控制样本发生所在年份的年份效应。

表4-1汇报了本章实证的变量设定与测度情况。包含变量类型、名称、测度方式以及数据来源。

表4-1 变量设定与测度

变量类型	变量名称	变量测度	数据来源
因变量	创新表现	选择专利数量作为衡量收购方整合过程中收购方创新表现的指标（Griliches，1990）。按阶段划分，分别统计并购前3年，初始整合阶段（海外并购发生后1~3年）以及后续整合阶段（海外并购发生后4~6年）中收购方企业所申请的专利数量	德温特创新数据库（Derwent innovation index）
自变量	海外并购整合	借鉴卡波尔和里姆（2007），设置二分变量，利用Lexis Nexis新闻数据库及企业年报资料，判断若目标公司被整合进入并购方公司日常经营运作的一部分被明确提及，整合程度变量取值为1；否则为0	Lexis Nexix新闻数据库、企业年报、公开新闻信息
自变量	目标方自主性	基于马希默和奥格杰卡（2010），设定二值变量，利用Lexis Nexis新闻数据库及企业年报资料，判断目标方高管团队是否得到留用。对应的整合阶段中，如果资料体现出维持原有高管团队、CEO被保留，则目标方自主性取值为1，目标方企业享有自主性的决策权力；如果资料显示更换高管，则目标方自主性为0	Lexis Nexis新闻数据库及企业年报资料
自变量	关系嵌入	借鉴古拉提和加尔吉洛（1999），如果创新网络中，并购双方过往存在直接连接，则记为1，否则，记为0。数据来源Derwent innovation index以及Gephi网络软件	基于Gephi软件生成的自我网络计算
自变量	关系嵌入深度	借鉴关系嵌入强度研究（Sorenson & Stuart，2008；Zhelyazkov & Gulati，2016），过往年份中行为人参与网络内特定合作的频次刻画两者关系嵌入合作强度。本书采用收购方企业统计时段内进行专利施引发生的频次，代表企业间创新合作中的交流程度	德温特专利数据库（Derwent innovation index）

续表

变量类型	变量名称	变量测度	数据来源
控制变量 收购方 个体特征 层面	研发强度	研发投入占营业收入的百分比刻画企业研发强度	国泰安 CSMAR 数据库和企业年报资料
	研发人员数量	采用对数化研发人员数量进行刻画	国泰安 CSMAR 数据库和企业年报资料
	研发人员占比	研发人员占比为收购方企业内部研发人员占企业总员工数量	国泰安 CSMAR 数据库和企业年报资料
	企业规模	采用企业对数化的万元总资产加以刻画	国泰安 CSMAR 数据库和企业年报资料
	资产负债率	采用总负债与总资产比率刻画资产负债率	国泰安 CSMAR 数据库和企业年报
	并购经验	采用 0~1 二值变量刻画并购经验,针对一宗海外并购案例,如果收购方企业具有过往海外并购经验,则海外并购经验设定为 1,否则设定为 0	BvD_Zephyr 全球并购交易分析库整理
控制变量 并购双方 特征层面	股权比例	刻画并购案例中,收购方购买的目标方股权比例	BvD_Zephyr 全球并购交易分析库
	联合中心性	借鉴古拉提和加尔吉洛(1999)、杰克逊(2010)利用并购双方企业的特征向量中心性的几何平均刻画联合中心性。特征向量中心性利用节点的邻居在网络中的重要性刻画节点的重要性。特征向量中心性(Jackson,2010)计算如下:$Ce_i^{Bonacich}(g, a, b) = (II - bg)^{-1} agII$,节点的权力声望是沿其散发的行迹的加权,其中 a 代表每条长度为 1 的行迹的价值,b 为到其他长度为 k 的行迹处的衰减。$a>0, b>0$,II 为 $n×1$ 向量	德温特专利数据库和 Gephi 网络分析软件
	结构等价性	借鉴古拉提和加尔吉洛(1999),采用并购双方网络中心性的比值,收购方中心性比目标方中心性,刻画并购双方企业的网络势差	德温特专利数据库和 Gephi 网络分析软件
	资源相似性	参照王和扎加克(2007),按企业北美产业分类系统代码(NAICS)定义并购双方相似性。若两企业主 NAICS 码,前四位相同记相似性为 1;仅前三位相同,记为 0.75;仅前两位相同,记为 0.5;仅首位相同,记为 0.25;若所有位均不相同,记为 0。数据来源 BvD_Zephyr 数据库	BvD_Zephyr 全球并购交易分析库

续表

变量类型	变量名称	变量测度	数据来源
控制变量 并购双方 特征层面	资源互补性	借鉴王和扎加克（2007）测量方法，若一对 NAICS 码 i 和 j 同时出现在多个企业 NAICS 码中，则 i 和 j 具有较高互补性。首先，选择多于一个 NAICS 码的并购双方企业及其 NAICS 码；其次，不计算任何 NAICS 与其自身的互补性。i 和 j 互补性如下： $$Comij = (J_{ij} - \mu_{ij}) / \sqrt{\mu_{ij} \times (1 - N_i/K) \times (K/(K-1)) \times (1 - N_j/K)}$$ 其中，J_{ij} = 两个 NAICS 代码出现在同一个企业的次数；$\mu_{ij} = (N_i \times N_j)/K$，$N_i$ = NAICS 代码 i 出现在多少个企业中；N_j = NAICS 代码 j 出现在多少个企业中；K = 企业总数。本书 106 组样本中，K = 212，剔除单一存在 NAICS 码后 NAICS 码类别共 184 类。对上述数值进行 0~1 标准化	BvD_Zephyr 全球并购交易分析库
控制变量 并购双方 特征层面	文化距离	基于霍夫斯特德（1980）六维度跨国文化差异（权力距离、个体主义或集体主义、男性化或女性化、不确定性规避、长期趋向或短期趋向、放纵或约束），构建综合的跨国文化距离指标。基于寇伽特和辛格（1988）文化距离由以下形式构建： $$\text{Culture Distance} = \sum_{i=1}^{n} \frac{\{(I_{ij} - I_i)^2 / V_i\}}{n}$$ 考虑 106 宗并购案例所涉及的并购双方所在国别。I_{ij} 是目标方所在国家 j 在第 i 个文化维度的 Hofstede 评分，文化维度 n = 6。I_i 是收购方企业在第 i 个文化维度评分。V_i 是所有国别的 Hofstede 评分在第 i 个文化维度中的方差	Hofstede 个人网站
控制变量 产业年份 效应	产业效应	并购方所在产业的差异，对企业技术创新表现产生影响。本书实证研究中控制并购案所在产业的产业效应	BvD_Zephyr 全球并购交易分析库
控制变量 产业年份 效应	年份效应	并购发生年份对应于不同的宏观经济环境与风险，本书实证控制并购发生年份的时间效应	BvD_Zephyr 全球并购交易分析库

4.3.4 变量描述性统计

表 4-2 汇报变量的描述性统计，展示变量观测值、均值、标准差及最大、最小值。

表 4-2　　　　　　　　　　　变量描述性统计

变量类别	变量名称	观测值	均值	标准差	最小值	最大值
因变量	创新表现	318	99.022	432.391	0	5 432
自变量	海外并购整合	212	0.585	0.494	0	1
	目标方自主性	212	0.580	0.495	0	1
	关系嵌入	318	0.421	0.531	0	4
	关系嵌入深度	317	78.066	421.855	0	6 629
控制变量	企业规模	318	12.965	1.416	10.539	16.469
	资产负债率	318	0.440	0.191	0.014	0.836
	研发强度	318	5.779	10.882	0.703	107
	研发人员数量	318	6.637	1.433	2.474	9.980
	研发人员占比	318	17.596	16.508	1.070	79.520
	并购经验	318	0.245	0.431	0	1
	文化距离	318	3.965	1.245	1.573	5.887
	资源相似性	318	0.606	0.381	0	1
	资源互补性	318	0.567	0.161	0	1
	股权比例	309	0.930	0.141	0.5	1
	联合中心性	318	0.304	0.279	0	1
	结构等价性	318	0.133	0.097	0	0.577
	产业效应	318	4.255	1.921	1	8
	年份效应	318	2 012.321	3.849	2 001	2 019

4.3.5　变量相关系数矩阵

表 4-3 汇报变量的相关系数矩阵。各自变量间的相关系数均低于 0.6，多数不显著。因此自变量间不存在显著的高相关性。

表4-3　　　　　　　　　　变量相关系数矩阵

变量	1	2	3	4	5	6	7
1. 创新表现	1						
2. 海外并购整合	-0.116*	1					
3. 目标方自主性	0.016	-0.270***	1				
4. 关系嵌入	0.114**	0.236***	-0.086	1			
5. 关系嵌入深度	0.777***	-0.139**	-0.047	0.163***	1		
6. 企业规模	0.210***	0.02	-0.056	-0.003	0.177***	1	
7. 资产负债率	-0.115**	-0.037	-0.082	-0.035	-0.07	0.251***	1
8. 研发强度	-0.007	-0.069	0.081	-0.017	0.004	-0.093*	-0.024
9. 研发人员数量	0.097*	-0.074	0.029	0.067	0.076	0.484***	0.067
10. 研发人员占比	0.061	-0.116*	0.048	0.033	0.044	-0.123**	-0.375***
11. 并购经验	0.119**	-0.054	0.018	-0.026	0.087	0.240***	0.193***
12. 文化距离	-0.006	0.096	-0.067	-0.038	0.001	-0.016	-0.111*
13. 资源相似性	0.101*	-0.056	0.037	0.270***	0.044	0.038	-0.024
14. 资源互补性	0.007	0.034	-0.073	0.361***	-0.015	0.014	-0.007
15. 股权比例	0.085	0.002	-0.052	0.051	0.066	-0.068	0.033
16. 联合中心性	-0.073	0.108	-0.071	-0.005	-0.088	-0.011	0.075
17. 结构等价性	0.002	-0.011	-0.108	-0.041	-0.013	-0.144***	-0.006
18. 产业效应	0.100*	-0.078	0.048	-0.031	0.059	0.042	-0.094*
19. 年份效应	0.124**	0.053	-0.023	0.441***	0.174***	0.124**	-0.111**

变量	8	9	10	11	12	13	14
8. 研发强度	1						
9. 研发人员数量	-0.167***	1					
10. 研发人员占比	0.161***	0.397***	1				
11. 并购经验	-0.078	0.237***	-0.058	1			
12. 文化距离	-0.116**	0.028	0.102*	0.102*	1		
13. 资源相似性	-0.008	-0.006	0.041	0.082	0.084	1	
14. 资源互补性	-0.019	0.041	0.04	-0.051	0.014	0.539***	1
15. 股权比例	0.007	-0.043	-0.121**	-0.029	-0.093	0.02	-0.093*

续表

变量	8	9	10	11	12	13	14
16. 联合中心性	-0.004	-0.036	0.07	0.012	0.078	0.056	0.016
17. 结构等价性	-0.091	-0.235***	0.017	0.102*	0.273***	0.106*	0.04
18. 产业效应	-0.011	0.082	-0.012	0.061	0.08	-0.031	-0.058
19. 年份效应	0.015	0.051	0.132**	0.112**	0.125**	0.260***	0.262***

变量	15	16	17	18	19
15. 股权比例	1				
16. 联合中心性	-0.223***	1			
17. 结构等价性	-0.145***	0.087	1		
18. 产业效应	0.024	0.128**	0.082	1	
19. 年份效应	-0.186***	0.042	-0.06	0.027	1

注：***$p<0.01$；**$p<0.05$；*$p<0.1$。

4.4 协同演化机制检验：倾向匹配得分—双重差分法实证

本章理论分析中协同演化系统存在内生性。为分析收购方企业采用自主性由高到低的动态整合行为与创新网络关系嵌入重构之间的协同演化关系，需要从协同演化中剥离创新网络自身演化以及收购方企业非动态调整整合策略所导致的创新网络演化。海外并购整合过程中，对于收购方企业是否动态调整自主性这一事件，仅能占据发生或不发生两种状态之一，故对于那些已经进行目标方自主性降低调整的企业而言，利用实际的数据集无法获得未发生上述整合行为时创新网络演化的基础效果。为处理并购表现评价的内生性问题，学者们已经尝试利用倾向匹配得分—双重差分法（propensity score matching-difference in difference, PSM-DID），对并购后表现、如并购绩效等问题进行研究（Szucs, 2014; Edamura et al., 2014; Cozza et al., 2015）。

根据海外并购收购方企业是否实施了动态自主性降低的整合策略，本章将样本中的收购方企业区分为：处理组——自主性动态降低调整的收购方，即初始整合阶段目标方自主性为1，而后续整合阶段目标方自主性为0；控制组——未动态降低目标方自主性的收购方。基于罗森鲍姆和鲁宾（Rosenbaum & Rubin，1983）倾向匹配得分方法的思想，通过多元协变量的特征指标浓缩形成倾向值得分（propensity score），采用核密度匹配法（kernel matching）得到与处理组尽可能相似的加权控制组。

在倾向匹配得分基础上，采用双重差分法，考虑剔除控制组伴随时间趋势的创新网络演化特征，继而得到处理组，即恰当初始整合引发的创新网络初始阶段重构，如何影响后续阶段整合行为对网络重构的影响。

4.4.1 倾向匹配得分—双重差分法计量模型设定

1. 倾向得分

倾向匹配得分采用极大似然法，估计基于特定观测变量性质下，样本获得处理效应的概率（Rosenbaum & Rubin，1983）。倾向得分是给定样本特征为协变量 X 情况下，收购方企业实施动态整合自主性调整的条件概率，公式如下：

$$p(X) = \Pr[Treat = 1 \mid X] \qquad (4-10)$$

式（4-10）中 Treat 为指标函数，刻画处理效应。处理组发生动态自主性降低时，Treat=1；否则，Treat=0。

对于第 i 家收购方企业，恰当动态整合行为对创新表现 Y 的参与者平均处理效应（average treatment effect on the treated，ATT）为：

$$\tau = E[Y_{1i} - Y_{0i} \mid Treat = 1] \qquad (4-11)$$

式（4-11）中，下标 i 代表企业 i，Y_{1i} 为处理组的创新表现，Y_{0i} 为非处理组的创新表现。本书倾向得分的 Logit 模型模型如下：

$$p(X_i) = \Pr[Treat_i = 1 \mid X_i] = \frac{\exp(\beta X_i)}{1 + \exp(\beta X_i)} \qquad (4-12)$$

倾向得分的五个协变量为技术相似性、资源互补性、整合程度、企业效应、国别效应。并购整合程度采用初始整合阶段、后续整合阶段差异化设定，海外并购样本为106宗，对应于并购前、初始海外并购整合、后续海外并购整合三个时间阶段，形成面板数据，样本量为318。

2. 核密度匹配

利用倾向评分实现处理组和对照组的匹配过程，基于p(X)概率相等的思想。但是由于p(X)是连续函数，故两者具有相似概率的情况不存在，因此需要构建匹配规则（Becker & Ichino，2002）。常见的匹配规则由临近匹配法、核密度匹配法、半径匹配法以及分层匹配法，考虑与后续双重差分法结合采用Stata实证的可行性，本书选择核密度匹配法（kernel matching）。

核密度法是一种非参数回归，放松具有全局形式回归函数的假设，针对几个yi在各自对应的xi处进行估计。通过设定一定的带宽h，在临近区域（neighborhood）进行平滑的技术。采用核密度匹配法，参与者平均处理效应（ATT）形式（Becker & Ichino，2002）如下：

$$\tau^k = \frac{1}{N^T} \sum_{i \in T} \left\{ Y_i^T - \frac{\sum_{j \in C} Y_j^C G\left(\frac{p_j - p_i}{h_n}\right)}{\sum_{k \in C} G\left(\frac{p_k - p_i}{h_n}\right)} \right\} \quad (4-13)$$

式（4-13）中，G(·)为核函数，h_n为带宽参数。τ^k的标准差采用自抽样法（bootstrap）进行计算。核密度匹配法，通过给予全部对照组样本不同权重的方式形成处理组的对照组。

3. 双重差分法

在对核密度匹配进行平衡性检验的基础上，对照组企业作为处理组企业的反事实对比，在处理效应之外，其创新表现与处理组企业具有平行趋势。

针对上述处理组与对照组企业，本节进一步应用双重差分法，分析动态自主性调整的整合策略对关系嵌入深度波动的内生变化，进行双重差分分析，估计公式如下：

$$关系嵌入深度_{it} = \alpha D_i + \beta T + \gamma D_i \times T + X'\delta + u_{it} \quad (4-14)$$

式（4-14）中，引入虚拟变量D_i(Treat)，处理组时D=1，对照组时D=0；引入整合阶段T，并购发生年份T=0，初始整合阶段T=1，后续整合阶段 T=2。X'代表技术相似性。参数 γ 刻画双重差分效应。本节采用 Stata 软件进行倾向匹配得分—双重差分估计，双重差分估计中对因变量进行差分处理，刻画因变量基于时间的波动特征。

4.4.2 倾向匹配平衡性检验

表 4-4 汇报各初始变量 Logit 评分的平衡性检验结果。匹配前技术相似性、资源互补性、整合程度、国家效应的 t 检验均显著，匹配后所有协变量的 t 检验结果均不显著，表明经过核密度倾向评分匹配后，处理组与对照组不具有显著差异，变量具有平衡性。

表 4-4　　　　　　初始 Logit 评分的平衡性检验

变量	均值			t 检验	
	处理组	控制组	% bias	t	p > |t|
资源相似性					
U	0.46051	0.61527	-35.5	-2.02	0.045
M	0.53479	0.5596	-5.7	-0.22	0.825
资源互补性					
U	0.52614	0.57621	-31.9	-1.7	0.091
M	0.52607	0.54072	-9.3	-0.36	0.723
整合程度					
U	0.44444	0.61628	-34.7	0.057	0.057
M	0.51613	0.53323	-3.4	0.895	0.895
企业效应					
U	47	55.291	-26.7	-1.47	0.143
M	50.484	48.955	4.9	0.2	0.844
国家效应					
U	9.7222	12.36	-53.1	-2.9	0.004
M	10.484	10.936	-9.1	-0.37	0.712

注：其中 U 代表匹配前，M 代表匹配后。

表4-5汇报处理组、对照组的数量分布情况。处理组个数为36组，其中在共同支持域（on support）的数量为31组。非处理组为172组，其中在共同支持域的数量为140组。图4-2汇报倾向得分图，匹配组与非匹配组的倾向评分分布大致对称。图4-3汇报匹配前后变量的标准差分布，其中圆点代表匹配前的标准差分布，符号×型代表匹配后匹配之后的标准差分布，匹配后的标准差更接近0值，各个变量的标准差经过匹配后均缩小。

表4-5　　　　　　　倾向匹配的处理组控制组分布

Psmatch2：处理情况	Psmatch2：共同支持域		总数
	非支持	支持	
非处理组	32	140	172
处理组	5	31	36
总数	37	171	

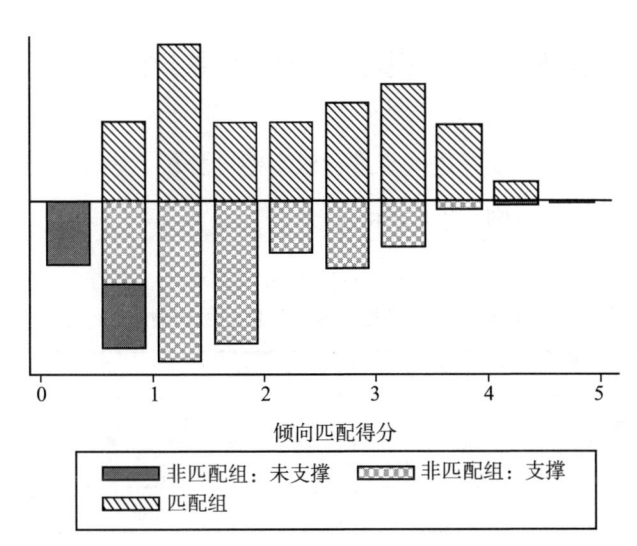

图4-2　倾向得分的共同取值范围

资料来源：Stata软件。

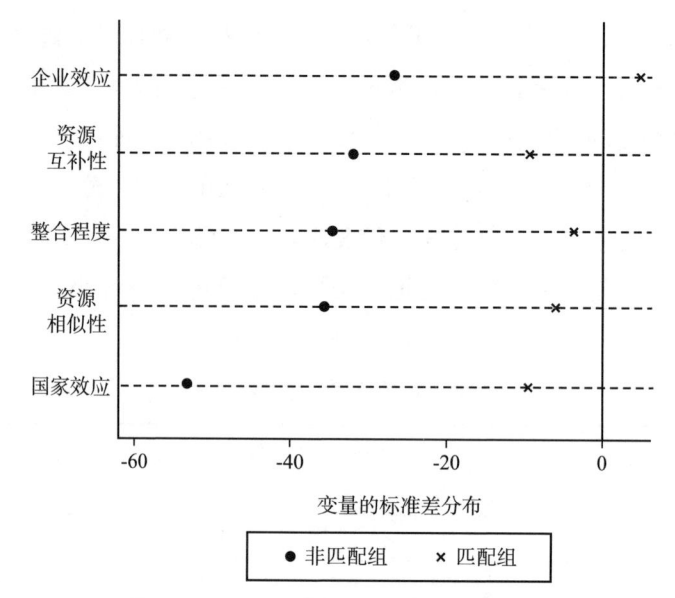

```
                    企业效应 ---------●---------------×---
                    资源
                    互补性 -----------●------------×-----
                    整合程度 ---------●----------------×--
                    资源
                    相似性 -----------●------------×-----
                    国家效应 --●------------------×-------
                         -60      -40      -20       0
                              变量的标准差分布
                         ● 非匹配组    × 匹配组
```

图 4-3　匹配、非匹配组变量标准差示意

资料来源：Stata 软件。

4.4.3　倾向匹配得分—双重差分法结果分析

基于上述核密度匹配，进一步进行双重差分分析。表 4-6 汇报倾向匹配得分—双重差分法的基础实证结果。

表 4-6　　　　　　　动态自主性降低与嵌入深度的协同演化

产出变量：	嵌入强度	标准差	t	P>t
差分前				
对照组	106.851			
处理组	40.512			
差异（处理组—对照组）	-66.338	98.119	-0.68	0.499
差分后				
对照组	133.08			
处理组	267.953			

续表

产出变量：	嵌入强度	标准差	t	P>t
差异（处理组—对照组）	134.873	62.713	2.15	0.032**
双重差分效应（Diff-in-Diff）	201.212	75.668	2.66	0.008***
R^2	0.07			

注：均值与标准差采用线性回归估计；*** $p<0.01$；** $p<0.05$；* $p<0.1$。

差分前，对照组的创新网络关系嵌入深度为106.851，处理组的关系嵌入深度为40.512，处理组相比于对照组的关系嵌入深度低66.338但是该差异不显著（$p=0.499$）；差分后，处理组的嵌入深度为267.953，对照组的关系嵌入深度为133.08，处理组相比于对照组的关系嵌入深度显著的高出134.873（$p=0.032$，$p<0.05$），处理组表现出显著的关系嵌入深度增进效果。

对于双重差分效应，通过初始阶段维持较高自主性、后续整合阶段降低目标方自主性的动态整合策略，引发关系嵌入深度提升的双重差分效应估计系数为201.212，具有显著的正向双重差分效应（$p=0.008$，$p<0.01$）。基于倾向匹配的处理组、对照组的双重差分效应结果的 R^2 为0.07，模型具有一定的解释力度。上述实证结果表明，动态降低目标方自主性可以形成与创新网络关系嵌入深度重构的协同演化关系。

4.4.4 稳健性检验：不同资源组合的适用性

海外并购双方的资源相似性、互补性对海外并购整合策略及创新表现产生影响（Chen et al., 2018），考虑本章提出的理论机制在不同资源相似性、互补性分组下的适用性。本节采用 K-mean 聚类方法对资源相似性、互补性的高低组合进行分类。表4-7汇报三组资源组合下协同演化 PSM-DID 结果。

表 4-7　　　　　　　　不同资源组合的 PSM-DID 结果

产出变量：关系嵌入深度	组别 1 高相似、高互补	组别 2 高相似、低互补	组别 3 低相似、高互补
差分前			
对照组	3.981	310.539	-86.338
处理组	-0.447	190.917	-86.764
差异（处理组—对照组）	-4.428	-119.622	-0.426
差分后			
对照组	36.792	340.221	-38.287
处理组	37.943	556.153	123.106
差异（处理组—对照组）	1.150	215.932*	161.392***
双重差分效应（Diff-in-Diff）	5.578	335.554**	161.819***
R^a	0.10	0.11	0.47

注：*** $p<0.01$；** $p<0.05$；* $p<0.1$。

K-mean 聚类中，组别 1 为高相似、高互补组合，共 29 起并购案；组别 2 为高相似、低互补组合，共 57 起并购案；组别 3 为低相似、高互补组合，共 20 起并购案。表 4-7 结果显示，除了高相似、高互补组合的 PSM-DID 双重差分效应不显著，其他两类资源组合，后续阶段进一步降低目标方自主性的动态整合与创新网络关系嵌入深度增进具有显著的协同演化关系。其中，针对高相似、低互补组合，后续阶段降低目标方自主性将引发创新网络关系嵌入深度提升 335.554，$p<0.05$；低相似、高互补组合，后续阶段降低目标方自主性将引发创新网络关系嵌入深度提升 161.819，$p<0.01$，$R^2=0.47$，对低相似、高互补组合而言，模型的解释力度最明显。基础模型的估计结果具有一定的稳健性。对高相似、高互补组合不显著的解释可能是，对照组与处理组的差异性在差分后较小，对照组本身也具有较高概率动态降低目标方自主性水平。因此，处理组降低目标方自主性的动态整合，对创新网络关系嵌入深度提升的正效应不显著。

4.5 协同演化的创新效应检验：负二项回归

4.5.1 负二项回归计量模型设定

本节考虑协同演化关系是否实现并购整合基于创新网络关系嵌入深度重构对收购方创新表现的增进。以专利数量所体现的创新表现数据具有非负特征，为大于等于 0 的整数。负二项回归可以良好解决数据过度离散（over-dispersion）的问题。模型设定如下：

$$E(Patent_{it} \mid X_{it}) = \exp(\beta_1 + \beta_2 auto_{it} + \beta_3 integ_{it} + \beta_4 Re_{it}\\ + \beta_5 integ_{it} \times RES_{it} + \beta_i Controls_{it} + \sigma\epsilon_i) \quad (4-15)$$

式（4-15）中 $\sigma\epsilon_i$ 为随机误差项，σ 代表过度离散效应，$\exp(\epsilon_i)$ 服从 gamma 分布。因变量为创新表现。自变量分别为目标方自主性动态降低、整合程度动态提升、关系嵌入、关系嵌入深度；为探究二者协同效应对创新的影响，引入整合与网络交互项，目标方自主性与关系嵌入强度交互项 $auto_{it} \times RES_{it}$、整合程度与关系嵌入深度交互项 $integ_{it} \times RES_{it}$、按表 4-1 引入所有控制变量。进一步考虑创新表现、创新网络自身演化的影响，引入一阶滞后项 $Patent_{it-1}$ 以及网络关系嵌入一阶滞后项 RES_{it-1}。

4.5.2 负二项回归实证结果分析

表 4-8 列 1 至列 4 依次汇报逐步控制产业效应、年份效应的负二项回归结果。各模型负二项回归 alpha = 0 似然比检验均通过 p = 0.01 显著性检验，负二项回归是有效的。

表4-8 协同演化的创新效应负二项回归

因变量：创新表现		(1)	(2)	(3)	(4)
跨期自主性降低		0.61 (1.33)	0.88 * (1.94)	0.992 ** (1.98)	1.046 ** (2.30)
跨期整合程度提高		-0.831 ** (-2.22)	-0.65 * (-1.66)	-0.953 ** (-2.24)	-0.59 (-1.51)
关系嵌入		-0.70 (-0.88)	-1.04 (-1.30)	2.59 (1.43)	4.485 ** (2.52)
关系嵌入深度		-0.001 (-0.97)	-0.002 (-1.21)	-0.001 (-0.98)	-0.001 (-1.09)
自主性×关系嵌入深度		0.004 *** (3.44)	0.004 *** (3.26)	0.004 *** (3.01)	0.004 *** (2.80)
整合程度×关系嵌入深度		1.169 *** (2.80)	0.910 ** (2.05)	1.313 *** (2.81)	0.854 * (1.89)
滞后项	一阶滞后创新表现	0.004 ** (2.22)	0.004 ** (2.27)	0.004 ** (2.50)	0.004 *** (2.75)
	一阶滞后关系嵌入深度	-0.004 *** (-2.59)	-0.004 ** (-2.18)	-0.005 *** (-2.88)	-0.005 *** (-2.99)
控制变量	文化距离	0.15 (1.04)	0.21 (1.42)	0.13 (0.91)	0.21 (1.60)
	资源相似性	0.34 (0.76)	0.21 (0.43)	0.66 (1.49)	0.41 (0.92)
	资源互补性	0.12 (0.13)	0.40 (0.41)	-0.56 (-0.61)	0.22 (0.24)
	股权比例	(1.25) (-1.01)	-1.82 (-1.33)	-1.90 (-1.52)	-3.278 *** (-2.67)
	联合中心性	-0.89 (-0.98)	-1.65 * (-1.83)	-1.48 (-1.63)	-1.933 ** (-2.47)

续表

因变量：创新表现		(1)	(2)	(3)	(4)
控制变量	结构等价性	(6.45) (-1.36)	-5.50 (-1.33)	-3.18 (-0.67)	-8.35* (-1.78)
	企业规模	0.11 (0.92)	0.25* (1.75)	0.19 (1.47)	0.20 (1.57)
	资产负债率	0.34 (0.28)	0.08 (0.06)	1.18 (1.09)	1.13 (0.92)
	研发强度	-0.005 (-0.26)	-0.009 (-0.54)	-0.02 (-0.99)	-0.02 (-1.53)
	研发人员比重	0.01 (1.09)	0.01 (0.86)	0.043** (3.05)	0.02* (1.71)
	常数项	3.71 (1.57)	3.63 (1.54)	-11.99* (-1.66)	-17.61** (-2.51)
产业效应		—	控制	—	控制
年份效应		—	—	控制	控制
Lnalpha		0.805*** (5.89)	0.732*** (5.28)	0.516*** (3.61)	0.333* (2.25)
样本量		102	102	102	102

注：*** $p<0.01$；** $p<0.05$；* $p<0.1$；括号内为 z 值。

表 4-8 中，模型 4 中回归结果显示，同时考虑产业效应和年份效应后，收购方选择初始阶段高目标方自主性、后续阶段低目标方自主性的跨期自主性降低策略，将显著正向的影响收购方并购后创新（估计系数为 1.046，$p<0.05$）。为分析海外并购整合过程与创新网络关系嵌入重构如何影响创新表现，重点关注两个交互项：自主性×关系嵌入深度以及整合程度×关系嵌入深度的作用。

自主性×关系嵌入深度的估计结果显示，目标方自主性水平与关系嵌入深度之间存在显著正向交互作用，促进并购后技术创新（估计系数为 0.004，$p<0.01$）；整合程度与关系嵌入深度之间存在显著正向作用，促进并购后技

术创新（估计系数为0.854，p<0.1）。在模型（1）到模型（4）变更控制效应过程中，交互项的计量结果显示出良好的稳健性。上述实证结果表明，通过动态调整目标方自主性水平，可以实现海外并购整合与创新网络关系嵌入深度重构，促进并购后技术创新。

4.5.3 稳健性检验：创新表现的零膨胀分析

由于本书样本选择中，在并购前三年至并购后六年内任意时段具有创新专利申请或施引即认定为参与创新活动的情形。对以三年时间窗口，如初始整合阶段或后续整合阶段所对应的创新专利数量而言，存在对应时段内零统计数量的情形。鉴于实证样本的因变量专利数量，具有较多的0数值，在25%分位数以下，专利数量均为数值0。样本中的部分企业在三年时间窗口的统计时段中没有创新专利数量。具有大量0数据存在的数据集，形成特殊的离散受限因变量。负二项模型可能具有低估0数据发生概率的特征。

因此，本节检验是否存在计数资料的零膨胀（zero-inflated）特征。格里内（Greene，1994）将零膨胀拓展到负二项模型，将零计数与非零计数建立混合概率分布，构建零膨胀负二项模型（zero-inflated negative binomial，ZINB）。

零膨胀负二项回归的逻辑如下：考虑因变量专利数量为0的情况。专利数量为0可能代表两种情况，过多的零（extra zero）和真实的零（true zero）。过多的0代表没有实施创新研发，导致的专利数为0；真实的0代表实施创新研发、但是项目失败所导致的专利数为0。零膨胀分析将原始数据看成一个全零数据集和一个服从负二项分布的数据集组成的混合数据集（王存同，2010）。本节采用Stata软件进行零膨胀负二项回归分析。

表4-9汇报零膨胀负二项模型的实证结果。总样本量207，其中零观测值为45个。因变量与自变量与基础回归模型类似。利用Stata 14.0软件，通过Vuong检验可评估模型是否存在零膨胀效应。

表4-9　　　　　　　　零膨胀负二项模型结果

因变量：创新表现	估计系数	标准差	t 值	p 值
目标方自主性	-0.120	0.299	-0.40	0.689
整合程度	-0.013	0.433	-0.03	0.976
关系嵌入	-0.380	0.420	-0.90	0.366
关系嵌入深度	0.001 *	0.000	1.89	0.059
目标方自主性×关系嵌入深度	0.004 ***	0.001	3.27	0.001
整合程度×关系嵌入深度	0.942 *	0.528	1.79	0.074
文化距离	0.079	0.111	0.71	0.476
资源相似性	0.270	0.387	0.70	0.485
资源互补性	0.253	0.909	0.28	0.781
股权比例	-0.201	0.999	-0.20	0.841
联合中心性	-0.445	0.628	-0.71	0.478
结构等价性	-2.204	3.191	-0.69	0.490
企业规模	0.226 **	0.094	2.40	0.016
资产负债率	1.401	0.913	1.53	0.125
研发投入强度	-0.020	0.015	-1.34	0.182
研发人员比例	0.027 **	0.012	2.30	0.021
常数项	-0.140	1.793	-0.08	0.938
膨胀　整合程度	-12.297	735.173	-0.02	0.987
膨胀　常数项	-2.034 ***	0.705	-2.89	0.004
Lnalpha	1.023 ***	0.117	8.73	0.000

注：Vuong test of zinb vs. 标准负二项：$z = 0.34$，$Pr > z = 0.367$。*** $p < 0.01$，** $p < 0.05$，* $p < 0.1$。

对零膨胀负二项模型与标准负二项模型的 Vuong 检验结果表明，z 值为 0.34，$Pr > z = 0.367$，大于 $p = 0.05$；Vuong 检验判别标准为：如果 $Pr > z$ 小于 0.05 水平，表明零膨胀负二项模型的表现优于标准负二项模型。上述 Vuong 检验中 $Pr > z$ 大于 0.05 水平，表明标准负二项模型拟合表现优于零膨胀负二项模型。综上所述，标准负二项模型的创新效果回归结果具有稳健性。

综合 4.4 节、4.5 节的结果，实证研究表明，通过跨阶段调整海外并购整合程度和目标方自主性水平，收购方企业实现了并购整合基于创新网络关系嵌入深度重构对并购后技术创新的传导，上述结果具有实证稳健性。海外并购整合与创新网络关系嵌入重构的协同演化正向作用于并购后技术创新。本章实证结果支持了研究假设 3，得到如下结果：收购方初始整合阶段"低整合程度—高目标方自主性"、后续阶段"高整合程度—低目标方自主性"的动态整合策略，将引发与创新网络关系嵌入深度增进的协同演化，促进企业技术创新。

4.6 本章小结

本章分析海外并购整合与创新网络关系嵌入重构的协同演化。通过引入"整合程度—目标方自主性"的综合整合分析框架，从交易成本动态演进角度，探究海外并购整合中的组织边界拓展与创新网络关系嵌入重构之间的动态关系，实现目标方自主性动态收缩的整合策略与创新网络关系嵌入深度重构之间的协同演化分析。

4.1 节分别从初始整合阶段、后续整合阶段开展海外并购整合与创新网络关系嵌入重构的协同演化理论机制分析。鉴于技术获取型海外并购中，较高来源国劣势引发不确定性，资源相似性越低、互补性越高时，目标方人力资本专用性高，初始整合阶段收购方企业选择"较低整合程度—较高目标方自主性"可维护目标方企业研发资源，促进关系嵌入深度重构。后续整合阶段，伴随双方技术交流频次的提升，交易成本内部化的动力更强，收购方企业选择外派管理层实现跨国统一治理，降低目标方自主性水平。上述动态自主性降低与创新网络关系嵌入深度的协同演化，避免临近性陷阱、提升企业生产力、对目标方资源控制力，促进并购后技术创新。

4.2 节基于理论机制，在布斯坦因和纳兰霍（2009）跨国企业技能流动模型的基础上，进一步引入收购方企业生产力伴随并购整合的创新网络关系嵌入的动态演进条件，构建离散时间动态模型，将海外并购目标方自主性的动态演进与创新网络关系嵌入重构纳入协同演化的分析系统。创新性的引入企业生产力伴随创新网络关系嵌入重构的演进条件，实现海外并购动态整合与创新网络关系嵌入重构的协同演化关系建模。实现了动态优化并购后技术创新目标下，对不同整合阶段中，赋予目标方自主性的条件及其演化特征的分析。

在理论研究基础上，本章进一步利用 2001～2013 年中国技术获取型海外并购整合样本开展实证研究。4.4 节采用倾向匹配得分—双重差分法探究海外并购整合与创新网络关系嵌入重构的协同演化。通过核密度匹配法，基于收购方企业是否按理论分析实现动态调整目标方自主性与否，得到处理组与对照组，并进一步与双重差分法结合，剥离创新网络自身演化趋势，检验动态调整目标方自主性整合策略对创新网络关系嵌入强度重构的作用效果。倾向匹配得分—双重差分法能够处理协同演化系统中的内生性问题。通过基础回归以及区分不同资源组合的稳健性检验后，4.4 节的实证研究结果表明，并购双方资源相似性越低、互补性越高，收购方初始整合阶段高目标方自主性、后续阶段低目标方自主性的动态整合策略，导致创新网络关系嵌入强度增进。

4.5 节基于负二项回归计量，探究海外并购整合与创新网络关系嵌入重构协同演化的创新效果。回归结果显示，通过跨期降低目标方自主性水平，实现了并购整合基于创新网络关系嵌入深度重构对并购后技术创新的传导。稳健性检验表明创新表现并不存在零膨胀效应，基础结果的负二项回归具有稳健性。上述 4.4 节、4.5 节的回归结果支持了研究假设 3。综合上述各小节的分析，本章得到如下研究结论：

研究结论三：

技术获取型海外并购整合中，并购双方资源相似性越低、互补性越高，收购方初始整合阶段"低整合程度—高目标方自主性"、后续阶段"高整合程度—低目标方自主性"的动态整合策略，将引发与创新网络关系嵌入深度增进的协同演化，促进并购后收购方企业技术创新。

本章的研究结果，揭示了技术获取型海外并购中，动态化调整目标方自主性的整合决策在提升海外并购整合的创新网络关系嵌入强度，实现收购方技术创新表现中的重要作用。中国收购方企业应注意整合过程中，动态调整目标方自主性水平，初始整合阶段，采用较高目标方自主性为创新网络关系嵌入创造条件；后续整合阶段，通过组织边界拓展降低整合过程中的交易成本，通过跨国治理逐步实现统一治理结构，提升收购方企业对目标方技术资源的控制能力，促进并购后技术创新。尽管受制于来源国劣势、初始企业技术禀赋差异的影响，初始整合阶段需要维持"较低整合程度—较高目标方自主性"以促进并购双方创新网络关系嵌入，但伴随整合过程推进，企业生产力提升以及双方交流频次的增进，均为企业拓展组织边界创造条件。通过动态调节目标方自主性，收购方企业得以实现跨期整合过程中的企业组织边界重构，实现了基于创新网络关系嵌入深度重构对并购后创新表现的正向促进传导。

第 5 章

海外并购整合与创新网络结构嵌入重构的协同演化

第 3 章针对结构嵌入的协同演化特征研究显示,海外并购整合程度与创新网络结构嵌入的协同演化存在以下问题:协同演化全过程中,海外并购整合与创新网络结构嵌入协同演化的创新增进效果在三种嵌入中偏弱。由于结构嵌入指向网络中的三元关系,更为注重成员间信息和声誉的间接渠道效应。协同演化过程中,基于声誉传递和声誉锁定的网络凸显效应具有时滞性,无法有效的传导至技术创新。因此,本章引入第三方监督有效性,试图通过跨期中第三方的有效监督,缩短创新网络结构嵌入对创新表现传导过程中的时滞性,提升海外并购整合与创新网络结构嵌入协同演化对创新表现增进的效果。

结构嵌入强调成员间与另外一个成员进行合作倾向的结构特征,指向间接连接层次(Granovetter,2003)。结构嵌入通过共享第三方连接,提升信息的可信度,识别具有共同伙伴的网络成员,为网络成员行为提供锁定效应和局部声誉的传递(Gulati & Gargiulo,1999)。海外并购整合过程中,结构嵌入形成的网络桥接重构为收购方企业提供了非冗余网络资源和创新机会。网络中的桥接结构,通过连接不同区域、不同技术类型的组织形成弱连接(Levin & Cross,2014),推进不同种类、较为遥远的知识进行交流与传递,降低知识冗余促进创新(Gulati et al.,2012)。因此,如何有效促进收购方企业动态整合与创新网络结构嵌入桥接重构的协同演化，实现有效第三方监督降低声誉效应的时滞性，促进协同演化的技术创新增进成为本章研究的重点。

中国收购方企业的创新网络结构嵌入重构，不单单形成创新网络桥接的结构分离，同时也形成连接母国与目标方东道国的二元制度嵌入。由于知识跨制度边界的转移通常遭遇摩擦（Jensen & Szulanski，2004；Davis，2016），当企业以创新为目的参与到这些跨制度网络中时，其中暗含的重组过程同时受到结构分离及制度分离的影响（Balachandran & Hernandez，2018）。演化经济理论的研究表明，跨越制度范畴的企业发展不同的方法和惯例，以解决问题并创新（Vasudeva et al.，2013）。在不同范畴中建立伙伴关系将获得新的、偏远的知识机会（Owen - Smith et al.，2002；Rosenkopf & Almeida，2003），打破地理界限实现创新网络的空间动态重构，优化海外并购的技术创新增进。鉴于此，本章引入创新网络地理凝聚特征，研究如何采用有效的动态整合策略实现创新网络结构嵌入重构以促进企业技术创新。在理论机制研究中，依次分析协同演化初期，初始整合阶段整合程度如何作用于结构嵌入桥接重构影响收购方企业技术创新；以及协同演化后期创新网络结构嵌入重构对后续整合程度的影响；进一步，考虑整合过程中收购方企业地理边界的拓展对创新网络地理凝聚性的内生影响，分析并购双方资源相似性越低、互补性较高时，收购方企业沿东道国边界的整合边界拓展，对创新网络结构嵌入重构的创新效果影响。

在理论机制分析基础上，开展数理模型研究。首先，构建二阶段协调博弈模型，借鉴杜尔奈克和雷东多（Duernecker & Vega - Redondo，2017）对创新网络国别地理差异特征的刻画，将网络地理凝聚性与整合过程中创新网络合作第三方监督反馈的适用性（Lippert & Spagnolo，2011；Ali & Miller，2016）相结合。通过均衡分析及演化稳态分析，探究不同并购双方资源相似性、资源互补性下，收购方不同整合阶段整合程度与创新网络结构嵌入重构的协同演化关系。其次，构建网络成员的多主体仿真模型，将协同演化从初始整合、后续整合的二阶段博弈时序，推广至连续动态时间过程。提供不同资源相似性、互补性组合下，海外并购整合程度的阶段性演进与创新网络结构嵌入重构的协同演化特征分析。最后,在实证研究中,利用中国 2001~2013 年技术获取型海外并购样本,采用动态面板系统广义矩估计法(generalized method of moments,GMM)检验海外并购整合与创新网络结构嵌入重构的协同演化机制,并进一步采用联立方程法,探究整合边界如何内生影响地理凝聚性,进而影响基于创新网络结构嵌入重构的收购方技术创新表现。

本章行文安排如下:5.1 节为海外并购整合与创新网络结构嵌入重构的协同演化机制研究。5.2 节为二阶段协调博弈模型构建。5.3 节为均衡分析与演化稳态分析。5.4 节海外并购整合与创新网络结构嵌入重构的协同演化多主体仿真研究。5.5 节实证变量设定与测度。5.6 节为协同演化机制检验,采用动态面板数据的系统 GMM 法对海外并购整合与创新网络结构嵌入重构的协同演化机制进行实证检验。5.7 节为协同演化的创新效应检验,采用联立方程法检验整合边界如何内生影响创新网络地理凝聚,继而影响创新网络结构嵌入重构的企业创新表现。5.8 节为本章小结。

5.1 海外并购整合与创新网络结构嵌入重构的协同演化机制

5.1.1 初始整合阶段:初始海外并购整合对创新网络结构嵌入重构影响

结构嵌入强调成员间与另外一个成员进行合作倾向的结构特征(Granovetter,2003)。结构嵌入指向网络中的三元关系,更为注重成员间信息和声誉的间接渠道效应。海外并购整合前,并购双方创新网络结构嵌入,代表两者已经与共同的第三方成员形成封闭三角,具有共同第三方成员进行监督。结构嵌入通过共享第三方连接,提升信息的可信度,识别具有共同伙伴的网络成员,为网络成员行为提供局部声誉的传递(Gulati & Gargiulo,1999)。收购方对创新网络的嵌入序贯决策影响创新网络合作的整体收益以及收益在不同成员间的分配（Zhang & Guler，2019）。创新网络中的第三方成员，会基于收购方初始整合行为对创新网络子群权力分布的改变，决定后续整合阶段与收购方进一步建立创新合作的决策，影响收购方企业创新网络的结构嵌入重构。

并购双方互补性较高时，收购方初始较低整合程度降低双方摩擦效应（钟芳芳，2015），通过占据创新网络结构洞（Chen et al.，2019）以创新网络作为信息渠道载体（Singh et al.，2016），促进隐性知识的跨国逆向流动。整合过程中维持较低整合程度，保护目标方企业组织惯例，将形成创新网络中的良好声誉，较低整合的良好声誉通过目标方企业沿网络向共同第三方传递，进一步促进创新网络中企业间的多元关系合作，促进整合后技术创新。

初始整合阶段并购双方的弱连接具有良好网络声誉，在网络重构的伙伴选择中具有凸显效应（Ahuja et al.，2012），会吸引更多潜在网络成员与之构建连接。互补性较高，创新网络跨群组连接，可帮助化解子群间的冲突并提升创新网络作为整体的角色（Human & Provan，2000；Heidl et al.，2014）。初始较低程度整合形成的创新网络弱连接，不影响创新网络中在位企业对群体权力分布变动的预期，吸引更多不同制度背景海外子群企业与收购方进行创新网络合作（Krackhardt，1999；Phillips & Cooney，2005），提升收购方企业创新网络的跨制度桥接重构，促进创新网络的结构嵌入桥接重构。

相反，收购方企业整合过程中，采用提升跨期整合程度的结构性整合行动，会破坏目标方企业运营的组织惯例，形成结构嵌入封闭三角中的不良声誉，导致整合过程中对过往结构嵌入三元关系合作的破坏，破坏创新网络内企业间过往创新合作关系。

5.1.2 后续整合阶段：创新网络结构嵌入重构对后续海外并购整合影响

初始整合阶段，较高网络结构嵌入表示收购方企业、目标方企业间存在较多的闭合三角结构，并购双方企业的网络凝聚性较高。初始整合阶段中收购方企业的创新网络结构嵌入重构，使收购方企业作为中介节点，连接母国企业以及海外跨制度企业。在不同范畴中建立伙伴关系将获得新的偏远的知识机会（Rosenkopf & Almeida，2003），但是跨越制度边界转移并整合知识同样具有成本（Davis，2016；Vasudeva et al.，2013，Jensen & Szulanski，2004）。创新网络子群内部，有效的第三方监督机制，通过身份认同和信任的传递，促进群组内部企业之间后续的创新合作。

有效的第三方监督机制，代表网络连接两端的合作者，可通过后续网络合作中实施可置信惩罚，避免当前合作伙伴不投入创新合作努力的机会主义行为。并购双方资源互补性较高时，初始较低整合程度引发与海外创新网络内不同国家的企业具有更多的合作关系，与更为广泛的海外企业实现跨制度范畴的创新合作，降低创新网络地理凝聚性。母国企业、海外企业的创新网络子群之间对并购双方企业之间连接的依赖降低。通过建立跨制度范畴的企业合作惯例，降低收购方企业参与海外创新网络子群合作的组织身份不对称性，提升后续整合阶段中信任、共同惯例在不同创新网络子群企业之间的流动和传播（Vasudeva et al.，2013）；后续阶段整合风险的降低，引发后续演化阶段收购方提升跨期整合程度。

跨期维持较低整合程度，收购方企业进一步整合目标方异质性知识资源的能力受限，无法有效实现对目标方企业冗余资源的剥离，这导致以目标方企业为中介的网络资源搜寻过程具有高度冗余性，以网络结识（Jackson & Rogers，2007）机制实现的间接连接网络重构搜寻到的新节点比例较低。冗余性引发的网络过度嵌入以及间接连接中的声誉锁定，抑制了整合过程动态中的新资源搜寻。因此，后续整合阶段，收购方企业选择提升跨期整合程度，以增进并购后技术创新。

5.1.3　内生地理凝聚：并购整合的地理边界拓展与创新网络结构嵌入

全球创新网络的国别差异的背后，通常代表明显意义上的制度差异

(Ghemawat, 2001)。创新网络具有鲜明的国家特征,中国企业海外并购后,收购方企业通过在目标方所在东道国建立子公司,拓宽企业自身的制度背景,可降低整合阶段目标方企业的摩擦,有效实现目标方知识对母国的转移(Yakob et al.,2018)。海外并购整合过程中涉及的资源要素跨国流动,涉及对企业地理边界的跨国重新划定(王艳和李善民,2017)。海外并购整合行为对母国、东道国地理边界的跨越与否,将影响海外并购整合与创新网络跨制度桥接重构的作用关系,继而影响并购后技术创新的获取。

目标方创新网络具有海外多元信息与知识,整合之初通过较低整合程度,习得处理不同地理、制度背景企业合作整合的隐性知识,提升其在处理跨组织合作过程中组织身份不对等性、企业组织文化冲突等问题的能力,促进其与不同制度背景创新网络子群成员的创新合作(Krackhardt,1999;Phillips & Cooney,2005)。虽然沿母国整合边界,通过在收购方母国设立分厂、生产线、研发中心,吸收目标方资源的整合方式实现东道国资源逆向转移,降低对目标方所在东道国和海外第三方国家企业的运营干扰。但是,无法实现跨制度背景中整合能力的锻炼,降低了收购方企业处理海外制度背景下的企业运营、合作研发能力,不利于创新网络第三方监督有效性。沿母国边界拓展整合边界,导致资源跨国转移过程中缺乏海外第三方合作企业的监督,尽管收购方企业通过桥接实现目标方企业与母国创新网络子群企业的间接连接,但是收购方及母国企业在承接逆向资源转移中依旧无法避免来源国劣势造成的组织身份不对称性,造成收购方企业整合过程中控制权的低下,不利于创新资源的有效转移。

造成网络凸显效应和声誉效应对创新表现传导的时滞性。相对而言,收购方企业通过在海外东道国设立对应的研发机构、子公司,丰富企业跨越制度的经营背景,提升对地理专有知识的学习(Reus et al.,2016),促进整合过程中对目标方企业隐性知识的转移与应用。通过整合边界沿东道国的拓展,收购方企业与目标方企业和多家海外企业机构构建跨制度桥接,形成收购方企业与东道国企业子群内的紧密合作,促进第三方监督有效性,提升收购方企业创新网络地理凝聚性,促进收购方企业海外并购整合基于创新网络桥接重构的技术创新（Balachandran & Hernandez, 2018）。鉴于此，本书提供研究假设4：

研究假设4

H4：技术获取型海外并购整合中，并购双方资源相似性越低、互补性越高，收购方初始较低整合、后续较高整合的动态整合策略，可实现与创新网络结构嵌入桥接增进的协同演化；收购方强化整合地理边界沿东道国拓展、弱化整合地理边界沿母国拓展，有助于提升创新网络地理凝聚性，促进协同演化的创新效果。

图5-1提供海外并购整合与创新网络结构嵌入桥接重构的协同演化理论机制图。实线代表初始整合对创新网络影响，以及创新网络对后续整合影响；虚线代表后续整合对创新网络影响。

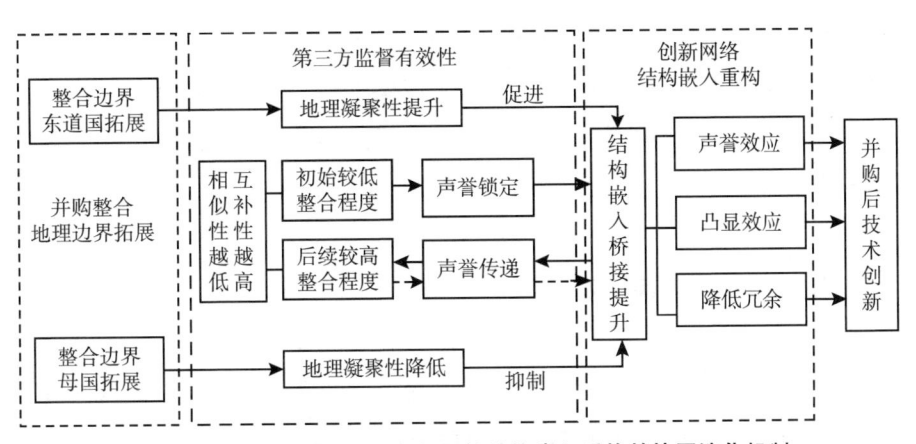

图5-1 海外并购整合与创新网络结构嵌入重构的协同演化机制

5.2 二阶段协调博弈模型构建

海外并购整合动态过程与创新网络结构嵌入桥接重构的协同演化依赖于网络声誉的传递，即过往网络声誉作为信号在彼此间接连接的创新网络主体间的传递。为了刻画不同时期整合行为所引发的网络声誉在创新网络中的传递，需要引入第三方监督结构的动态阶段模型。本节构建海外并购整合与创新网络结构嵌入重构的协同演化二阶段协调博弈。首先，基于并购双方企业预期并购后创新收益信号，构建全局博弈分析框架，引入非对称收益结构，刻画技术获取型海外并购的并购决策和初始整合决策。其次，针对海外并购活动阶段性特征和创新网络桥接的构建，构建二阶段协调博弈分析框架，借鉴杜尔奈克和雷东多（2017），引入网络的地理分布差异刻画创新网络的国别差异特征，基于二阶段协调博弈中创新网络合作第三方监督反馈的适用性（Lippert & Spagnolo, 2011; Ali & Miller, 2016），将初始整合阶段、后续整合阶段的整合动机与创新网络桥接角色重构结合，对不同资源相似性、互补性条件下，海外并购整合与创新网络桥接重构的协调演化加以分析。

二阶段协调博弈模型具有连续时间特征。对所有 $t \in \mathbb{R}_+$，在 $[t, t+dt]$ 时长为 dt 的区间中，创新网络产生连接的新建与删除。收购方企业海外并购整合过程中，凭借桥接母国与东道国，实现结构嵌入重构的过程受到两个方面的影响：①由海外并购整合过程引发的创新网络新连接构建；②行为人在新构建创新网络上的行为通过第三方监督惩罚机制，影响后续整合中的跨期并购整合决策。

5.2.1 海外并购决策

并购前存在并购后预期创新收益信号 θ，该信号受并购双方资源相似性、互补性影响，并购双方不知晓 θ 的真实值。采用全局博弈信号经典设定（Morris & Shin, 2011），θ 服从正态分布，$\theta \sim N\left(y, \frac{1}{a}\right)$。其中，$y$ 是 θ 的公共信号，$\frac{1}{a}$ 是信号噪声，$a > 0$，a 越大，公共信号越准确。

收购方企业 A 选择是否向目标方企业 B 提出并购邀约，目标方 B 选择是否接受邀约。企业单位资源生产力为 π^{si}，单位化的企业资源禀赋为 R^i，$i = A, B$。若海外并购不发生，企业得到独立收益 $\pi^{si}R^i$。若并购发生，收购方 A 获得并购收益 π^A 如下：

$$\pi^A = \theta_A + \pi^{sA}R^B\lambda(\theta) - C - Q \qquad (5-1)$$

式（5-1）中，π^A 为并购利润与并购整合利润的加总。式中，θ_A 为预期并购创新收益。$\pi^{sA}R^B\lambda(\theta)$ 为并购整合收益，表示生产力水平为 π^{sA} 的收购方企业，以 $\lambda(\theta)$ 的整合概率对目标方资源 R^B 进行整合的收益。其中，整合概率 $\lambda(\theta) \in (0, 1)$。C 为整合成本，采用固定成本形式，$C > 0$。Q 为固定并购成本（如竞标价格），$Q > 0$。

目标方的并购收益 π^B 形式如下：

$$\pi^B = \theta_B + \pi^{sB}R^Bw(\theta) + Q \qquad (5-2)$$

式（5-2）中，θ_B 为预期并购创新收益，$w(\theta)$ 代表目标方企业具有自主性资源比例，$w(\theta) \in (0, 1)$。$\pi^{sB}R^Bw(\theta)$ 代表目标方具有自主性 $w(\theta)$ 比例的资源 $R^Bw(\theta)$，以 π^{sB} 生产力水平进行独立生产的收益。Q 为固定并购成本（如竞标价格），$Q > 0$。

5.2.2 初始整合程度决策

若并购发生，模型进入并购整合决策阶段。双方企业知晓预期创新收益真实值，得到预期创新收益的私人信号 xi，形式为 xi = θ + εi。其中，εi ~ N$\left(0, \frac{1}{\beta}\right)$，独立同分布，$\frac{1}{\beta}$ 为私人信号噪声，$\beta > 0$，β 越大，私人信号越准确。双方企业根据私人信号，选择是否投入初始整合阶段的整合努力。

若双方企业共同投入整合努力，则获得协同收益。若其中一方未投入整合努力，仅获得非协同收益。沿用伊斯塔诺和赛尔德斯拉切特斯（Banal - Estañol & Seldeslachts, 2011），双边整合努力的协同收益为 V，$V > 0$；单边整合努力的非协同收益为 $\frac{V}{d}$，d 为资源互补性，$d \geq 2$。收购方企业 A 投入整合努力的收益 W^A 形式如下：

$$W^A = V + \kappa\varphi - d\tau \qquad (5-3)$$

式（5-3）中，κ 为资源相似性。φ 为单位相似性资源的规模效应，$\varphi >$

0。τ 为整合互补性资源的摩擦成本，τ>0。

目标方企业 B 投入整合努力的收益 W^B 形式如下：

$$W^B = V - \kappa\delta - d\tau + M\tau \tag{5-4}$$

式（5-4）中，δ 代表因相似性资源被整合而引发的目标方平均损失。相似性越高，整合过程越易产生目标方技术人员、研发项目的剥离，造成收益损失 κδ。中国技术获取型海外并购的一个特征为目标方企业通过整合过程进入中国市场。为刻画上述市场拓展，引入 M 市场互补性，Mτ 代表互补性市场资源所引发的额外并购整合收益（Chen et al.，2017）。至此，本节完成对整合收益的刻画，在求解最优化问题前，对企业整合收益公式的参数进行如下假定1。

假定1：

初始整合阶段参数满足如下关系：M>2d，V+κφ-dτ>0，V+κφ-2dτ<0。

假定1中 M>2d，设定双方市场资源的互补性要明显高于平均意义上的资源互补性水平，目标方企业更关注对中国潜在市场资源的获取。设定 V+κφ-dτ>0，V+κφ-2dτ<0，排除了收购方完全代替目标方，仅依靠收购方自身单方面整合努力，支付 2dτ 整合成本进行互补性资源学习转移的可能性。V+κφ-2dτ<0 确保上述收购方单方面努力是无利可图的。

构造海外并购决策二值变量 m，若并购发生 m=1，否则 m=0。类似的，构造初始整合决策的二值变量 s，若投入整合努力 s=1，否则 s=0。结合前面对并购收益与并购整合收益的分析，企业最优初始并购决策如下：

$$s_A^* = \operatorname{argmax}\left\{s(V+\kappa\varphi-d\tau-Q)\Pr(m=1)+(1-s)\left[\frac{V}{d}-Q\Pr(m=1)\right]\right\} \tag{5-5}$$

$$s_B^* = \operatorname{argmax}\left\{s(V-\kappa\delta-d\tau+M\tau+Q)\Pr(m=1)+(1-s)\left[\frac{V}{d}+Q\Pr(m=1)\right]\right\} \tag{5-6}$$

式（5-5）、式（5-6）中，$\Pr(m=1)$ 为基于私人信号 xi 与公共信号 y 估计的并购发生概率。在并购发生后下，企业 A 投入并购整合努力的预期收

益为 $(V+\kappa\varphi-d\tau-Q)\Pr(m=1)$。若不投入整合努力，则整合阶段获得非协同收益并支出并购成本，预期的收益为 $\frac{V}{d}-Q\Pr(m=1)$。同理，企业 B 预期投入并购整合努力的收益为 $(V-\kappa\delta-d\tau+M\tau+Q)\Pr(m=1)$，若不投入整合努力，则预期整合收益为 $\frac{V}{d}+Q\Pr(m=1\mid xi,y)$。

企业最优并购决策如下：

$$m_A^* = \mathrm{argmax}\{m[\theta_A + \pi^{sA}R^B\lambda(\theta) - C - Q] + (1-m)\pi^{sA}R^A\} \quad (5-7)$$

$$m_B^* = \mathrm{argmax}\{m[\theta_B + \pi^{sB}R^B w(\theta) + Q] + (1-m)\pi^{sB}R^B\} \quad (5-8)$$

式 (5-7)、式 (5-8) 中，第一项为以 m 概率发生并购的收益，第二项为以 1-m 概率不发生并购的独立收益。

5.2.3 阶段一：初始整合的新连接嵌入决策

令全球创新网络为 g_t，节点代表企业，连接为两企业获取创新价值的创新合作。企业具有地理禀赋特征，定义如下：每个企业占据一个地理空间位置，创新网络的地理空间所在地集合为 $N=\{1,2,\cdots,n\}$，企业 i 和 j 的地理距离为 $d(i,j)$。网络为无向网络，$g \subset \{ij \equiv ji: i,j \in N\}$，企业 i 和 j 在创新网络上的距离为 $\delta_g(i,j)$。

每个时期 t 中，目的地 n 的企业，以概率 ηdt 在期初获得有关创新合作项目收益的观念。考虑给定企业 j 是受邀请构建合作创新的一方，企业 i 和企业 j 实现创新网络连接的条件概率 $p_i(j)$ 受两企业地理距离影响（Duernecker & Vega-Redondo，2017）：

$$p_i(j) = 1/[d(i,j)]^\alpha \quad (5-9)$$

创新网络连接的概率，是企业间地理距离 $d(i,j)$、创新网络地理凝聚性 α 的函数，α>0。创新网络连接的条件概率，伴随地理距离以 α 的速率衰减。地理凝聚水平衡量创新网络中的有效交互在多大程度上在相对较短的地理维度中发生。地理凝聚水平越高，较远地理位置两点进行连接的概率越小。

收购方企业选择创新网络嵌入的潜在企业集合P，P包含目标方创新网络中的第三方企业。图5-2展示初始整合阶段的新连接嵌入示意图。收购方企业利用目标方企业中间人位置，凭借初始整合行为，在目标方海外创新网络中传递声誉，促进收购方A与潜在企业集合P的创新合作关系构建。并购双方初始整合行为形成收购方企业A的网络声誉，借助目标方企业B沿海外创新网络向潜在企业集合P传递。针对创新网络潜在合作企业P1，收购方企业A和目标方企业B综合考虑创建连接AP1的成本K，进行第一阶段创新网络嵌入博弈。

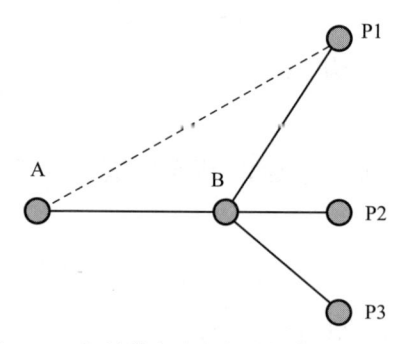

图5-2 初始整合阶段新连接嵌入动机示意

设定创新网络中新连接的创建成本K受整合程度I_t以及创新网络结构g_t的影响，具有如下形式：

$$K(I_t; g_t) = d(i, j) + (\kappa - d)I_t(R^B - R^A)F_g \quad (5-10)$$

式（5-10）第一项，代表新连接成本受两企业地理距离$d(i, j)$的影响；第二项代表海外并购整合所引发的子群权力分布改变对网络新连接的阻碍，其中$R^B - R^A$为并购双方的资源势差，I_t为整合程度，F_g为子群权力分布对创新网络构建的成本效应，$R^B > R^A$，$0 \leq I_t \leq 1$。整合相似性资源κ，将提升网络成员对子群权力分布不公的担忧而提升新连接构建的成本；整合互补性资源d，将降低网络成员对子群权力的担忧降低新连接构建的成本。

收购方企业A和目标方创新网络第三方企业P，独立的选择创新网络行动：合作（C）或背叛（D）。若两家企业共同选择合作，则创新网络连接得以建立。初始整合引发的创新网络连接成本 K，由并购方企业 A、目标方企业 B 双方共摊。相对的，如果仅有一方企业选择合作（C），则合作者支付所有成本 2K 而背叛者无须支付任何成本。若两者均背叛，则项目无法开展，没有新连接构建。图 5-3 描述收购方与潜在企业 P 创新网络连接策略引发的创新网络重构。双方企业均合作，或有任意一方合作、另一方背叛的情况下，创新网络新连接 AP1 得以构建；双方企业均选择背叛时，新连接无法构建。新连接上，端点节点企业处的空心圆形，示意新连接的合作，端点节点企业处的×型，示意新连接的背叛。

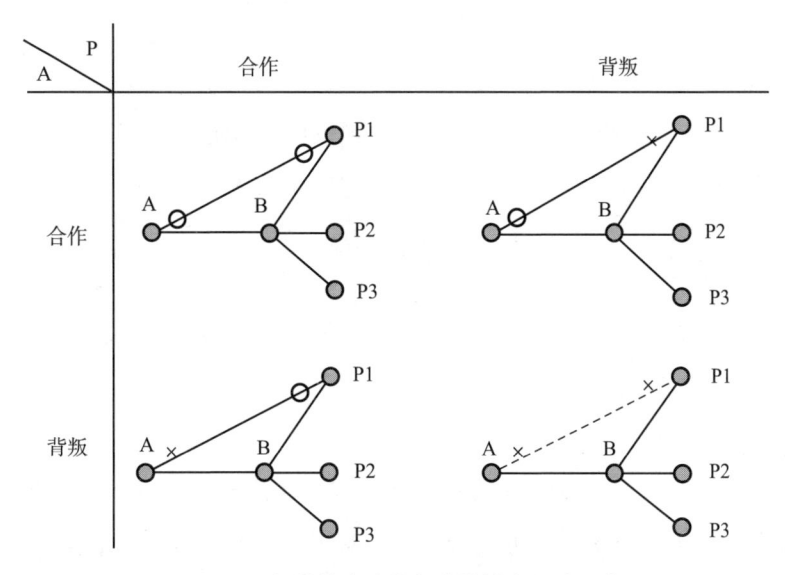

图 5-3　初始整合阶段新连接博弈矩阵示意

5.2.4　阶段二：新连接的后续整合努力决策

阶段一中，企业进行创新网络连接伙伴决策，并支付连接构建成本 K。阶段二中，收购方企业和并购方企业独立的选择针对创新网络新连接，投入何种整合努力程度以推进创新网络上合作项目的运营。后续整合阶段，整合努力决策为提供高整合努力（H）或低整合努力（L）。结合 5.2.2 节对初始海外并购整合收益的设定，后续整合阶段中，并购双方企业创新合作项目在不同整合努力高低决策下的支付矩阵表5-1如下：

表5-1　　　　　　　后续整合阶段整合收益支付矩阵

目标方 收购方	L	H
L	$\dfrac{V}{d}$，$\dfrac{V}{d}$	$\dfrac{V}{d}$，$V - \kappa\delta - d\tau + M\tau - 2K(I_t; g_t)$
H	$V + \kappa\varphi - d\tau - 2K(I_t; g_t)$，$\dfrac{V}{d}$	$V + \kappa\varphi - d\tau - K(I_t; g_t)$，$V - \kappa\delta - d\tau + M\tau - K(I_t; g_t)$

对于上述支付矩阵的收益结构，本书提供如下假定2：

假定2：

后续整合阶段的收益支付矩阵满足条件：$\dfrac{V}{d} > V + \kappa\varphi - d\tau - 2K(I_t; g_t)$；$V + \kappa\varphi - d\tau - K(I_t; g_t) > \dfrac{V}{d}$；并且$\dfrac{V}{d} > V - \kappa\delta - d\tau + M\tau - 2K(I_t; g_t)$；$V - \kappa\delta - d\tau + M\tau - K(I_t; g_t) > \dfrac{V}{d}$。

假定2表明，支付矩阵所刻画的后续海外并购整合阶段，存在两个均衡解，分别为｛低整合努力，低整合努力｝以及｛高整合努力，高整合努力｝。第一阶段创新网络连接构建中，收购方与经目标方声誉传递的潜在企业P，均进行合作时（策略（C，C）），后续阶段高整合努力战略（H，H）的收益高于低整合战略（L，L）。而存在一方偏离背叛时（策略（C，D）或（D，C）），单边合作的一方所承担的双倍连接成本$2K(I_t; g_t)$将导致后期较高整合努力的收益低于后期较低整合努力的收益。

结合过往二阶段协调博弈的研究，为推进第一阶段初始并购整合对创新网络嵌入新连接合作（C，C）行动，需要对第一阶段选择背叛（D）的行为人在第二阶段后续整合过程中实施可置信惩罚，即通过在第二阶段将其限定在较低收益水平的均衡（L，L）以对第一阶段背叛行为加以惩罚。

初始整合阶段中创新网络连接合作与否决策中的机会主义行为，可以通过至少一个其他第三方行为人的监督纳入惩罚。这一收益匹配要求：

$$(V + \kappa\varphi - d\tau - K(I_t; g_t)) + (V - \kappa\delta - d\tau + M\tau - K(I_t; g_t)) - 2\frac{V}{d} > K(I_t; g_t) \tag{5-11}$$

式（5-11）表明，针对某条创新网络合作连接，因为第一阶段创新网络合作偏离，所引发的第二阶段并购整合合作从高整合努力收益（$V + \kappa\varphi - d\tau - K(I_t; g_t)$）+（$V - \kappa\delta - d\tau + M\tau - K(I_t; g_t)$）到低整合努力收益 $2\frac{V}{d}$ 所造成的收益损失，要大于第一阶段创新网络背叛行为所节省的连接成本 $K(I_t; g_t)$。

受到网络子群权力结构的影响。逆向跨国并购中，受到国别差异、制度差异的影响，上述基于网络第三方的监督信息往往无法在较远的网络子群之间进行传递。本书沿用杜尔奈克和雷东多（2017）对信任圈的设定，刻画这种基于第三方监督的传导在多大的范围上能够得到应用。信任圈刻画企业 i 能够最远与哪个行为人 j 构建新合作，而同时维持二者间存在共同的第三方惩罚机制以引发行为人 j 的合作行为。第三方惩罚当且仅当 $\delta_g(i,j) \leq u$ 时是有效的。

5.2.5 博弈时序

至此，本书完成对海外并购整合与创新网络协同演化二阶段协同博弈的架构。结合 5.1 节对初始整合决策的分析，本书协同演化的博弈时序如下：

1. 初始整合决策阶段

收购方企业和目标方企业通过全局博弈，得到海外并购初始阶段整合阈值 s_A^* 和 s_B^*。

2. 初始整合的桥接决策

创新网络嵌入过程中，收购方企业向潜在合作企业集 P 的企业提出创新网络嵌入邀请。企业 i 和企业 j 间实现创新网络连接 kl 的条件概率 $p_i(j)$。创新网络重构伴随新连接的嵌入开始，收购方企业考虑初始整合的声誉和地理距离差异，选择行动集为 $\widehat{\sigma A}^1(kl, g) \in \{C, D\}$；目标方企业基于初始整合向海外创新网络企业集 P 传递收购方声誉，网络断层线影响海外潜在企业 P 的整合难度，海外创新网络企业 P 选择行动集合 $\widehat{\sigma P}^1(kl, g) \in \{C, D\}$。

3. 跨期整合努力决策

对于发生整合嵌入后的创新网络 g_t，收购方、目标方企业观察信任圈 μ 内的企业创新网络行动，基于第三方监督的有效性，决定其后续阶段中投入整合努力的高低：若信任圈内存在任意创新网络合作的背叛，后续整合投入低努力水平（L），若信任圈内的创新网络合作均为合作行为，没有背叛行为，则后续整合投入高整合努力（H）。

4. 技术创新产出演化

创新网络中，代表创新合作项目的连接，按 η 创新率实现合作创新生产，每个时期 [t, t+dt] 按概率 λdt 导向研发失败。

5.3 均衡分析与演化稳态

本节采用逆向推导，由后续整合阶段向初始整合阶段，依次对协同演化过程的二阶段协调博弈和初始阶段整合决策的全局博弈加以分析。

5.3.1 二阶段协调博弈的马尔科夫均衡

对于每个时间 t，协同演化系统依赖于创新网络的状态变量 g_t，收购方企业二阶段决策 $\{\widehat{\sigma i}\}_{i \in N} = \{[\widehat{\sigma A}^1(kl, g), \widehat{\sigma A}^2(\cdot, kl, g)]_{j,kl \notin g}\}_{i \in N}$ 均衡解如命题 1。

命题 1（马尔科夫均衡）：海外并购整合与创新网络桥接构建的二阶段博弈中，当满足第三方监督条件（5-11）时，模型存在以下均衡解：

第一阶段：
$$\widehat{\sigma A}^1(kl, g) = C \text{ 当且仅当 } \delta_{g(t)}(i, j) \leq \mu \quad (5-12)$$

第二阶段：当 (1) $\{A, B\} \cap \{k, l\} \neq \emptyset$；(2) $\exists h, h' \in \{k, l\}$ 满足 $a_h = D$, $a_{h'} = C$（连接 kl 中在第一阶段，包含一个企业对他者的背叛）。则

$$\widehat{\sigma i}^2(ij, (ak, al); kl, g) = L \text{ 当且仅当 } [\{i, j\} = \{k, l\}]$$
$$\vee [ih \in g \wedge \delta_{g(t)}(i, h') \leq \mu - 1] \quad (5-13)$$

证明（命题1）：第一阶段中，当 $\delta_{g(t)}(i, j) \leq \mu$ 时，行为人 i, j 位于信任圈内，若 $\widehat{\sigma A}^1(kl, g) = D$，第二阶段双方会选择低努力程度，其收益 $(V + \kappa\varphi - d\tau - K(I_t; g_t)) + (V - \kappa\delta - d\tau + M\tau - K(I_t; g_t)) - 2\frac{V}{d} > K(I_t; g_t)$，第一阶段合作的偏离成本的削减获利 K 无法弥补后续整合阶段努力程度降低所造成的损失 $(V + \kappa\varphi - d\tau - K(I_t; g_t)) + (V - \kappa\delta - d\tau + M\tau - K(I_t; g_t)) - 2\frac{V}{d}$。相反，$\delta_{g(t)}(i, j) > \mu$ 时，第三方惩罚机制无法应用，后续整合阶段中其仍可以获得对方成员维持高整合努力，获得收益水平 $(V + \kappa\varphi - d\tau - K(I_t; g_t))$，而第一阶段中节省连接合作成本 $K(I_t; g_t)$。因此，当且仅当 $\delta_{g(t)}(i, j) \leq \mu$ 时，$\widehat{\sigma A}^1(kl, g) = C$；第二阶段中，$\{A, B\} \cap \{k, l\} \neq \emptyset$ 代表并购双方企业连接包含至少一个行为人与第一阶段连接 kl 的一端节点相连接，如果 $[\{i, j\} = \{k, l\}] \vee [ih \in g \wedge \delta_{g(t)}(i, h') > \mu - 1]$，根据信任圈定义，i 无法观测到行为人 h'第一期的背叛行动，双方针对合作连接上的努力投入会落入高整合努力情况。反之，$[\{i, j\} = \{k, l\}] \vee [ih \in g \wedge \delta_{g(t)}(i, h') \leq \mu - 1]$，可通过惩罚低整合，降到背叛行为人第二期收益，引发 $(V + \kappa\varphi - d\tau - K(I_t; g_t)) + (V - \kappa\delta - d\tau + M\tau - K(I_t; g_t)) - 2\frac{V}{d} > K(I_t; g_t)$，令其在新连接构建上的背叛无利可图。

上述马尔科夫均衡表明：并购整合初始阶段，企业在断层线的网络信任圈内，将实施新连接构建的合作。并购整合后续阶段中，仅当被嵌入人为其信任圈内且第一阶段存在背叛时，收购方企业才会在第二阶段选择低整合努力。进一步，考虑不同资源相似性、互补性组合下上述马尔科夫均衡的存在

性，得到如下第一组引理。

引理1（第三方惩罚适用性）：

引理1a：资源相似性高、互补性低组合，不满足第三方惩罚适用性条件；协调博弈基于网络断层线的传导无法引发可置信的第三方背叛惩罚。初始整合引发的创新网络合作行为，导致后续整合阶段双方共同投入低整合努力或高整合努力。

引理1b：资源相似性低、互补性高组合，满足第三方惩罚适用性条件；协调博弈基于网络断层线的传导引发可置信的第三方背叛惩罚。初始整合引发的创新网络嵌入合作行为，引发后续整合阶段并购双方的整合行动锁定于高整合努力水平。

证明（引理1）：

式（5-11）等价于验证

$$2\left(1-\frac{1}{d}\right)V + k(\varphi - \delta) + \tau(M - 2d) - 3[d(i,j) + (k-d)I_t(R^B - R^A)F_g] > 0 \quad (5-14)$$

$2\left(1-\frac{1}{d}\right)V > 0$，由假定1得到$\tau(M-2d) > 0$。$k(\varphi - \delta)$的符号受到收购方有效整合相似性$\varphi$与目标方相似性删除$\delta$两者的比较。海外并购初始阶段的整合程度I，通过基于网络断层线的群组权力对新连接成本产生影响。资源相似性高时，初始整合程度与创新网络断层线相互影响提升新连接构建的成本K，资源互补性高时，初始整合程度与创新网络断层线相互影响降低了新连接构建的成本。$F_g = 1 + u \times Prob(\delta_g^{(i,j)} > u) \geq 1$，$d(i,j) \geq 1$，对于相似性高、互补性低组合，$(k-d)I_t(R^B - R^A)F_g$显著为正，公式（5-14）不满足。对于相似性低、互补性高组合，$d(i,j) + (k-d)I_t(R^B - R^A)F_g$显著为负，公式（5-14）条件满足。

引理1表明，相似性低、互补性高时，海外并购初始整合的创新网络嵌入合作行为，受创新网络第三方监督惩罚机制的作用，将引发后续整合阶段中投入较高努力程度。该种组合下，收购方企业通过创新网络嵌入，实现声誉信息沿网络断层中信任圈内的传递，从而引发基于桥接的创新网络重构。

相似性高、互补性低时,初始阶段整合相似性资源引发的创新网络合作,无法通过网络第三方监督惩罚机制作用,有效的将声誉在网络断层线的信任圈传递。

5.3.2 初始并购整合阶段全局博弈均衡

定义企业并购整合策略阈值转化点 $\tilde{x}_i$：若 $x_i > \tilde{x}_i$，$s^*(x_i) = 1$；$x_i < \tilde{x}_i$，$s^*(x_i) = 0$。定义并购决策阈值切换点 $\tilde{\theta}_i$：若 $\theta_i > \tilde{\theta}_i$，$m^*(\theta_i) = 1$；$\theta_i < \tilde{\theta}_i$，$m^*(\theta_i) = 0$。命题 2 给出初始整合决策的全局博弈均衡,证明见附录。

命题 2（全局博弈均衡）：海外并购整合的初始整合决策中,当 $\pi^{sB}R^B < \frac{\sqrt{2\beta\pi}}{a}$ 时,存在唯一均衡解：

$$s^*(x_A) = \begin{cases} 1, & x_A \geq \tilde{x}_A \\ 0, & x_A < \tilde{x}_A \end{cases} \quad s^*(x_B) = \begin{cases} 1, & x_B \geq \tilde{x}_B \\ 0, & x_B < \tilde{x}_B \end{cases}$$

$$m^*(\theta_A) = \begin{cases} 1, & \theta_A \geq \tilde{\theta}_A \\ 0, & \theta_A < \tilde{\theta}_A \end{cases} \quad m^*(\theta_B) = \begin{cases} 1, & \theta_B \geq \tilde{\theta}_B \\ 0, & \theta_B < \tilde{\theta}_B \end{cases}$$

并且 $\frac{\partial \tilde{\theta}_A}{\partial \kappa} < 0$，$\frac{\partial \tilde{\theta}_A}{\partial d} > 0$；$\frac{\partial \tilde{\theta}_B}{\partial \kappa} > 0$，$\frac{\partial \tilde{\theta}_B}{\partial d} < 0$。

基于命题2,由于信号为 θ_A，定义整合程度为 $I = \int_0^{\theta_A} \lambda(\theta_A) d\theta_A$，代表对应信号点的累积整合概率。针对不同资源基础,得到以下偏导结果,见引理2,证明见附录。

引理 2：$\frac{\partial \lambda(\theta_A)}{\partial k} > 0$，$\frac{\partial \lambda(\theta_A)}{\partial d} < 0$；$\frac{\partial \lambda(\theta_A)}{\partial \kappa \partial d} > 0$；$\frac{\partial I}{\partial \kappa} > 0$，$\frac{\partial I}{\partial d} < 0$。

引理 2 表明双方资源相似性和互补性交互作用提升并购整合发生概率。为优化海外并购的创新收益,初始整合阶段应当基于资源基础的相似性和互补性水平,匹配合适的初始整合程度。并购双方相似性越低、互补性越高时,应当选择较低的初始整合程度,促进并购后技术创新。

5.3.3 创新网络演化的稳态分析

在均衡分析后,本节关注海外并购整合与创新网络重构的协同演化中,系统的稳态分析。令 Ø 代表创新网络演化具有稳态时的条件连接概率,刻画某个企业被选择并成功建立创新网络新连接的概率。创新网络新连接的生成概率记为 Øη(I)n,其中,η(I) 代表整合行为引发的创新连接合作的研发率,η'(I) >0,其他条件不变,整合程度越高,创新网络上合作的研发率越高,n 代表参与创新网络的企业数量。令 z 代表创新网络的平均度。创新网络演化的稳定状态时,连接构建与连接删除的预期相同,即

$$Ø\eta(I) = \frac{1}{2}z \quad (5-15)$$

借鉴杜尔内克和雷东多(Duernecker & Vega – Redondo,2017)对大样本极限处的分析思路,上述稳态具有如下动态规律:

$$\dot{z} = \eta(I)\widehat{\Phi}(z;\alpha) - \frac{1}{2}z \quad (5-16)$$

针对并购整合过程中,创新网络重构中的地理空间重构差异性,本书提供对整合相似性资源、整合互补性资源中,收购方创新网络空间重构中的地理凝聚性差异分析。

针对稳态的动态规律公式(5-16),本节提供不同整合程度与创新网络重构演化间的稳态存在性和稳定性进行分析。图 5-4 给出互补性高时整合行为与创新网络桥接数量的协同演化稳态路径。

图 5-4 中横轴代表节点桥接的连接数量,纵轴刻画稳态时的条件连接概率。图 5-4 表明,互补性较高时,初始较低整合引发较高水平的初始收购方桥接角色的创新网络重构(对应 z2 点)。通过对相对图和鞍点路径的分析,较低整合程度时,对应的均衡解 z2 不稳定,伴随整合程度的提升,系统存在两个均衡点 z1 和 z3,其中 z1 非稳定点,z3 为稳定点。因此,二阶段协调博弈中,先前阶段较低整合程度向后续阶段较高整合程度的转化过程中,系统经历了由"较低整合程度——较高连接节点度"(z2 点)向"较高整合程

度——较高连接节点度"（z3 点）的稳态路径变更。

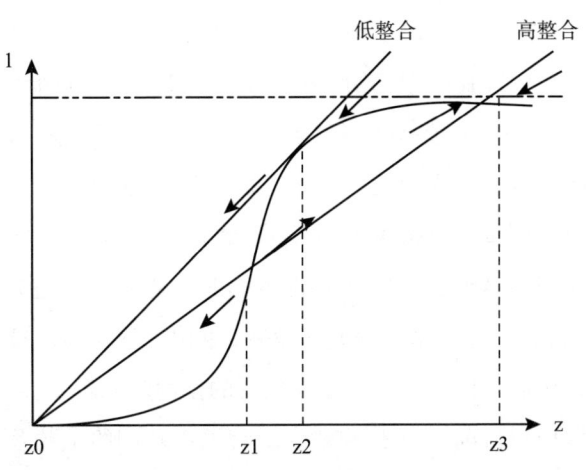

图 5-4　互补性高时收购方整合与桥接协同演化相位图

图 5-5 给出相似性高时，初始整合的创新网络桥接构建成本较高，整合程度与收购方桥接连接数量的协同演化稳态路径。

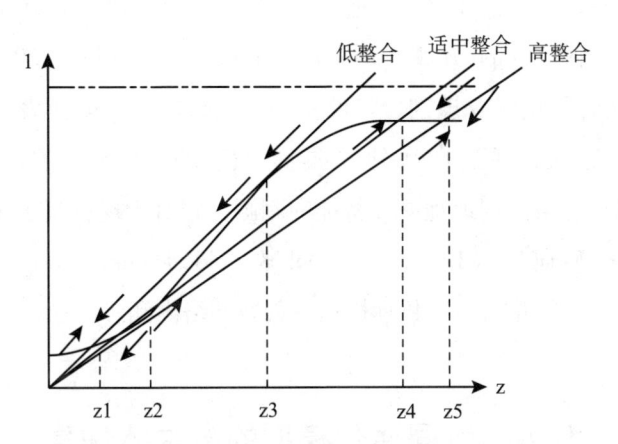

图 5-5　相似性高收购方整合与桥接协同演化相位图

图 5-5 表明，相似性较高时，初始整合的创新网络桥接构建成本较高，导致收购方较低水平的网络桥接角色重构（对应 z2 点）。其中，z1、z4、z5

为稳定点，z2、z3 为非稳定点。对于高相似性资源，采取较高整合程度的时候，系统中存在唯一的均衡点 z5。对高相似性资源的低度和适中整合，均存在不稳定的均衡点（z3 和 z2）。图 5-5 中 $\hat{\Phi}(z;\alpha)$ 平行上移，导致整合过程中协同演化系统中存在多个均衡，存在 z1 和 z2 所示的较低水平网络角色的不稳定状态。协同演化中选择较高整合程度过程中，系统将面临从低效不稳定点 z2 向高效稳定点 z5 的变化。但是，演化路径则锁定于较高整合路径之上。鉴于此，数理模型的分析得到如下研究结果：

双方资源相似性越低、资源互补性较高时，初始较低整合，使协同演化形成"较低初始整合——网络结构嵌入桥接重构——较高后续整合"的演化路径中，网络结构嵌入桥接重构对创新表现的作用效果较高。

本章数理模型对目前海外并购整合、跨国创新网络的模型研究具有如下推进。首先，通过全局博弈与二阶段协同博弈模型的构建。通过数理模型时序的阶段性划分，将海外并购整合与创新网络协同演化的过程，梳理为并购决策阶段的信号识别、初始整合阶段的非对称收益全局博弈，以及刻画初始阶段整合的网络嵌入以及后续阶段整合努力的投入的二阶段协调。利用非对称的整合收益结构，加入网络地理凝聚性与整合过程中创新网络合作第三方监督反馈的适用性（Lippert & Spagnolo, 2011; Ali & Miller, 2016）相结合的刻画方式，完成了从资源识别、资源整合、网络嵌入、创新表现的协同演化系统的建模。其次，通过在海外并购整合模型中引入杜尔内克和雷东多（2017）对创新网络国别地理差异特征的刻画，相对于现有基于全局博弈的并购整合数理模型研究（Banal-Estañol & Seldeslachts, 2011; Chen et al., 2017），丰富了海外并购整合数理模型的创新网络内涵。

5.4 协同演化模型的多主体仿真

伴随海外并购整合过程网络桥接角色的推进，全球创新网络内部的群组结构发生变动，网络连接的新建与删除实时的改变创新网络内部子群权力结构。本节在二阶段协调博弈模型的基础上,基于网络成员主体的行动,构建多主体仿真模型,将整合行为与创新网络桥接重构的协同演化,从并购初始整合、后续整合的二阶段时序推广至连续动态的时间演化过程。

多主体仿真(multi-agent simulation)可对异质行为主体进行动态模拟和系统稳定状态的预测,并且可充分考虑各类行为主体间的交互作用。多主体仿真方法是一个有效的仿真技术,它已经在众多实际世界问题中应用,例如流量仿真、组织仿真、市场仿真以及创新扩散仿真(Bonabeau,2002),仿真中主体间的重复竞争交互行为提供了纯数学模型无法揭示的动态性,为分析海外并购整合与创新网络重构的协同演化过程,提供一个动态的涌现演化视角。

5.4.1 多主体仿真模型构建

并购活动包含三个阶段,即并购决策阶段、并购整合决策阶段以及并购后整合与创新网络重构协同演化阶段。期初,并购双方企业需要进行两个决策:①并购决策阶段,市场中存在双方并购后可能获得的技术创新收益信息的公共信号,双方企业选择是否进行并购决策;②并购整合阶段,双方获得关于技术创新信息的私人信号,双方企业选择是否投入并购整合努力决策。

仿真开始后,并购双方企业需要进行两个决策:①合作与背叛,根据创新网络结构形态以及并购双方企业初始整合阈值,决策是否参与合作创新网络连接构建,如果合作选择行动为 C,如果背叛,选择行动为 D。②根据二阶段协调博弈,根据创新网络后的新结构,考虑创新网络合作连接的成本 K,以及连接中另一端企业潜在的机会主义行为概率,选择后续整合阶段中较高整合努力 H 或较低整合努力 L。

1. 并购决策阶段

在并购决策阶段,市场上存在有关并购后两个企业技术创新收益的不确定信息 θi,θ 取决于双方企业的资源基础信息(资源相似性和资源互补性)。设此公共信息服从均匀分布,$\theta \sim U(y-\rho, y+\rho)$。$y$ 为 θ 的公共信号,ρ 为信息的噪声，ρ越小，公共信号越准确。收购方企业 A 向目标方企业 B 提出并购请求，企业 B 选择是否接受并购邀约。

沿用数理模型的设定，这里设定收购方的收益为 $\theta_A + (R^A + R^B)\lambda(\theta_A) - K_A$。目标方企业并购收益等于 $\theta_B + R^B w(\theta_B) - K_B$。仿真模型中，并购发生阈值如下：

$$\tilde{\theta}_A = K_A + R^A - (R^A + R^B)\left[1.5 - \frac{V}{d(V + kr - dt1)}\right] \quad (5-17)$$

$$\tilde{\theta}_B = R^B[1 - w(\tilde{\theta}_B)] + K_B \quad (5-18)$$

2. 初始整合决策阶段

如果双方同意并购，则进入并购后整合阶段，整合阶段中收购方企业知晓双方企业资源基础的真实值，目标方企业知晓自身资源基础的真实值。并购双方获取有关于并购后收益的私人信号 $x_i = \theta + o_i$，其中 $o_i \sim U(-\rho, \rho)$，ε_i 独立同分布。

海外并购整合阶段的阈值如下：

$$\tilde{x}_A = \tilde{\theta}_A - \rho + 2\rho \frac{V}{d(V + kr - dt1)} \quad (5-19)$$

$$\tilde{x}_B = \tilde{\theta}_B - \rho + 2\rho\left[\frac{V}{d(V - ke - dt2)}\right] \quad (5-20)$$

收购方企业在 $x_A \geq \tilde{x}_A$ 时会投入并购整合努力，因此并购整合的可能性为：

$$\lambda(\theta_A) = \Pr(x_A \geq \tilde{x}_A | \theta_A) = 1 - \frac{1}{2\rho}(\tilde{x}_A - \theta_A) \quad (5-21)$$

3. 海外并购整合的创新网络重构决策

对于收购方企业：

若创新收益信号 $\theta_A \geq \tilde{\theta}_A$，则选择行动合作（C）。发生创新网络重构，体现为收购方企业与目标方企业构建一条网络连接，记录合作数量，支付成本 K。

若创新收益信号 $\theta_A < \tilde{\theta}_A$，则选择行动背叛（D）。海外并购双方企业之间不构建连接，记录背叛数量。

对目标方企业:

若创新收益信号 $\theta_B \geqslant \tilde{\theta}_B$,则选择行动合作(C)。发生创新网络重构,体现为收购方企业与目标方企业构建一条网络连接,记录合作数量,支付成本 K。

若创新收益信号 $\theta_B < \tilde{\theta}_B$,则选择行动背叛(D)。海外并购双方企业之间不构建连接,记录背叛数量。

延续数理模型章节对连接成本的设定,本节设定连接成本为:

$$K_n = geo_n + \frac{sim - com}{10} \times Integration \times u_{gt} \times (Ns - Nb) \quad (5-22)$$

K_n 代表与 n 地理位置国家连接的成本,geo_n 代表与 n 地理位置国家企业连接的地理成本,sim 代表资源相似性,$sim \in [1, 10]$;com 代表资源互补性,$com \in (2, 10]$。对资源相似性、资源互补性除以 10 以单位化处理。Integration 代表整合程度,仿真过程中由协同演化系统内生决定;u_{gt} 为内生化网络断层线水平,Ns 代表目标方资源禀赋,Nb 代表收购方资源禀赋。其中,针对母国连接,geo_{home} 为地理距离造成的连接成本,设定母国创新网络内部企业连接的地理成本为 1。针对海外连接,$geo_{foreign}$ 为地理距离造成的连接成本,设定海外创新网络内部企业连接的地理成本服从 2 到 5 的均匀分布,$geo_{foreign} \sim U[2, 5]$。

4. 创新网络重构对跨期整合的影响

跨阶段海外并购整合水平受到二阶段协调博弈收益矩阵决定,表 5-2 给出仿真模型二阶段收益矩阵。

表 5-2　　仿真模型二阶段行动收益矩阵

目标方 收购方	$x_B < \tilde{x}_B$	$x_B \geqslant \tilde{x}_B$
$x_A < \tilde{x}_A$	$\frac{V}{d}, \frac{V}{d}$	$\frac{V}{d}, V - \kappa\delta - d\tau - 2K$
$x_A \geqslant \tilde{x}_A$	$V + \kappa\varphi - d\tau - 2K, \frac{V}{d}$	$V + \kappa\varphi - d\tau - K, V - \kappa\delta - d\tau - K$

如果$x_A < \tilde{x}_A$，收购方跨期选择较低整合努力；若$x_A \geq \tilde{x}_A$，收购方跨期选择较高整合努力。如果$x_B < \tilde{x}_B$，目标方跨期选择较低整合努力；若$x_B \geq \tilde{x}_B$，目标方跨期选择较高整合努力。仿真的虚拟程序如下：

初始化

令初始整合程度 I = 0 进入

数值模拟当前并购的并购转换策略 θ_A，θ_B 并购整合转换策略 xa，xb

对收购方、目标方主体在 [0，10] 均匀分布随机生成其技术创新信息公共信号值 θ_A

对于每个时期：

①初始整合决策：

对收购方企业

按照 $\theta \geq \theta_A$，收购方与目标方进行合作，连接，记录一次正相遇合作

$\theta < \theta_A$，不进行连接，记录一次负相遇背叛

累积正相遇和负相遇值

对于目标方：

按照 $\theta \geq \theta_B$，收购方与目标方进行合作，连接，记录一次正相遇合作

$\theta < \theta_B$，不进行连接，记录一次负相遇背叛

累积正相遇和负相遇值

②母国创新网络重构决策：

对任意母国企业、收购方企业：

如果$x_A \geq \tilde{x}_A$，若收益 $V1 \geq K_{home}$，与母国某企业构建连接；高努力

若收益 $V1 < K_{home}$，与母国某企业删除连接；低努力

③海外创新网络重构决策：

对任意海外企业、目标方企业：

如果$x_B \geq \tilde{x}_B$，若收益 $V2 \geq K_{foreign}$，与海外某企业构建连接；高努力

若收益 $V2 < K_{foreign}$，与海外某企业删除连接；低努力

④跨期整合努力决策：

第5章 海外并购整合与创新网络结构嵌入重构的协同演化 ·137·

如果 $x_B \geq \tilde{x}_B$ 且 $x_A \geq \tilde{x}_A$ 收购方收益 V1 – K；目标方收益 V2 – K

如果 $x_B \geq \tilde{x}_B$ 且 $x_A < \tilde{x}_A$ 收购方收益 V/d；目标方收益 V2 – 2K

如果 $x_B < \tilde{x}_B$ 且 $x_A \geq \tilde{x}_A$ 收购方收益 V1 – 2K；目标方收益 V/d

如果 $x_B < \tilde{x}_B$ 且 $x_A < \tilde{x}_A$ 收购方收益 V/com；目标方收益 V/com

更新

  当期整合 =（合作数 – 背叛数）/合作数 + 0.1 ×（新连接高努力数
    – 低努力数）/新连接总数

记录时期

结束

5.4.2 实验环境及初始参数设定

1. 实验环境及初始网络设定

本书基于 Netlogo6.0.2 平台进行多主体动态仿真研究，仿真界面如图 5 – 6 所示。左侧设定按钮和滑块用以生成初始环境下的母国创新网络和海外创新网络；黑色背景图示为球形界面，刻画当前时期主体性质、分布和网络形态。仿真界面世界为 41 × 41 界面，中点位置为（0，0）。后侧绿色滑动条为可变参数。输出框和输出图示为海外并购整合程度与创新网络重构的仿真结果展示。

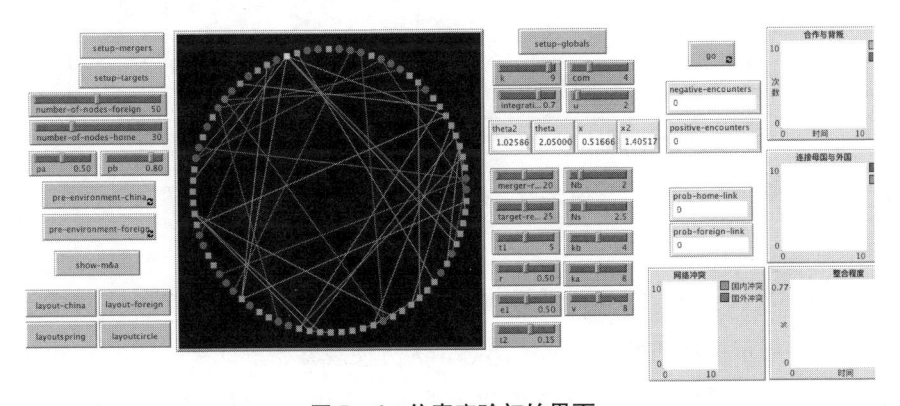

图 5 – 6 仿真实验初始界面

海外并购发生前,存在 Erdos – Renyi 随机网络,并购发生前母国创新网络的发展水平低于海外。因此,设定母国创新网络节点数为 30 个,目标方海外创新网络节点数为 50 个。母国网络连接概率为 0.8;目标方海外网络连接概率为 0.95。母国网络节点为圆形,海外网络节点为方形。图 5 – 7 展示一组上述设定的初始创新网络。

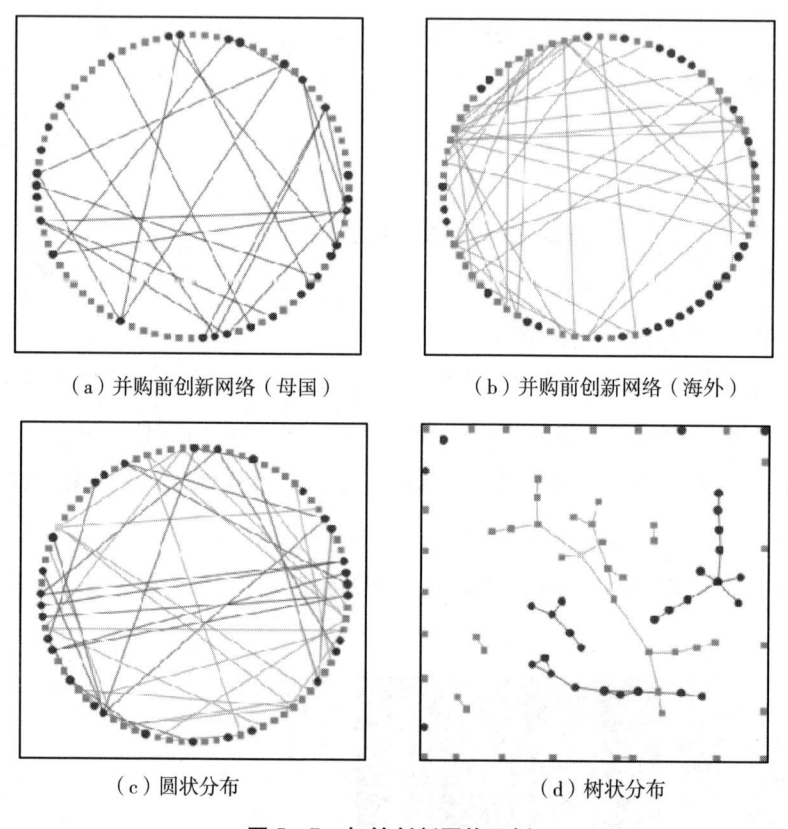

(a)并购前创新网络(母国)　　(b)并购前创新网络(海外)

(c)圆状分布　　(d)树状分布

图 5 – 7　初始创新网络示例

图 5 – 7(a)和(b)分别刻画收购方母国网络和目标方海外网络。图 5 – 7(c)展示模型初始生成网络形态,为方便观察,图 5 – 7(d)对初始网络进行树状分布展示。初始创新网络示例中,收购方和母国企业共 30 个,初始母国 Erdos – Renyi 随机网络为母国企业之间的连接,连接了圆形节点;相

对的,示例图中有目标方和海外企业共50个,初始海外 Erdos – Renyi 随机网络为外国企业之间的连接,连接了方形节点。

仿真期初,对收购方企业和目标方企业主体,按照均匀分布给定 [0, 10] 中的随机数表示其自身对并购后技术创新价值信号的估计值。仿真开始后,根据双方的资源相似性、资源互补性属性和并购整合成本、并购成本的设定,模拟出一组并购决策转换点值 θ_A 和 θ_B 以及并购整合决策转化点的值 xa 和 xb。

2. 仿真参数设置

对相似性资源整合成本 e 和 r,借鉴伊斯塔诺和赛尔德斯拉切斯(Banal - Estanol & Seldslachts,2011)对并购整合成本数值分析范围(0.25,0.75),取 e = r ∈ U(0.25,0.75)。对互补性整合成本项 t1、t2,借鉴[陈菲琼等(2016)]参数设定,t2 < e,t2 ∈ U(0.01,0.25)。对于互补性资源整合成本 t1 以及并购整合收益 V,综合假定 1 条件:V + kr − dt1 < 0,V + kr − dt1 − dt2 < 0,V − ke − dt1 − dt2 < 0;t1 > t2;在相似性区间(1,10)和互补性区间(2,10)满足。在均衡中,对于互补性资源的整合边际付出要与整合相似性资源的边际付出相同。以组合 {k, d} = {10, 2} 为例,我们可以得到如下两个式子:t1 > (V + 7.5)/4 以及 10 × (0.5 + 0.5) = 2 × (t1 + 0.12)。解得 t1 ≈ 5,V < 12。我们令整合成本的波动范围相同,令 t1 ∈ U(4.75,5.25)。进一步的,根据波士顿咨询 BCG 报告①,2014 年中国企业海外并购中交易完成率仅为 67%,并购后整合不善是症结所在。并购中成功整合企业的整合利润应当至少与整合失败企业付出的成本持平,在平均意义上考察,即 23% × V − 23% × Costs > 67% × Costs,得到 V = $\frac{100}{23}$ Costs > 4 × Costs = 4(0.5 + 0.5 + 5 + 0.12)/4,V > 6。这里取 V ∈ U(7.5,8.5)。对于信号噪声令其固定为 1。考虑技术获取型海外并购中收购方的资源禀赋劣于目标方企业,设定 H_A ∈ U(18,22)、H_B ∈ U(23,27)。对于并购成本设定收购方将支出更大的

---

① The Boston Consulting Group (BCG). Gearing up new era China outbound M&A Sep 2015 CHN.

并购成本，$K_A \in U(7, 9)$、$K_B \in U(3, 5)$。本书设定网络信任圈 $u = 2$，代表以目标方企业为中间节点，可以实现间接连接并得到信任圈内的有效监督。表 5-3 给出参数符号及范围。

表 5-3　　　　　　仿真参数符号含义与基础模型中数值设定

参数	参数含义	参数校准值	参数分布情况
H_B	目标方初始资源	25	U[23, 27]
H_A	收购方初始资源	20	U[18, 22]
V	整合协同收益	8	U[7.5, 8.5]
r	收购方相似性资源整合收益	0.5	U[0.25, 0.75]
e	目标方相似性资源整合损失	0.5	U[0.25, 0.75]
t1	收购方互补性资源整合成本	5	U[4.75, 5.25]
t2	目标方互补性资源整合成本	0.12	U(0.01, 0.25)
K_A	收购方并购固定成本	8	U[7, 9]
K_B	目标方并购固定成本	4	U[3, 5]
k	资源相似性	k = {4, 9}	[1, 10]
d	资源互补性	d = {4, 9}	(2, 10)
ρ	信号噪声大小	1	常数
u	网络信任圈	2	常数

5.4.3　仿真结果分析

考虑针对不同资源相似性、互补性组合下，海外并购整合与创新网络重构的协同演化的仿真实现，选择三组不同的相似性、互补性组合，在前面描述的初始环境和参数校准后，实施仿真实验，每一个仿真的步长为 25 期。表 5-4 给出仿真实验中三种不同资源组合设定。

表 5-4　　　　　　　　　　不同资源组合基础

组合	资源基础	相似性	互补性
系列 1	相似性强、互补性弱	9	4
系列 2	相似性弱、互补性强	4	9
系列 3	相似性强、互补性强	9	9

仿真观测变量设定如下：

网络桥接，收购方构建连接实现母国与海外节点联通的水平：$\dfrac{\text{收购方有效创新连接}}{\text{母国连接}+\text{海外连接}}$。

整合程度，当前并购双方企业有效合作$\dfrac{\text{合作数}-\text{背叛数}}{\text{合作数}}$的基础上，考虑母国、海外创建新连接后，根据高努力与低努力进行调整：$\dfrac{\text{合作数}-\text{背叛数}}{\text{合作数}}+0.1\times\left(\dfrac{\text{新连接高努力数}-\text{低努力数}}{\text{新连接数}}\right)$。

地理凝聚性，收购方创新网络连接中，母国企业连接相对于海外连接的分布比重：$\dfrac{\text{母国连接}}{\text{海外连接}}$。

根据前面上述仿真环境、参数和产出变量的设定，本节得到以下仿真结果。

1. 高相似性、低互补性组合的协同演化仿真结果

图 5-8 汇报了高相似、低互补组合的仿真结果。

协同演化过程中，收购方的整合程度维持在较高水平（>0.70），且期初整合程度水平略高于期末。图 5-8（b）汇报了并购双方企业之间的创新网络连接构建中的合作与背叛数量。图 5-8（d）表明初始整合阶段，引发的创新网络地理凝聚较低，后续整合阶段地理凝聚性显著提升，创新网络空间重构的地理凝聚性内生的增强。图 5-8（c）表明收购方整合中桥接重构略有提高。上述结果表明整合过程的创新网络重构更多地发生在母国，海外并购整合边界将偏重于沿母国创新网络子群内凝聚。

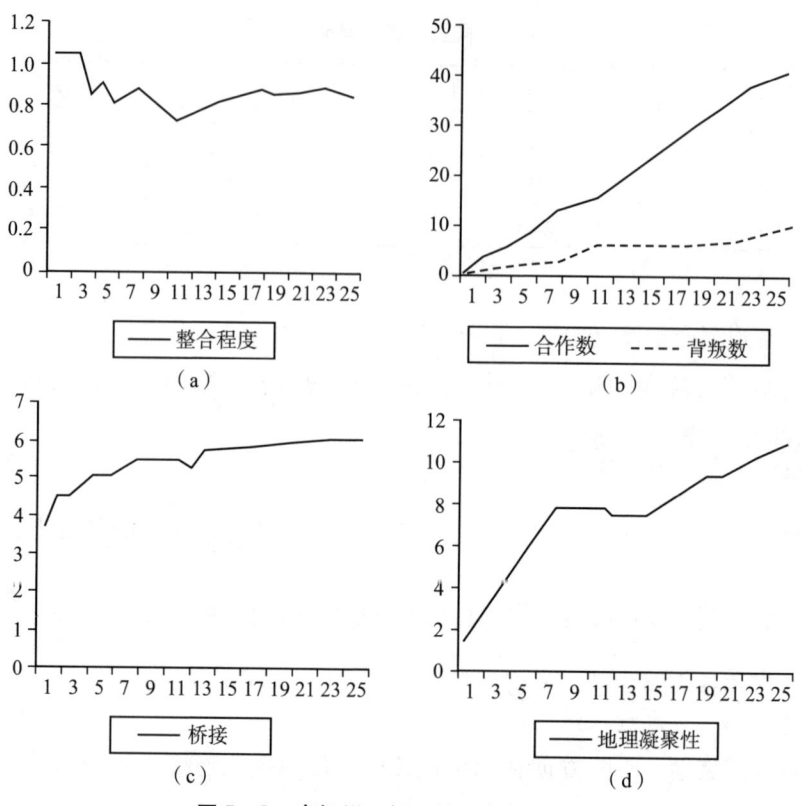

图 5-8　高相似、低互补组合仿真结果

2. 低相似性、高互补性组合的协同演化仿真结果

图 5-9 展示了低相似、高互补组合的仿真结果。协同演化过程中，初始整合阶段，收购方的整合程度呈现初始较低水平（在 0~5 时期，低于 0.5），后续阶段提升至中高水平（>0.60），图（d）表明收购方整合过程中地理凝聚维持较低水平（从 0.5 左右将低至 0.4），上述结果表明整合过程的创新网络重构更多地发生在东道国，海外并购整合边界将偏重于沿东道国创新网络子群内凝聚。图（c）表明收购方整合中桥接重构则有明显提高。上述结果表明整合过程的创新网络重构中收购方在初始较低整合、后续较高整合过程中，引发更多创新网络重构桥接重构。整合程度的阶段性提升与创新网络跨制度桥接重构协同演化。

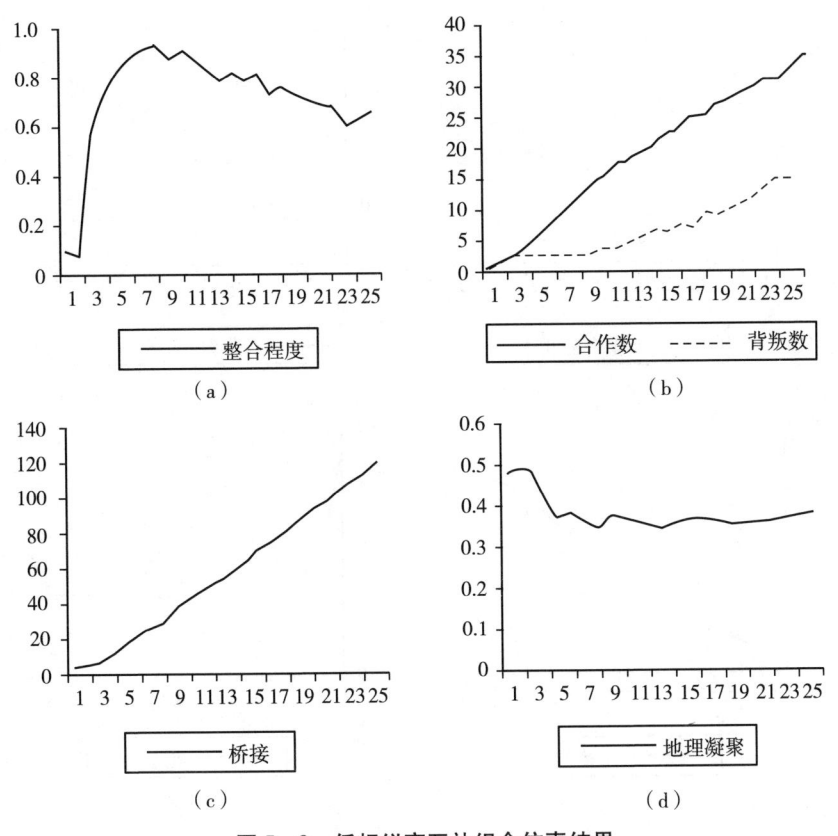

图 5-9 低相似高互补组合仿真结果

3. 高相似性、高互补性组合的协同演化仿真结果

图 5-10 展示了高相似、高互补组合的协同演化仿真结果。协同演化过程中,收购方的整合程度呈现初始较高水平,后续阶段维持中高水平(大于 0.60,小于 0.80,图 5-10(a))。图 5-10(d) 表明收购方整合过程中,整合过程的创新网络重构更多地发生在东道国,海外并购整合边界将偏重于沿东道国创新网络子群内凝聚;图 5-10(c) 表明收购方整合中桥接重构有明显提高。

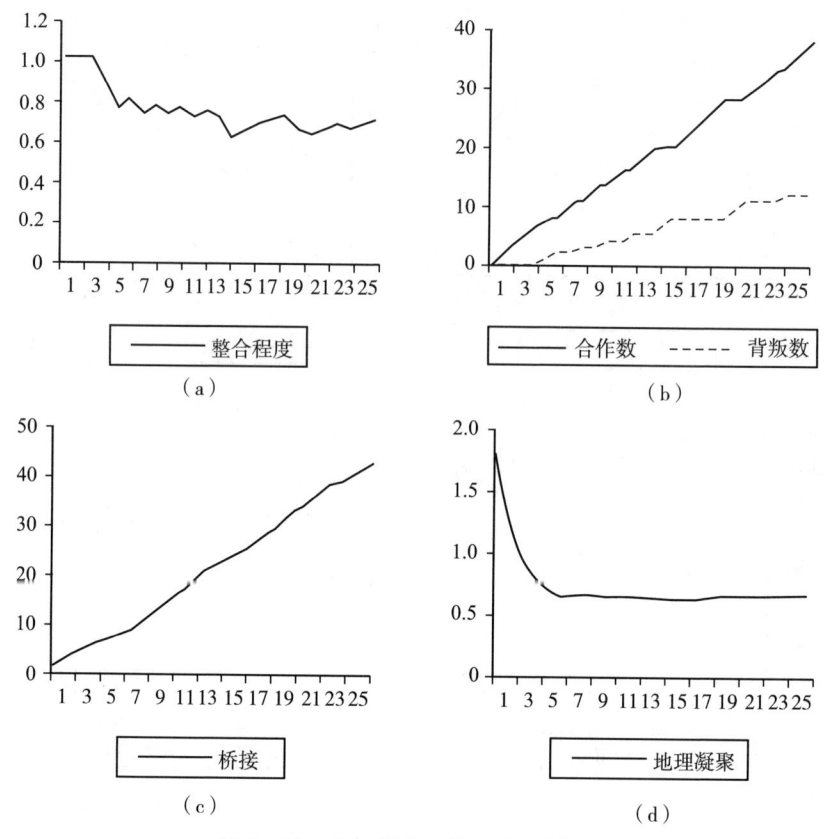

图 5-10　高相似高互补组合仿真结果

针对协同演化的多主体仿真研究显示，影响系统协同演化的一个重要内生作用条件是当前阶段的网络地理凝聚性水平，而整合过程中创新网络连接过程中凝聚性的变动，内生性的影响创新网络的空间子群权力分布。地理凝聚性背后的子群权力分布，不但作为创新网络重构影响跨期海外并购整合动机的条件，而且伴随收购方创新网络的桥接重构选择，产生放大或缩小的差异性影响，继而影响协同演化过程中稳态路径。

5.5 实证变量设定与测度

5.5.1 因变量

创新表现。本节选择专利数量作为衡量收购方整合过程中收购方创新表现的指标（Griliches，1990）。为考察不同整合时段内对应的创新表现的改变，对每组并购案例，均分别统计初始整合阶段（海外并购发生后 1~3 年）中收购方企业作为专利权人所申请的专利数量，以及后续整合阶段（海外并购发生后 4~6 年）中收购方企业作为专利权人所申请的专利数量。数据来源为德温特创新数据库（Derwent innovation index）。为考察表现的增进，本书采用对数化专利数量的形式，为防止专利数量为 0 导致的无法对数化，采用创新专利数量加一后数值的对数化作为衡量创新表现的方法。

5.5.2 核心解释变量

整合程度。借鉴库波尔和里姆（2007），采用虚拟变量刻画整合程度。若目标方企业被纳入收购方企业运营的一部分，则整合程度为 1；否则为 0。数据来源为并购公报、企业年报以及新闻数据（如 Lexis Nexis 新闻数据库）。依次统计初始整合阶段（海外并购发生后 1~3 年），后续整合阶段（并购发生后 4~6 年）的资料，得到对应的整合程度。

结构嵌入桥接。本书用以收购方企业为中间节点，连接中国企业与海外企业的三元组数量衡量创新网络结构嵌入的桥接重构。收购方企业作为中介节点，形成母国企业 C 与海外企业 F 之间的跨越制度背景的网络三元组。借鉴巴拉查德兰和赫尔南德斯（Balachandran & Hernandez，2018）有关网络跨制度混合三元组讨论，$bridge = num[g_{ij} = 1 \mid j \in C] \times num[g_{ik} = 1 \mid k \in F]$ 并通过 Log(1 + bridget) 形式进行对数化处理。

网络地理凝聚性。借鉴赫芬德尔指数方法（Haaland et al.，1999），通过计算创新网络内各个国别企业个数占比平方的加总，作为衡量创新网络地理凝聚性的指标。Cluster $= \sum_{i=1}^{n}\left(\dfrac{d_i}{d_g}\right)^2$，$d_g$ 为自我网络 g 的节点总数，d_i 为自我网络 g 中第 n 国节点数量。

整合地理边界。根据 Lexis Nexis 新闻数据库及企业年报资料、网络新闻资料，判断收购方海外并购整合过程中，开展整合行为在的地理位置。如果资料涉及在母国内部设立研究机构、设厂等进行资源转移，则记录整合边界母国为 1；否则为 0。如果资料涉及在母国目标方东道国，设定跨国研发、生产线等整合行为，则整合边界海外为 1；否则为 0。

5.5.3 控制变量

1. 收购方企业层面

研发投入强度。收购方企业的研发投入影响并购后企业技术创新表现。企业研发投入有助于企业开展新技术、新项目的研究与开发。现存理论表明研发投入与企业创新存在正向的相关关系（Cohen & Levinthal，1990；Stokey，1995）。本书采用并购前收购方企业研发投入占营业收入的百分比刻画企业研发强度。数据来源为国泰安 CSMAR 数据库和企业年报资料。

研发人员占比。企业内部研发人员比重代表了企业内部研发人力资本相对于总人力资本分布的重要性（Ahuja & Katila，2001）。研发人员占比越高，代表企业越重视研究开发工作。研发人员占比为收购方企业内部研发人员占企业总员工数量，数据来源为国泰安 CSMAR 数据库和企业年报。

并购经验。过往海外并购的经历，为收购方企业积累整合经验及问题解决能力，有助于推进后续技术获取型海外并购整合过程的创新转化（Bauer & Matzler，2014）。本书采用 0~1 二值变量刻画并购经验，针对一宗海外并购案例，如果并购发生前，收购方企业已具有过往海外并购经验，则海外并购经验设定为1，否则设定为0。数据来源，基于BvD_Zephyr全球并购交易分析库整理。

2. 海外并购特征层面

联合中心性。借鉴古拉提和加尔吉洛（1999）采用联合中心性，利用并购双方企业的特征向量中心性的几何平均刻画。采用迭代的思想，特征向量中心性（Jackson，2010）计算如下：$Ce_i^{Bonacich}(g, a, b) = (II - bg)^{-1}agII$，节点的权力声望是沿其散发的行迹的加权，其中a代表每条长度为1的行迹的价值，b为到其他长度为k的行迹处的衰减。a>0，b>0，II为n×1向量。数据来源德温特专利数据库和Gephi网络分析软件。分别统计初始整合阶段（海外并购发生后1~3年）及后续整合阶段（海外并购发生后4~6年）中联合中心性水平。

结构等价性。并购双方网络结构差异越大，越不利于收购方企业对目标方企业资源的控制和逆向转移，影响并购后技术创新。本书借鉴阿胡加等（2009）非对称性设定，采用并购双方网络中心性的比值（收购方中心性比目标方中心性），刻画并购双方企业的网络势差。数据来源德温特专利数据库和Gephi网络分析软件。分别统计初始整合阶段（海外并购发生后1~3年）及后续整合阶段（海外并购发生后4~6年）中的结构等价性。

关系嵌入强度。关系嵌入强度变量刻画收购方企业与创新网络中其他企业，在过往时段中，通过创新网络连接进行知识合作的深度。借鉴当前对嵌入深度的研究（Sorenson & Stuart，2008；Zhelyazkov & Gulati，2016），过往年份中行为人参与网络内特定合作的频次刻画了两者间知识合作深度。本书采用收购方企业统计时段内进行专利施引发生的频次，代表企业间创新合作中的交流程度。数据来源为德温特专利数据库（Derwent innovation index）。分别统计初始整合阶段（海外并购发生后1~3年）及后续整合阶段（海外并购发生后4~6年）中的关系嵌入强度。

资源相似性。参照王和扎加克（2007），按企业北美产业分类系统代码（NAICS）定义并购双方相似性。若两企业主NAICS码，前四位相同记相似性为1；仅前三位相同，记为0.75；仅前两位相同，记为0.5；仅首位相同，记为 0.25；若所有位均不相同，记为 0。数据来源于 BvD_Zephyr 数据库。

资源互补性。借鉴王和扎加克（2007）测量方法，若一对 NAICS 码 i 和 j 同时出现在多个企业 NAICS 码中，则 i 和 j 具有较高互补性。首先，选择多于一个 NAICS 码的并购双方企业及其 NAICS 码；其次，不计算任何 NAICS 与其自身的互补性。NAICS 代码 i 和 j 互补性如下：$Com_{ij} = (J_{ij} - \mu_{ij})/\sqrt{\mu_{ij} \times (1 - N_i/K) \times (K/(K-1)) \times (1 - N_j/K)}$。其中，$J_{ij}$ = 两个 NAICS 代码出现在同一个企业的次数；$\mu_{ij} = (N_i \times N_j)/K$，$N_i$ = NAICS 代码 i 出现在多少个企业中；N_j = NAICS 代码 j 出现在多少个企业中；K = 企业总数。本书 106 组样本中，K = 212，剔除单一存在 NAICS 码后 NAICS 码类别共 184 类。对上述数值进行 0~1 标准化。数据来源于 BvD_Zephyr 数据库。

文化距离。技术获取型跨国并购整合对收购方企业创新表现的作用，受到并购双方国别文化距离差异的影响（Ahuja & Katila, 2001）。基于霍夫斯特德（1980）六维度跨国文化差异（权力距离、个体主义或集体主义、男性化或女性化、不确定性规避、长期趋向或短期趋向、放纵或约束），构建综合的跨国文化距离指标。基于寇伽特和辛格（1988）文化距离由以下形式构建：

$$Culture\ Distance = \sum_{i=1}^{n} \frac{\{(I_{ij} - I_i)^2/V_i\}}{n}$$

。考虑 106 宗并购案例所涉及的并购双方所在国别。I_{ij} 是目标方所在国家 j 在第 i 个文化维度的 Hofstede 评分，文化维度 n = 6。I_i 是中国在第 i 个文化维度的 Hofstede 评分。V_i 是所有国别的 Hofstede 评分在第 i 个文化维度中的方差。数据来源于 Hofstede 个人网站。

产业效应。产业类型、产业集中度等产业效应对产业内企业创新表现产生影响。并购方所在产业的差异，对企业技术创新表现产生影响。本书实证研究中控制所在产业的产业效应。表 5-5 汇报了本章实证的变量设定与测度情况。

表 5–5 变量设定与测度

变量类型	变量名称	变量测度	数据来源
因变量	创新表现增进	选择专利数量作为衡量收购方整合过程中收购方创新表现的指标（Griliches，1990）。按阶段划分，分别统计并购前 3 年，初始整合阶段（海外并购发生后 1~3 年）以及后续整合阶段（海外并购发生后 4~6 年）中收购方企业所申请的专利数量。采用专利数加一后的对数化指标衡量创新表现增进	德温特创新数据库（Derwent innovation index）
自变量	海外并购整合	借鉴卡普和里姆（2007），设置二分变量，利用 Lexis Nexis 新闻数据库及企业年报资料，判断若目标公司被整合进入并购方公司日常经营运作的一部分被明确提及，整合程度变量取值为 1；否则为 0	Lexis Nexix 新闻数据库、企业年报、公开新闻信息
自变量	结构嵌入桥接	用以收购方企业为中间节点，连接中国企业与海外企业的三元组数量衡量创新网络结构嵌入桥接重构。收购方企业作为中介节点，形成母国企业 C 与海外企业 F 之间的跨越制度背景的网络三元组。借鉴布拉查德兰和赫尔南德斯（2018）有关网络跨制度混合三元组讨论，bridge = num$[g_{ij}=1\mid j\in C]\times$num$[g_{ik}=1\mid k\in F]$ 并通过 $\text{Log}(1+\text{bridget})$ 形式进行对数化处理	德温特创新数据库（Derwent innovation index）和 Gephi 网络软件分析
自变量	网络地理凝聚性	借鉴赫芬德尔指数方法，通过计算创新网络内各个国别企业个数占比平方的加总，作为衡量创新网络地理凝聚性的指标。Cluster $=\sum_{i=1}^{n}\left(\dfrac{d_i}{d_g}\right)^2$，$d_g$ 为自我网络 g 的节点总数，d_i 为自我网络 g 中第 n 国节点数量	基于德温特创新数据库（Derwent innovation index）和 Gephi 软件生成的自我网络计算
自变量	整合地理边界母国	根据 Lexis Nexis 新闻数据库及企业年报资料、网络新闻资料，判断收购方海外并购整合过程中，开展整合行为在的地理位置。如果资料涉及在母国内部设立研究机构、设厂等进行资源转移，则记录整合边界母国为 1；否则为 0	Lexis Nexis 新闻数据库及企业年报资料、网络新闻资料
自变量	整合地理边界海外	根据 Lexis Nexis 新闻数据库及企业年报资料、网络新闻资料，判断收购方海外并购整合过程中，开展整合行为在的地理位置。如果资料涉及在母国目标方东道国或海外国家，设定跨国研发、生产线等整合行为，则整合边界海外为 1；否则为 0	Lexis Nexis 新闻数据库及企业年报资料、网络新闻资料

续表

变量类型	变量名称	变量测度	数据来源
控制变量	研发强度	研发投入占营业收入的百分比刻画企业研发强度	国泰安 CSMAR 数据库企业年报资料
	研发人员占比	研发人员占比为收购方企业内部研发人员占企业总员工数量	国泰安 CSMAR 数据库企业年报资料
	并购经验	采用 0～1 二值变量刻画并购经验，针对一宗海外并购案例，如果收购方企业具有过往海外并购经验，则海外并购经验设定为 1，否则设定为 0	BvD_Zephyr 全球并购交易分析库整理
	联合中心性	借鉴古拉提和加尔吉洛（1999）、杰克逊（2010）利用并购双方企业的特征向量中心性的几何平均刻画联合中心性。特征向量中心性利用节点的邻居在网络中的重要性刻画节点的重要性	德温特专利数据库和 Gephi 网络分析软件
	结构等价性	借鉴古拉提和加尔吉洛（1999），采用并购双方网络中心性的比值，收购方中心性比目标方中心性，刻画并购双方企业的网络势差	德温特专利数据库和 Gephi 网络分析软件
	关系嵌入强度	借鉴关系嵌入强度研究（Sorenson & Stuart, 2008; Zhelyazkov & Gulati, 2016），过往年份中行为人参与网络内特定合作的频次刻画两者关系嵌入合作强度。本书采用收购方企业统计时段内进行专利施引发生的频次，代表企业间创新合作中的交流程度	德温特专利数据库（Derwent innovation index）
	资源相似性	参照王和扎加克（2007），按企业北美产业分类系统代码（NAICS）定义并购双方相似性。若两企业主 NAICS 码，前四位相同记相似性为 1；仅前三位相同，记为 0.75，仅前两位相同，记为 0.5；仅首位相同，记为 0.25；若所有位均不相同，记为 0。数据来源于 BvD_Zephyr 数据库	BvD_Zephyr 全球并购交易分析库
	资源互补性	借鉴王和扎加克（2007）测量方法，若一对 NAICS 码 i 和 j 同时出现在多个企业 NAICS 码中，则 i 和 j 具有较高互补性。首先，选择多于一个 NAICS 码的并购双方企业及其 NAICS 码；其次，不计算任何 NAICS 与其自身的互补性。NAICS 代码 i 和 j 互补性如下：$Com_{ij} = (J_{ij} - u_{ij}) / \sqrt{\mu_{ij} \times (1 - N_i/K) \times (K/(K-1)) \times (1 - N_j/K)}$。其中，$J_{ij}$ = 两个 NAICS 代码出现在同一个企业的次数；$\mu_{ij} = (N_i \times N_j)/K$，$N_i$ = NAICS 代码 i 出现在多少个企业中；N_j = NAICS 代码 j 出现在多少个企业中；K = 企业总数。本书 106 组样本中，K=212，剔除单一存在 NAICS 码后 NAICS 码类别共 184 类。数值 0～1 标准化	BvD_Zephyr 全球并购交易分析库

续表

变量类型	变量名称	变量测度	数据来源
控制变量	文化距离	基于霍夫斯特德（1980）六维度跨国文化差异（权力距离、个体主义或集体主义、男性化或女性化、不确定性规避、长期趋向或短期趋向、放纵或约束），构建综合的跨国文化距离指标。基于寇伽特和辛格（1988）文化距离由以下形式构建：Culture Distance = $\sum_{i=1}^{n} \frac{\{(I_{ij} - I_i)^2/V_i\}}{n}$。考虑106宗并购案例所涉及的并购双方所在国别。$I_{ij}$是目标方所在国家 j 在第 i 个文化维度的 Hofstede 评分，文化维度 n = 6。I_i是收购方企业中国在第 i 个文化维度的 Hofstede 评分。V_i是所有国别的 Hofstede 评分在第 i 个文化维度中的方差	Hofstede 个人网站

5.5.4 变量描述性统计

表 5-6 汇报变量的描述性统计情况。

表 5-6　　　　　　　变量描述性统计

变量类别	变量名称	观测值	均值	标准差	最小值	最大值
因变量	创新表现增进	318	2.365	2.058	0	8.6
自变量	海外并购整合	212	0.585	0.494	0	1
	结构嵌入桥接	318	55.217	236.624	0	3000
	地理凝聚性	318	0.441	0.253	0	1
	整合边界母国	212	0.764	0.426	0	1
	整合边界海外	212	0.642	0.481	0	1
控制变量	研发强度	318	5.779	10.882	0.703	107
	研发人员占比	318	17.596	16.508	1.07	79.52
	并购经验	318	0.245	0.431	0	1
	文化距离	318	3.965	1.245	1.573	5.887
	资源相似性	318	0.606	0.381	0	1

续表

变量类别	变量名称	观测值	均值	标准差	最小值	最大值
控制变量	资源互补性	318	5.674	1.607	0	10.07
	联合中心性	318	0.444	0.315	0	1
	结构等价性	318	0.133	0.097	0	0.577
	关系嵌入强度	317	78.066	421.855	0	6 629
	所在产业	318	4.255	1.921	1	8

5.5.5 变量相关系数矩阵

表5-7汇报变量的相关系数矩阵。各自变量间不存在明显的高度相关性。

表5-7　　　　　　　　　变量相关系数矩阵

变量	1	2	3	4	5	6	7
1. 创新表现增进	1						
2. 海外并购整合	0.109	1					
3. 结构嵌入桥接	0.315***	0.035	1				
4. 地理凝聚性	0.190***	0.039	0.07	1			
5. 整合边界母国	-0.213***	-0.085	-0.097	-0.225***	1		
6. 整合边界海外	0.067	0.169**	-0.018	0.171**	-0.369***	1	
7. 研发强度	-0.022	-0.069	-0.017	-0.056	0.076	0.063	1
8. 研发人员占比	0.051	-0.116*	-0.019	-0.068	-0.072	-0.039	0.161***
9. 并购经验	0.072	-0.054	0.002	0.025	0.162**	-0.123*	-0.078
10. 文化距离	-0.055	-0.011	-0.140**	-0.061	0.129*	-0.093	-0.091
11. 资源相似性	-0.021	0.002	0.048	-0.015	-0.079	0.221***	0.007
12. 资源互补性	0.03	0.108	-0.09	0.119**	0.014	-0.008	-0.004
13. 联合中心性	0.193***	-0.033	0.033	0.063	0.208***	0.007	-0.006
14. 结构等价性	0.188***	0.034	-0.034	0.134**	-0.021	0.087	-0.019

续表

变量	1	2	3	4	5	6	7
15. 关系嵌入强度	0.351***	-0.139**	0.300***	-0.026	-0.01	-0.006	0.004
16. 所在产业	0.009	-0.078	-0.059	-0.088	0.155**	0.007	-0.011

变量	8	9	10	11	12	13	14	15
8. 研发人员占比	1							
9. 并购经验	-0.058	1						
10. 文化距离	0.017	0.102*	1					
11. 资源相似性	-0.121**	-0.029	-0.145***	1				
12. 资源互补性	0.07	0.012	0.087	-0.223***	1			
13. 联合中心性	0.04	0.066	0.069	0.002	0.014	1		
14. 结构等价性	0.04	-0.051	0.04	-0.093*	0.016	0.632***	1	
15. 关系嵌入强度	0.044	0.087	-0.013	0.066	-0.088	0.082	-0.015	1
16. 所在产业	-0.012	0.061	0.082	0.024	0.128**	-0.038	-0.058	0.059

注：*** $p<0.01$，** $p<0.05$，* $p<0.1$。

5.6 协同演化机制检验：动态面板系统 GMM 实证

5.6.1 动态面板计量模型设定

创新网络跨制度桥接重构除了受当前海外并购整合程度影响以外，还具有自身的演化趋势。在分析创新网络桥接重构时，面板数据中的解释变量包含了被解释变量的滞后期，构成动态面板数据。针对跨期整合程度对桥接影响，本节提供如下计量设定：

$$\text{Bridge}_{it} = \alpha + \rho_1 \text{Bridge}_{i,t-1} + \beta_1 \text{Integ}_{it} + \beta_2 \text{cluster}_{it} + \beta_3 \text{Integ}_{it} \times \text{Bridge}_{i,t-1} + \mu_i + \varepsilon_{it} \quad (5-23)$$

式（5-23）中，存在内生变量并购整合程度以及网络地理凝聚性，由于本节面板数据包含三个阶段（t=0 并购前，t=1 初始整合阶段，t=2 后续整合阶段），因此选择内生解释变量时设定最多包含地理凝聚性以及整合程度×跨制度桥接这两个变量的二阶滞后值。

5.6.2 动态面板实证结果分析

表 5-8 汇报了不同资源基础组合的系统 GMM 估计结果。

表 5-8   系统 GMM 回归结果

产出变量：跨制度桥接	(1) 全样本	(2) 高相似高互补	(3) 高相似低互补	(4) 低相似高互补
跨制度桥接一阶滞后	0.437* (1.80)	0.432 (1.06)	-0.0716 (-0.07)	0.609 (1.07)
整合程度×跨制度桥接一阶滞后	1.196*** (3.06)	1.015*** (26.2)	1.212 (0.69)	0.966*** (14.13)
地理凝聚性	-78.52 (-0.51)	-26.5 (-0.75)	-342.6 (-0.51)	-22.9 (-1.04)
整合程度	-38.21 (-0.99)	-2.689 (-1.51)	-34.76 (-0.35)	-4.675 (-0.42)
常数项	59.09 (0.87)	14.6 (0.95)	187.2 (0.65)	14.38 (1.24)
样本量	212	58	114	40
Wald chi2 (4)	16.38	1 937.79	1.41	1 102.46
Prob > chi2	0.0025	0.0000	0.8432	0.0000

注：*** $p<0.01$，** $p<0.05$，* $p<0.1$；括号内为 z 值。

表 5-8 第一列的全样本分析表明，过往跨制度桥接对当期跨制度桥接具有显著正向影响，整合程度×跨制度桥接一阶滞后正向显著作用于当期跨制度桥接（估计系数为 1.196，$p<0.01$）。Wald 检验表明整体回归的系数具有

显著性。并购双方互补性较高时（对应于组别1和组别3），整合程度×跨制度桥接一阶滞后显著正向的作用于当前跨制度桥接水平（组别1估计系数为1.015，$p<0.01$；组别3估计系数为0.966，$p<0.01$），上述结果说明，海外并购双方资源互补性高，动态整合程度与创新网络桥接重构存在协同演化关系。并购双方相似性高、互补性低时（组别2），Wald检验表明模型设定不显著，整合程度×跨制度桥接一阶滞后对当期跨制度桥接的影响不显著，跨期动态整合与创新网络桥接重构之间没有显著正向协同。上述结果表明，并购双方相似性越低、互补性越高时，跨时期提升整合程度提升将引发创新网络结构嵌入桥接增进。

5.7 协同演化的创新效应检验：联立方程组实证

5.7.1 联立方程组计量模型设定

鉴于内生化创新网络地理凝聚性的需要，本节采用联立方程模型进行三阶段最小二乘估计。计量模型设定如下：

$$\begin{cases} inno_{it} = \beta 1 + \beta 2 integ_{it} + \beta 3\ bridge_{it} + \beta 4 cluster_{it} + \beta 5\ integ * bridge_{it} + \beta 6\ X1_{it} + \epsilon it \\ cluster_{it} = \alpha 1 home_i + \alpha 2\ target_i + \alpha 3 third_{it} + \alpha 4 redepth_{it} + \epsilon i \end{cases}$$

$$(5-24)$$

第一行公式中，引入整合程度×网络桥接，刻画海外并购整合基于网络桥接对创新表现的影响，X1代表控制变量，包含影响创新的控制变量，为研发强度、联合中心性、结构等价性、研发人员比重、并购经验、资源相似性、资源互补性、所在产业、文化距离。

第二行公式表示内生化地理凝聚性受到整合边界的地理分布决定。对应不同的地理范围（母国、目标方东道国、海外第三国），分别设置虚拟变量。在对应地理范围内，实施整合行动，则记为1；反之记为0，并控制创新网络关系嵌入深度。

5.7.2 联立方程组实证结果分析

表5-9联立方程法计量基础结果，其中第一列为全样本结果，第二列为高资源相似性、高资源互补性组合结果，第三列为高资源相似性、低资源互补性组合结果，第四列为低资源相似性、高资源互补性组合结果，各类资源组合分组沿用第四章对资源基础的 K-mean 聚类。估计方法为迭代三阶段最小二乘法。

表5-9 联立方程组迭代三阶段最小二乘结果

方程	全样本	高互补性	低互补
方程1：创新表现			
桥接	0.001* (1.94)	-0.001 (-0.75)	0.002** (2.16)
整合程度	-0.573 (-1.54)	-0.393 (-0.85)	-0.452 (-0.89)
整合程度*桥接	0.432*** (4.08)	0.492*** (3.42)	0.404*** (2.76)
地理凝聚性	3.421 (1.25)	6.258** (2.28)	-1.334 (-0.33)
研发强度	0.001 (0.06)	0.047 (1.19)	-0.012 (-0.88)
联合中心性	-0.713 (-1.01)	-0.927 (-0.76)	0.590 (0.59)
结构等价性	-0.492 (-0.17)	-2.017 (-0.43)	2.782 (0.57)
研发人员比例	0.008 (0.87)	0.005 (0.34)	-0.004 (-0.31)

续表

方程	全样本	高互补性	低互补
方程1：创新表现			
并购经验	0.343 (1.11)	-0.751* (-1.68)	1.369*** (2.68)
资源相似性	-0.114 (-0.29)	-1.014 (-1.18)	-0.949 (-0.55)
资源互补性	-0.023 (-0.21)	-0.063 (-0.62)	-0.135 (-0.69)
所在产业	0.023 (0.30)	0.149* (1.77)	-0.074 (-0.55)
文化距离	0.074 (0.69)	0.214 (1.50)	-0.153 (-0.97)
常数项	0.896 (0.70)	-0.652 (-0.40)	4.341 (1.46)
方程2：地理凝聚性			
整合边界母国	-0.139*** (-3.75)	-0.121** (-2.36)	-0.083* (-1.70)
整合边界东道国	0.039 (1.29)	0.094** (2.54)	-0.052 (-1.14)
整合边界第三国	-0.067** (-2.14)	-0.089** (-2.35)	0.033 (0.72)
关系嵌入强度	0.001 (0.84)	0.001*** (2.73)	-0.001* (-1.91)
常数项	0.551*** (12.33)	0.491*** (7.99)	0.559*** (9.24)
样本量	211	98	113
p值方程1	0.0000	0.0000	0.0000
P值方程2	0.0000	0.0000	0.0802

注：***$p<0.01$，**$p<0.05$，*$p<0.1$；括号内为z值。

表 5-9 中方程创新表现，展示海外并购整合程度与创新网络跨制度桥接的协同作用对创新表现的影响；方程地理凝聚性，代表整合边界沿母国或东道国拓展对网络地理凝聚性的影响。

表 5-9 中三列回归结果的联立方程 p 值均通过显著性检验。第一列为针对全样本的联立方程估计结果，跨制度桥接对创新表现具有显著正向影响（估计系数为 0.432，$p<0.01$）；整合边界沿母国边界拓展内生降低了创新网络地理凝聚性（估计系数为 -0.139，$p<0.01$）；整合边界沿东道国的拓展强化了创新网络地理凝聚性。第二列汇报高互补性资源下（资源组合为高相似、高互补以及低相似、高互补组合）的联立方程组结果。跨制度桥接对创新表现具有显著正向影响（估计系数为 0.492，$p<0.01$）；整合边界沿母国边界拓展内生显著降低了创新网络地理凝聚性（估计系数为 -0.121，$p<0.05$）；整合边界沿东道国的拓展内生显著强化了创新网络地理凝聚性（估计系数 0.094，$p<0.05$）。

上述结果表明，互补性越高时，收购方强化整合地理边界沿东道国拓展、弱化整合地理边界沿母国拓展，有助于提升创新网络地理凝聚性，促进海外并购整合与创新网络结构嵌入桥接重构协同演化的并购后技术创新效果。

第三列汇报低互补性资源下（资源组合为高相似、低互补组合）的联立方程结果。跨制度桥接对创新表现具有显著正向影响（估计系数为 0.404，$p<0.01$）；整合边界沿母国边界拓展内生降低了创新网络地理凝聚性（估计系数为 -0.083，$p<0.1$）；但是整合边界沿东道国的拓展对创新网络地理凝聚性没有显著影响。因此，在相似性高、互补性低资源组合下，通过整合边界拓展，内生调节创新网络地理凝聚性，实现协同演化中创新网络结构嵌入桥接重构的效果有限。并购双方资源相似性越低、互补性越高，是收购方企业实现沿东道国拓展地理边界，提升创新网络地理凝聚性，实现创新网络结构嵌入桥接重构的先决条件。综合第二第三列结果表明，相似性越低、互补性越高时，收购方强化整合地理边界沿东道国拓展、弱化整合地理边界沿母国拓展，有助于提升创新网络地理凝聚性，促进海外并购整合与创新网络结构嵌入桥接重构协同演化的并购后技术创新效果。5.6 节和 5.7 节实证结果支

持研究假设4。

5.8 本章小结

本章分析海外并购整合与创新网络结构嵌入重构的协同演化。通过引入整合边界的空间拓展，从第三方监督有效性角度，探究海外并购整合中的地理边界拓展与创新网络结构嵌入桥接重构之间的协同演化关系。中国收购方企业的创新网络结构嵌入重构，不单单形成创新网络桥接的结构分离，同时也形成连接母国与目标方东道国的二元制度嵌入。从整合地理边界拓展对创新网络地理凝聚性内生影响出发，探究如何提升利用海外并购整合基于创新网络结构嵌入重构对创新表现的传导效果。

本章5.1节提供海外并购整合与创新网络结构嵌入重构的协同演化理论机制加以说明。首先，分析初始整合程度如何作用于创新网络结构嵌入重构。并购双方资源相似性越低、互补性越高高，初始整合阶段匹配较低整合程度引发网络弱连接，收购方企业在网络中具有凸显效应，得以化解不同子群的冲突，提升创新网络结构嵌入重构的增进。其次，分析创新网络结构嵌入重构如何作用于后续阶段整合程度选择。考虑网络内第三方监督有效性以及创新网络地理凝聚性的内生影响，并购双方资源互补性高时，后续整合过程中，跨制度结构嵌入导致跨制度的惯例共享降低后续整合阶段的整合风险，收购方企业因而具有激励提升跨期整合程度。最后，通过分析并购整合行为对企业地理边界的拓展，分析整合边界沿东道国拓展如何内生作用于创新网络地理凝聚性，以实现动态并购整合基于创新网络结构嵌入重构对技术创新表现的传导。研究表明，海外并购整合过程中，创新网络地理凝聚性越低，收购方企业接触不同制度范畴获取偏远网络机会的能力越高，越有利于实现基于创新网络结构重构的企业技术创新。以吉利并购沃尔沃为例，并购后吉利通过设立中欧汽车研究院，在海外构建研发中心，尽量降低制度摩擦对技术吸收的影响，通过整合边界沿东道国的拓展，实现海外本土化策略。

5.2 节构建二阶段协调博弈数理模型，定性的刻画初始整合中创新网络重构，如何依托目标方企业对收购方企业声誉沿海外创新网络的传递，并针对不同的并购双方企业资源相似性、互补性基础水平，提供有关第三方监督有效性在二阶段协调博弈中的适用性分析。5.3 节通过均衡分析、演化稳态相位图得到不同资源组合下，初始整合程度基于创新网络结构嵌入重构对后续整合阶段整合努力投入的影响。通过引入创新网络成员地理禀赋的差异性和网络内信任圈，刻画全球创新网络内部的竞合关系。5.4 节在二阶段协调博弈模型的基础上，基于网络成员主体的行动，构建多主体仿真模型，将整合行为与创新网络结构嵌入重构的协同演化，从并购初始整合、后续整合的二阶段时序推广至连续动态的时间演化过程。

在理论机制和数理模型分析基础上，5.6 节利用动态面板系统 GMM 法检验海外并购整合程度跨期提升与创新网络结构嵌入桥接重构的协同演化传导机制。5.7 节采用利用联立方程模型，对整合地理边界内生影响创新网络地理凝聚性时，海外并购整合基于创新网络结构嵌入重构的技术创新效果加以研究。计量结果支持了理论假设 4，本章研究得到以下研究结论：

研究结论四：技术获取型海外并购整合中，并购双方资源相似性越低、互补性越高，收购方初始较低整合、后续较高整合的动态整合策略，可实现与创新网络结构嵌入桥接增进的协同演化；收购方强化整合地理边界沿东道国拓展、弱化整合地理边界沿母国拓展，有助于提升创新网络地理凝聚性，促进协同演化的创新效果。

本章内容对中国企业如何自主的、能动地利用海外并购整合，参与全球创新网络的竞争合作提供有益视角。首先，在进行海外并购整合决策过程中，不仅仅需要考虑单纯双方企业之间的制度、技术禀赋差异，而需要进一步考虑全球创新网络中不同子群权力分布的变动，从全球创新网络的多元竞争—合作关系演化出发思考将创新网络结构嵌入。其次，通过沿目标方东道国边界拓展企业的地理边界，可以提升对属地制度环境的感知和理解，降低二元制度嵌入中的组织身份不对称性，通过将收购方企业融入目标方东道国创新网络，提升收购方企业创新网络的东道国地理凝聚性，有助于提升东道国海外创新网络内第三方监督有效性，降低后续整合阶段面临的整合风险和不确定性，促进海外并购后基于创新网络结构嵌入的创新合作。最后，收购方企业作为连接母国、东道国的网络中介节点，利用整合地理边界的拓展，可以增强基于创新网络结构嵌入桥接重构的创新表现传导。

第 6 章

海外并购整合与创新网络位置
嵌入重构的协同演化

第 3 章针对位置嵌入的协同演化特征研究显示,海外并购整合程度与创新网络位置嵌入的协同演化存在以下问题:尽管初始整合阶段,基于创新网络位置嵌入对创新表现的传导在三种嵌入中表现明显,但是后续整合阶段,海外并购整合与创新网络位置嵌入协同演化未能延续初始阶段的创新增进效果。这是由于后续整合阶段,位置嵌入实现的网络位置增进相比于初始阶段降低,信息优势和信号优势的作用降低,不利于进一步实现基于创新网络位置嵌入重构的创新表现。位置嵌入关注特定网络位置引发的信息优势和信号属性(Gulati & Gargiulo, 1999),超越了直接连接和间接连接自我网络分析层次;因此,网络位置嵌入能否实现创新增进,不仅仅受到并购双方企业网络位置的影响,而且受制于双方合作关系在整体网络结构中的位置重要性。

网络嵌入理论提出,网络成员的行为总是受正在运行的网络关系的压制与控制,组织的经济行为受到社会关系的影响,并形成网络成员间有限理性的共演(Nelson, 2009;陈劲, 2017)。前面关系嵌入、结构嵌入的分析,是建立在行为人企业知晓反应策略的前提下:即收购方企业、目标方企业知晓创新网络的结构特征,决定自身的整合决策和网络嵌入中的最优反应策略。但是,并购方企业、目标方企业在创新网络中的位置嵌入重要性与否,受制于创新网络的整个演化历史,收购方企业选择有效的动态整合策略实现其与创新网络位置嵌入重构的协同演化，需要分析企业在网络环境中的学习、适应及演化。

因此，本章引入收购方企业的适应性学习，不仅关注并购整合所引发的网络位置增进，还关注双方企业位置结构差异性如何影响网络位置嵌入的行为激励。在时间维度上进一步拓展，不同于前面将整合阶段划分为初始整合阶段与后续整合阶段的二阶段划分，本章从适应性学习角度，刻画收购方整合程度的跨年份时期演化与创新网络同配性的协同演化。探究如何利用有效的动态整合决策，实现创新网络位置嵌入重构对创新表现的持续增进效果。网络同配性（assortativity）刻画网络节点之间，节点度水平的同步匹配性。正同配性，代表网络中节点度水平较高的节点，其连接的对象节点亦具有较高的节点度。针对网络位置差异的网络同配性研究表明，一方面，企业通过与较高嵌入性的企业构建连接，能够提升自身的网络嵌入性，提升网络结构中的同配性；另一方面，当企业自身的网络嵌入性过低时，会降低网络中高嵌入性企业与之合作的激励（Ahuja，2009）。

海外并购过程中，收购方企业对目标方企业的创新网络位势追赶的分析，具有网络嵌入不对称的前提假定，即网络位势嵌入性差的收购方企业通过与网络位势高的目标方企业的整合，获取与更多高位势成员的网络渠道，实现自身创新网络结构的演进。本章在海外并购整合与创新网络位置嵌入重构的协同演化理论机制分析基础上，引入耦合协调度模型，对中国技术获取型海外并购中，整合程度与网络位势中心性的协同演化效果进行测度，进一步利用 Cox 比例风险模型和生存分析实证检验协同演化机制，采用负二项回归计量模型检验协同演化的创新效果。

本章节安排如下：6.1 节为海外并购整合与创新网络嵌入重构的协同演化机制分析，6.2 节为海外并购整合与创新网络嵌入重构的耦合协调度分析，借助耦合协调模型和全局创新网络构建，实现对整合程度与网络位置之间的耦合协调关系特征测度及分析。6.3 节为实证变量设定。6.4 节为协同演化机制检验，通过 Cox 比例风险模型以及生存分析法，进一步探究不同资源相似性、互补性组合下，受整合程度动态提升触发的创新网络正同配性事件的生存分析。6.5节为协同演化创新效果的负二项回归检验，为有效利用海外并购整合实现网络位置嵌入重构实现创新增进提供实证检验。6.6节为本章小结。

6.1 海外并购整合与创新网络位置嵌入重构的协同演化机制

6.1.1 初始整合阶段：初始海外并购整合对创新网络位置嵌入重构影响

企业创新网络位置嵌入越高，表明在创新网络中占据中心位置。网络位置的信息优势，刻画网络成员获取准确信息的能力，网络信号属性刻画成员被网络内其他成员识别的可能性。网络位置越中心的成员，具有更大的信息优势，可以更好地识别网络中潜在的合作机会，降低伙伴选择中的不确定性水平。

网络位置所代表的信号属性，在不确定环境下更为重要，并购双方企业并购前网络位置嵌入差异，代表了网络中系统的声誉差异。技术获取型海外并购企业，收购方企业相对于目标方企业在全球创新网络合作中占据弱势地位，在并购双方资源相似性越低、互补性越高时，初始整合阶段，采取较低整合程度可以降低潜在摩擦，整合过程中并购双方协同效应的形成。

一方面，维持较低整合程度可以提升双方企业合作倾向，收购方企业习得处理不同地理、制度背景企业合作整合的隐性知识，提升其在处理跨组织合作过程中组织身份不对等性、企业组织文化冲突等问题的能力，促进其与不同制度背景创新网络子群成员的创新合作（Krackhardt, 1999；Phillips & Cooney, 2005），提升创新网络位置中心性。另一方面，初始整合阶段，收购方维持较低整合程度，可以借助目标方企业获取更广泛的创新网络的信息优势，并在全球创新网络中形成低度整合的良好信号声誉。在创新网络中的信息优势和识别效应增进，更容易搜索和识别到创新网络中的新的知识和潜在合作机会，降低并购双方企业初始网络位置差异，提升并购双方企业网络位置同配性，促进并购后技术创新。

6.1.2 后续整合阶段：创新网络位置嵌入重构对跨期整合调整的影响

跨企业网络形态的重构演化，受到嵌入网络中企业的组织行为及其引发的内生结构变迁的影响。网络成员具有与更高中心性成员进行合作连接的倾向，但是中心位置的成员可能不希望与边缘位置成员进行连接，因为边缘位置企业被认为无法提供有效的信息或资源。并购双方初始整合阶段，所引发的创新网络同配性越高，代表并购双方企业的网络控制能力与网络地位较为相似，收购方企业在跨国竞争—合作关系中的谈判、控制能力得到提升。

网络中两个成员间的位置嵌入联合中心性越高，越利于后续合作行为的产生（Uzzi，1997；Gulati & Gargiulo，1999）。较高的联合中心位置和较低的结构势差，提升收购方企业整合过程中对资源的控制能力。因此，收购方企业后续整合阶段中，对创新网络中的知识感知能力提升。创新网络位置嵌入的同配性重构，削弱了收购方企业因来源国劣势而引发的组织合法性（程聪等，2017）对整合过程的限制，促进收购方提升后续整合阶段的整合能力，促进收购方提升整合程度实现基于位置嵌入重构的技术创新增进。通过协同演化系统中，对网络位置同配性以及跨期整合程度之间的共演，提升跨期整合程度提升与创新网络同配性之间的耦合协调度，促进后续整合阶段中动态提升海外并购整合策略基于创新网络位置嵌入同配性重构对创新表现的传导。

基于上述分析，本书提供研究假设5：

研究假设5

H5：技术获取型海外并购中，并购双方资源相似性越低、互补性越高，收购方企业跨期整合程度提升与创新网络位置嵌入的同配性重构之间形成协同演化关系，促进并购后收购方企业技术创新。

图 6-1 提供海外并购整合与创新网络位置嵌入同配性重构的协同演化理论机制图。实线代表初始整合对创新网络影响，以及创新网络对后续整合影响；虚线代表后续整合对创新网络影响。

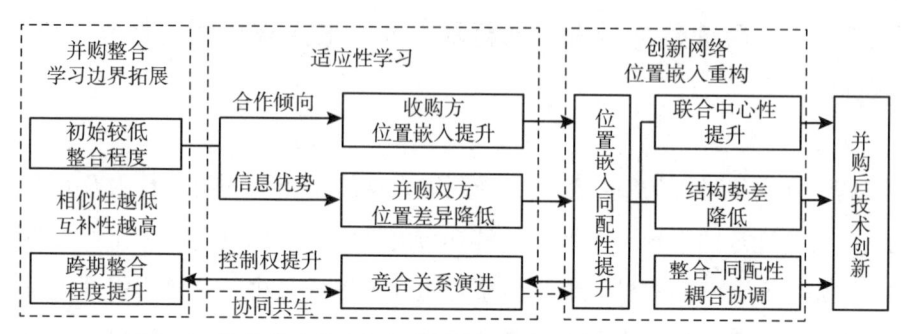

图 6-1　海外并购整合与创新网络位置嵌入重构的协同演化机制

6.2　海外并购整合与创新网络位置嵌入重构的耦合协调分析

6.2.1　耦合协调模型构建

海外并购整合与全局创新网络重构的协同演化中，收购方企业整合行为与全局创新网络结构重构形成两个相互影响的系统，两个系统之间的耦合作用和协调程度，将影响系统临界区域的结构趋势。收购方企业拓展学习边界，基于对并购双方在创新位置的信息识别，对竞合关系下创新网络连接上的信息流入进行适应性学习，形成海外并购整合动态策略与创新网络位置嵌入演进之间的惯例。整合动态决策与创新网络位置演化形成协同演化系统的两个状态变量，两个变量之间的耦合协调关系，将影响协同演化系统的自组织路径。鉴于此，需要选择能够刻画系统间耦合协调关系的建模方法刻画海外并购整合程度演进与创新网络位置嵌入之间的自组织演化路径。本章引入耦合协调模型,系统间的耦合系数来源于物理学领域,耦合协调度可以实现两个或以上经济系统之间的交互作用进行定量评价,"耦合协调"的分析方法在评价不同系统间的动态协调发展程度中得到广泛使用(唐晓华等,2018;丛晓男,2019)。

考虑某起海外并购案在整体海外并购整合的创新网络重构中所扮演的角色,需要综合考察统计时段中多个企业主体之间可能的间接连接和互动。因此,本书进一步构建全局层面的创新网络,将上述自我网络层面节点、连接沿年份加总。

全局创新网络中的节点,为106宗中国技术获取型海外并购样本下,统计时段内所有自我网络的节点企业集合。在Gephi 0.9.2网络统计软件中,加入网络连接的存续年份变量,按全局创新网络的一般设定,采用5年时间窗口,对每条专利合作、施引信息,形成网络连接与年份相关的纵向数据。

本节构造海外并购整合系统与全局创新网络系统之间的动态演化的耦合协调测度模型。协同演化系统的时间跨度为2001~2016年,演化时段t=1,2,…,16。海外并购整合与创新网络重构的协同演化过程中,海外并购整合程度(指标下标为in)系统演化第t年的发展水平如公式(6-1)所示:

$$u_{in}^t = (\dot{u}_{in}^t - m_{in}^t)/(M_{in}^t - m_{in}^t) \qquad (6-1)$$

其中,$\dot{u}_{in}^t$为系统演化开始第t年当年的海外并购整合程度,M_{in}^t和m_{in}^t分别t年中海外并购整合程度的最大值和最小值。u_{in}^t为协同演化时段中标准化的海外并购整合程度。

同理,对于全局创新网络重构(指标下标G),第t年发展水平的标准化如式(6-2)所示:

$$u_G^t = (\dot{u}_G^t - m_G^t)/(M_G^t - m_G^t) \qquad (6-2)$$

借鉴唐晓华等(2018)对系统发展存量、增量指标的设定,分别计算协同演化过程中,标准化海外并购整合程度的存量与增量,在第t年的存量和增量(t>1)如式(6-3)所示:

$$\Delta u_{in}^t = \sum_{t=1}^{t} u_{in}^t, \quad \nabla u_{in}^t = u_{in}^t - u_{in}^{t-1} \qquad (6-3)$$

同理，标准化的全局创新网络重构水平，第 t 年的存量和增量特征（t＞1）如下：

$$\Delta u_G^t = \sum_{t=1}^{t} \dot{u}_G^t, \quad \nabla \dot{u}_G^t = \dot{u}_G^t - \dot{u}_G^{t-1} \qquad (6-4)$$

对上述存量和增量数据进行标准化，详见式（6-5）~式（6-8），其中 ΔM_{in}^t、∇M_{in}^t 为海外并购整合程度存量、增量序列的最大值，Δm_{in}^t、∇m_{in}^t 为海外并购整合程度存量、增量序列的最小值。

$$\Delta u_{in}^t = (\Delta \dot{u}_{in}^t - \Delta m_{in}^t)/(\Delta M_{in}^t - \Delta m_{in}^t) \qquad (6-5)$$

$$\nabla u_{in}^t = (\nabla \dot{u}_{in}^t - \nabla m_{in}^t)/(\nabla M_{in}^t - \nabla m_{in}^t) \qquad (6-6)$$

$$\Delta u_G^t = (\Delta \dot{u}_G^t - \Delta m_G^t)/(\Delta M_G^t - \Delta m_G^t) \qquad (6-7)$$

$$\nabla u_G^t = (\nabla \dot{u}_G^t - \nabla m_G^t)/(\nabla M_G^t - \nabla m_G^t) \qquad (6-8)$$

对存量、增量赋予均等权重，两系统发展水平评价指标 U_{in}^t、U_G^t 如式（6-9）、式（6-10）所示：

$$U_{in}^t = 0.5 \nabla u_{in}^t + 0.5 \Delta u_{in}^t \qquad (6-9)$$

$$U_G^t = 0.5 \nabla u_G^t + 0.5 \Delta u_G^t \qquad (6-10)$$

根据耦合协调度模型的一般设定，多系统间耦合协调模型如式（6-11）所示：

$$C(U1, U2, \cdots, Un) = 2 \times \left[\frac{U1 U2 \cdots Un}{\sum_{i<j} \prod (Ui + Uj)^{\frac{2}{n-1}}} \right]^{\frac{1}{n}} \qquad (6-11)$$

本节两系统协同演化的耦合协调度如式（6-12）所示：

$$C(U_{in}^t, U_G^t) = 2 \sqrt{U_{in}^t U_G^t}/(U_{in}^t + U_G^t) \qquad (6-12)$$

6.2.2 网络位置嵌入中心性

针对整体创新网络的分析层次，网络的度分布特征是刻画全局网络的重要维度（Ahuja et al.，2012）。对于节点在多大程度上能够联通网络各个节点，取决于节点的网络中心性，本节选择中介中心性、紧密中心性刻画节点网络连接性质的中心性差异。

中介中心性。描述一个节点所处路径上的位置有多好，通过节点在网络上任意其他两点最短路径上的概率刻画（Freeman，1977）。计算公式（Jackson，2010）如下：$Ce_i^{Between}(g) = \sum_{k \neq j: i \notin \{k,j\}} \frac{P_i(kj)P(kj)}{(n-1)(n-2)/2}$，$P_i(kj)$ 代表节点 i 位于节点 k 和 j 上最短路径的个数，$P(kj)$ 代表 k 和 j 之间的最短路径总数。Gephi 软件计算中采取 0~1 区间标准化。指标由 Gephi 软件网络直径设置计算。

紧密中心性。描述一个节点与任一其他节点的接近程度。计算公式（Jackson，2010）如下：$Ce_i^{Close}(g) = \frac{n-1}{\sum_{j \neq i} K(i,j)}$，$K(i,j)$ 是 i 和 j 之间最短路径的连接个数。$Ce_i^C(g)$ 是节点 i 与其他任一节点 j 之间平均距离的倒数。Gephi 软件计算中采取 0~1 区间标准化。指标由 Gephi 软件网络直径设置计算。

6.2.3 耦合协调度结果分析

图 6-2 展示海外并购整合与全局创新网络中心性重构的耦合协调度演化。图的纵轴为对应网络指标与海外并购整合程度的耦合协调度，横轴为时间。

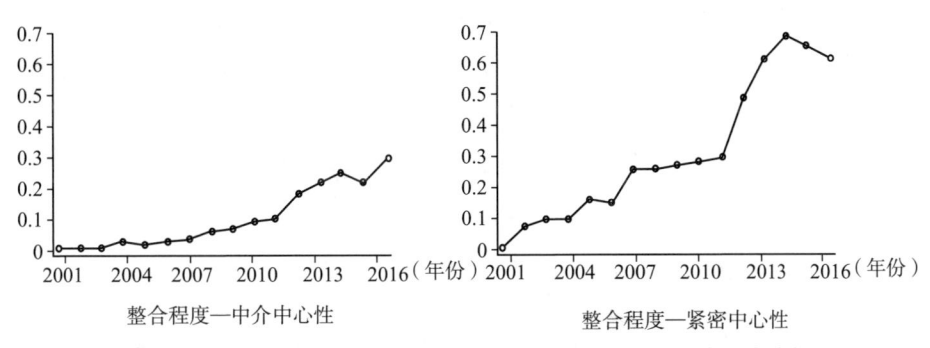

图 6-2 海外并购整合程度与全局创新网络重构的耦合协调度演化

上图说明全样本层面，海外并购整合程度与紧密中心性、中介中心性指标显示出耦合协调趋势。网络紧密中心性描述了节点到达网络所有节点的路径长短，节点的网络紧密中心性越高，表明节点连接网络中任意位置节点的联通性更强；逐渐增高的耦合协调趋势表明，伴随海外并购整合与创新网络重构的协同演化过程，收购方的海外并购整合程度与其创新网络的路径可达性具有耦合协调效果，尤其在2010年之后，中国企业海外并购整合与全局创新网络重构的耦合协调度伴随海外并购进程的推进呈现上升趋势。

图6-3进一步考察不同资源相似性、互补性组合下的分样本耦合协调特征。

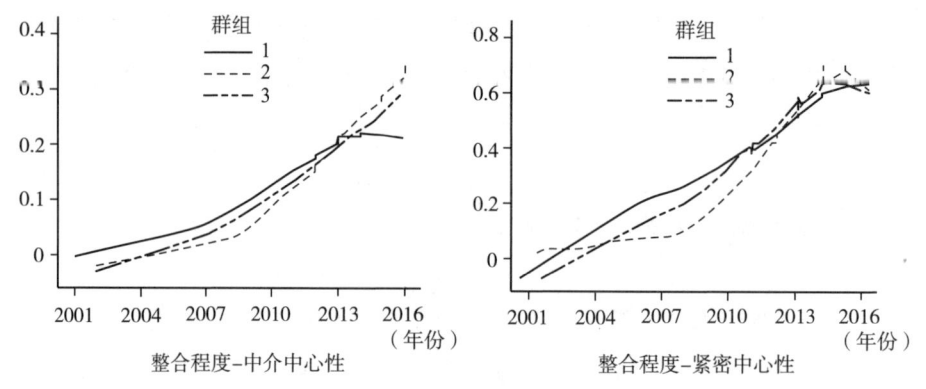

图6-3 资源聚类后分样本耦合协调度

图中曲线为耦合协调度对时间的局部加权回归的拟合散点图。利用K-mean聚类，组别1为相似性较高、互补性较低群组；组别2为相似性较低、互补性较高群组，组别3为相似性较高、互补性较高群组。

对于整合—中介中心性和整合—紧密中心性的耦合协调度演化趋势，组2（资源相似性低、资源互补性高）在演化初始阶段的表现低于其他两类资源群组，而在协同演化后期（如2013年后），超越了其他两类群组。由于中介中心性描述了节点占据网络最短路径的程度、紧密中心性描述节点与网络内其他所有节点连接路径的紧密程度。对于中国技术驱动的跨国并购，并购双方资源相似性低、互补性高时，在协同演化初期，互补性资源整合的摩擦效应，导致整合程度的提升尚无法与收购方企业自身网络位置的重要性形成耦合协调性，但是伴随中国海外并购整合活动的开展，在协同演化的中后期（如2013年以后），资源相似性低、互补性高组合中，互补性资源整合中对创新网络中非冗余知识的需要，进一步推动海外并购整合实现创新网络自身位置中心性重构之间的耦合协调演化。

综上所述，不同的资源相似性、资源互补性组合，形成差异性的海外并购整合与全局创新网络重构的协同演化趋势。特别的，对于相似性较低，互补性较高的组合，海外并购整合过程对实现创新网络中心位势重构的耦合协调效应增进最为明显。收购方创新网络重构的推进，更多集中于其自身网络位置中心性的提升，在协同演化中后期，海外并购整合与创新网络中心性的协同演化，提升了收购方企业在创新网络中的可达性和临近性，缩短收购方企业与创新网络内其他企业的路径长度。而相似性高、互补性低组合，耦合协调效应增进效果最低。因此，并购双方的资源互补性，是形成动态整合提升与网络位势重构有效耦合协调的资源前提。

本章耦合协调模型首次完成动态时间下，海外并购整合程度与创新网络结构重构的动态耦合分析，拓展现有耦合协调分析方法的应用领域。通过耦合协调度的测度分析，为探究海外并购整合与创新网络位置嵌入指标动态交互的系统性分析提供了方法论上的尝试。

6.3 协同演化机制检验：COX 比例风险模型的生存分析

考虑海外并购策略与创新网络同配性特征之间的交互影响，收购方企业在协同演化过程中对自身整合策略与节点创新网络同配性之间的反应策略进行学习和适应，本节利用生存分析（survival analysis），对整合程度调整的整合策略演进以及全局创新网络的度同配性特征的演进过程进行生存分析，并基于生存分析构建 COX 比例风险模型检验二者演进的协同演化特征。

6.3.1 创新网络正同配性生存分析

生存分析是关注事件在什么时间发生的相关技术,尽管所说的事件有好事,有坏事,但是按照习惯将事件称之为"失败"(failure),失败发生以前的时间就是"生存时间"(Hamilton,2012)。本节考虑海外并购整合策略演进和全局创新网络的度同配性特征演进的特征。本小节分别开展上述过程的生存分析。生存分析中的变量选择如下:

1. 因变量:网络正同配性

首先,构建全局网络正同配性的事件。通过计算收购方企业、目标方企业之间节点度的差异及其伴随时间的演化特征,将节点度差异性的降低作为正同配性事件发生。正同配性的分析指标构建如下:

$$gap_{ij}(t) = d_i(t) - d_j(t) \tag{6-13}$$

$$\dot{gap}_{IJ}(t) = gap_{ij}(t) - gap_{ij}(t-1) \tag{6-14}$$

式(6-13)、式(6-14)中,$d_i(t)$ 代表全局创新网络中目标方企业节点度,以连接数量计算;$d_j(t)$ 代表全局创新网络中收购方企业的节点度。$gap_{ij}(t)$ 为 t 时刻,收购方企业与目标方企业的节点度差距。$\dot{gap}_{IJ}(t)$ 刻画了上述节点度差距随时间的演进特征。

定义事件正同配性(A_t)如下:

$$A_t = \begin{cases} 1 & \dot{gap}_{IJ}(t) < 0 \\ 0 & \dot{gap}_{IJ}(t) \geq 0 \end{cases} \tag{6-15}$$

式(6-15)表明,当节点度的差距伴随时间演进,发生缩小,则收购方企业和目标方企业之间的度差异性降低,体现出度的正同配性特征。反之,将节点度差距随时间演进增大,收购方企业与目标方呈现负的同配性特征。不同时期 t 中,At 对应为 0~1 变量,从 0 到 1 变化显示为正同配性时间在 t 时间发生。

2. 自变量

整合度波动。为刻画海外并购整合程度策略的波动,定义整合度波动如下：INTEG(t) = integ$_{ij}$(t) − integ$_{ij}$(t − 1)。其中 t 为对应年份。

网络核心。程度刻画网络内节点能够与权威节点连接的水平，在 Gephi 软件中，通过迭代法，考虑具有 t 最高连接性的连接，并确定网络中的基本节点集合（root set）；基于基本节点集合，向外拓展具有连接数量低于 d 的集合，形成子网络 G；针对子网络 G，考虑节点的核心权重 y$^{<p>}$ 刻画节点指出的连接权重，节点的权威权重 x$^{<p>}$ 刻画节点指入的连接权重；标准化 y$^{<p>}$，x$^{<p>}$ 使之满足 $\sum_G y^{<p>2} = 1, \sum_G x^{<p>2} = 1$。更新上述权重如下：$x^{<p>} \leftarrow \sum_G y^{<p>}$；$y^{<p>} \leftarrow \sum_G x^{<p>}$；探究更新过程中的不动点 y$^{<p>}$，刻画节点的核心程度。指标由 Gephi 软件点击次数设置计算。

中介中心性。描述一个节点所处路径上的位置有多好，通过节点在网络上任意其他两点最短路径上的概率刻画（Freeman，1977）。计算公式（Jackson，2010）如下：$Ce_i^{Between}(g) = \sum_{k \neq j; i \notin \{k,j\}} \frac{P_i(kj)P(kj)}{(n-1)(n-2)/2}$，$P_i(kj)$ 代表节点 i 位于节点 k 和 j 上最短路径的个数，P(kj) 代表 k 和 j 之间的最短路径总数。Gephi 软件计算中采取 0~1 区间标准化。指标由 Gephi 软件网络直径设置计算。

紧密中心性。描述一个节点与任一其他节点的接近程度，计算公式（Jackson，2010）如下：$Ce_i^{Close}(g) = \frac{n-1}{\sum_{j \neq i} K(i,j)}$，K(i, j) 是 i 和 j 之间最短路径的连接个数。$Ce_i^C(g)$ 是节点 i 与其他任一节点 j 之间平均距离的倒数。Gephi 软件计算中采取 0~1 区间标准化。指标由 Gephi 软件网络直径设置计算。

特征向量中心性采用迭代的思想，特征向量中心性（Jackson，2010）计算如下：$Ce_i^{Bonacich}(g, a, b) = (II − bg)^{−1} agII$，节点的权力声望是沿其散发的行迹的加权，其中 a 代表每条长度为 1 的行迹的价值，b 为到其他长度为 k 的行迹处的衰减。a > 0，b > 0，II 为 n×1 向量。指标由 Gephi 软件特征向量中心度设置计算。

闭合三角数。刻画网络集群的紧密性，企业的闭合三角数量 L = #{jk ∈ g | k≠j, j∈Ni(g), k∈Ni(g)}，指从某一企业出发的两条连接（即 ij 和 ik 都涉及企业 i），网络中连接 jk 也出现的数量（Wasserman & Faust, 1994）。闭合三角数由 Gephi 软件平均聚类系数设置计算。

模块化。模块化水平代表网络中社区分隔情况，网络中子群具有偏向子群内部合作、抑制子群间外部合作的情况，上述子群内部合作倾向引发网络的分割特征（Wasserman & Faust, 1994）。本节选择 Gephi 软件模块化指标计算。

表 6-1 汇报 Logrank 的变量结果。结合 Logrank 分析，通过逐步回归法将上述变量逐步引入 COX 比例风险模型。Logrank 结果均通过显著性检验，表明表 6-1 中选择的自变量均是影响事件发生的因素。

表 6-1　　基于整合阶段的同配性事件影响变量 Logrank 结果

变量	chi m (n)	Pr > chi m
整合度波动	chi 2 (9) = 74.98	0.0000
网络核心	chi 2 (324) = 763.64	0.0000
中介中心性	chi 2 (350) = 873.94	0.0000
接近中心性	chi 2 (484) = 987.07	0.0000
特征值中心性	chi 2 (588) = 1 063.21	0.0000
模块化	chi 2 (50) = 92.34	0.0003
闭合三角	chi 2 (22) = 83.91	0.0000

表 6-2 汇报上述逐步回归分析的结果，逐步将上述影响自变量加入 COX 比例风险实证模型中，表 6-2 的结果表明，整合度波动、创新网络核心、中介中心性、闭合三角是影响整合阶段演进中的创新网络度同配性的显著因素。

表 6-2　　基于整合阶段的 COX 逐步回归分析结果

同配性	模型1	模型2	模型3	模型4	模型5	模型6	模型7
整合提升	276.91*** (39.54)	244.26*** (39.71)	245.01*** (39.65)	245.02*** (39.65)	244.82*** (39.66)	239.82*** (39.88)	242.91*** (39.76)
核心		-4.07 (8.819)	-24.85* (13.399)	-24.93* (13.491)	-23.43 (15.117)	-26.41* (13.389)	-33.37** (14.923)
中介中心			9.798** (4.293)	9.838** (4.360)	10.507* (5.506)	10.082** (4.291)	8.903** (4.271)
接近中心				0.026 (0.496)			
特征中心					-0.448 (2.208)		
模块化						0.016 (0.010)	
闭合三角							0.032** (0.015)
样本量	530	472	472	472	472	472	472
Pseudo R^2	0.0519	0.0414	0.0460	0.0460	0.0461	0.0485	0.0496

注：***$p<0.01$，**$p<0.05$，*$p<0.1$；括号内为标准差。

结果表明，整合度波动、网络核心、中介中心性、网络闭合三角对并购双方的度同配性演化具有显著影响。其中，整合波动性对度同配性具有显著的正向影响（估计系数为 242.908，$p=0.000$），网络核心对度同配性具有显著的负向影响（估计系数为 -33.367，$p=0.025$），网络中介中心性对度同配性由显著的正向影响（估计系数 8.903，$p=0.037$）。闭合三角对度同配性具有显著正向影响（估计系数 0.032，$p=0.038$）。

进一步，考察不同资源相似性、互补性组合下，表 6-3 汇报考虑资源分组差异的 Cox 模型结果，在估计系数方向和显著性方面并没有发生改变，说明考虑资源相似性、互补性的差异，各组内部伴随阶段演化生存分析影响变量其影响方向是一致的。

表6-3　　　　　群组分层的阶段演化 COX 模型结果

阶段演化	估计系数	标准差	z	P>z	95% 置信区间	
整合度提升	241.946	32.757	7.390	0.000	177.744	306.149
核心	-33.216	11.823	-2.810	0.005	-56.389	-10.042
中介中心性	9.040	3.344	2.700	0.007	2.487	15.594
闭合三角	0.032	0.011	3.000	0.003	0.011	0.053

注：按资源组合进行分组回归，第二列为稳健标准差，Pseudo R^2 = 0.0615；Wald chi2 (4) = 77.61。

图 6-4 展示了不同资源相似性、互补性组合下，初始阶段匹配恰当整合阶段演进的度同配性 Kaplan-Meier 生存函数示意图。图中生存函数的曲线表示，对应整合后第 n 年后依旧未发生正同配性的概率。构建初始整合中恰当匹配资源相似性、互补性的企业集合，针对恰当初始整合程度的企业，再次进行不同资源组合的生存函数的差异性；对恰当匹配初始整合的 Logrank 生存函数同等性检验结果为 chi2(2) = 19.83，p > chi2 = 0.000，不同组合恰当匹配初始整合的样本而言，其整合过程中对应的创新网络同配性存在差异。

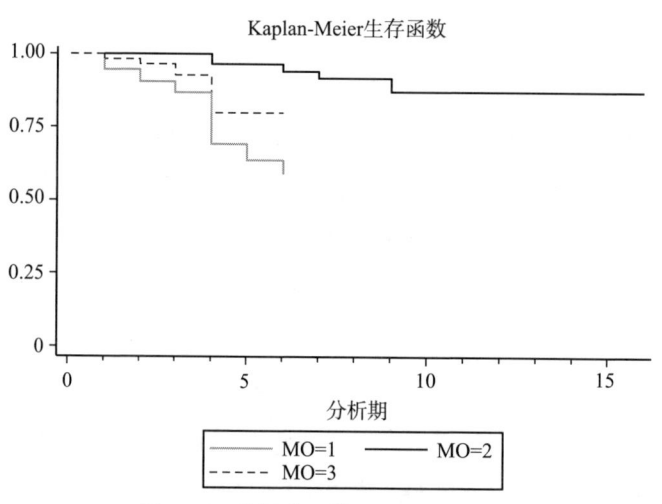

图 6-4　资源分组的同配性生存函数

对于相似性高、互补性组合高的组1，海外并购过程中，整合过程引发更快的同配性演化，对于相似性高、互补性低组合2，整合过程引发更慢的同配性演化；相似性低互补性高组合，上述过程引发的同配性演化介于两类组合之间。

6.3.2 跨期整合程度提升生存分析

构建事件海外并购整合度波动增长超过均值作为整合策略提升事件。表6-4汇报了全样本下，海外并购整合度波动增长与度同配性之间的COX模型结果。结果表明，收购方企业节点度与目标方企业节点度之间的差距，负向影响整合度增进策略的发生（估计系数为 -0.023；$p=0.000$）。特别的，收购方企业全局创新网络中的核心位置，对后续整合的度提升具有显著负向影响（估计系数为 -39.11；$p=0.003$），收购方企业全局创新网络的接近中心性对整合的度提升具有显著正向影响（估计系数为 0.590；$p=0.031$）。

表6-4 全样本并购整合度波动与度同配性的COX模型结果

年份演化	估计系数	标准差	z	P>z	95%置信区间	
度差异	-0.023***	0.006	-3.840	0.000	-0.035	-0.011
核心	-39.144***	13.192	-2.970	0.003	-65.000	-13.289
接近中心性	0.590**	0.274	2.160	0.031	0.054	1.127

注：*** $p<0.01$，** $p<0.05$，* $p<0.1$；N=529；Pseudo $R^2=0.0122$。

图6-5汇报了海外并购整合度提升策略的Kaplan-Meier生存函数图像。考虑初始匹配恰当整合策略样本的情况，对于相似性高、互补性低组合，其整合提升策略的发生，明显快于其于两类的组合，组间差异显著（chi2（2）=142.69；pr>chi2=0.000）。

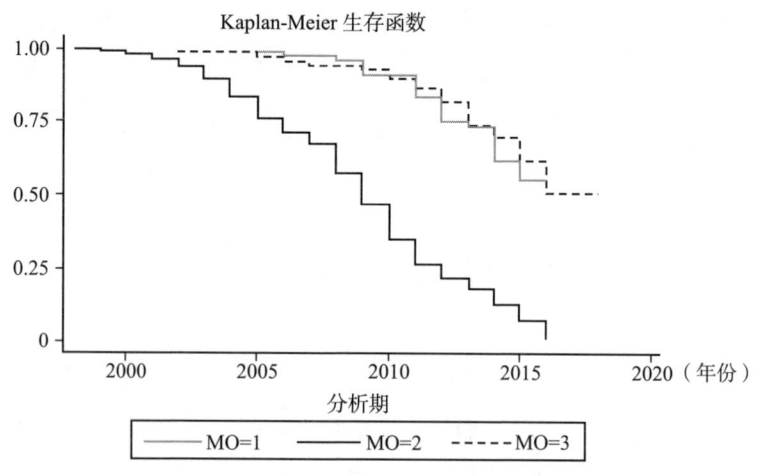

图 6-5　恰当匹配初始整合的整合度提升生存函数

6.3.3　跨期整合程度提升—正同配性协同演化的生存分析

考虑海外并购整合程度策略与全局创新网络度的同配性策略的相互影响，考虑二者同时发生事件（整合提升—同配性提升）的 Kaplan-Meier 生存函数，图 6-6 汇报了海外并购整合程度提升与同配性协同演化的生存函数，考虑提升整合程度促进正同配性事件的发生时间，伴随整合过程的推进，资源

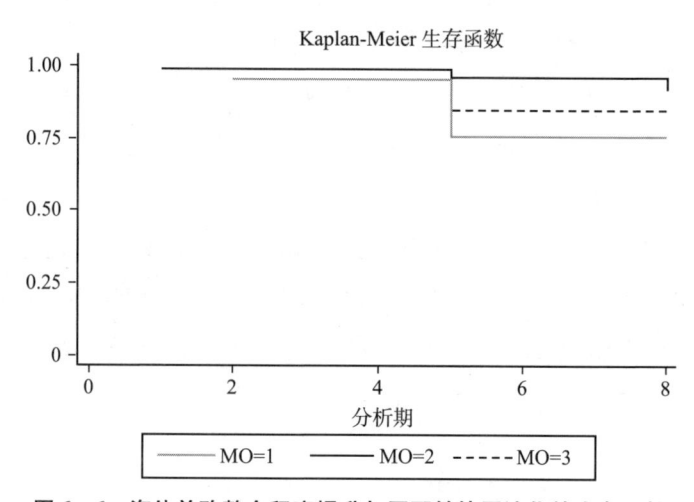

图 6-6　海外并购整合程度提升与同配性协同演化的生存函数

相似性高、互补性低组合（MO=2），海外并购整合提升与度同配性同时发生的现象的概率最低，相似性高、互补性高组合（MO=1），海外并购整合提升与度同配性同时发生的现象发生的概率最高，资源相似性低、互补性高组合（MO=3），二者协同演化发生的概率介于其他两类资源组合之间。组间差异的检验 chi2（2）=6.85，pr>chi2=0.032，组间差异是显著的。

通过上述生存分析，本节得到海外并购整合策略与创新网络正同配性协同演化的以下结果：对于海外并购整合程度跨期提升与创新网络正同配性之间的协同演化特征，在海外并购整合后5年左右，二者协同的现象出现的概率发生明显的上升；海外并购整合与创新网络正同配性特征的协同关系，在相似性高、互补性高组合最为明显，相似性高、互补性低组合发生更少的协同关系，相似性低、互补性高组合介于二者之间。因此，并购双方具有一定的资源互补性水平，是实现整合程度跨期提升与创新网络正同配性协同演化必要条件。

6.4 协同演化的创新效果检验：负二项回归

6.4.1 负二项回归计量模型设定

本节考虑协同演化关系是否实现并购整合基于创新网络位置嵌入重构对收购方创新表现的增进。以专利数量所体现的创新表现数据具有非负特征，为大于等于0的整数。负二项回归可以良好解决数据过度离散（over-dispersion）的问题。模型设定如下：

$$E(\text{Patent}_{it} \mid X_{it}) = \exp(\beta_1 + \beta_2 \text{integ}_{it} + \beta_3 \text{Joint}_{it} + \beta_4 \text{Eq}_{it} + \beta_5 \text{integ}_{it} \\ \times \text{Joint}_{it} + \beta_6 \text{integ}_{it} \times \text{Eq}_{it} + \beta_i \text{Controls}_{it} + \sigma \epsilon_i) \quad (6-16)$$

式（6-16）中 $\sigma\epsilon_i$ 为随机误差项，σ 代表过度离散效应，$\exp(\epsilon_i)$ 服从 gamma 分布。因变量为创新表现。自变量分别为海外并购整合程度、联合中心性、结构等价性；为探究二者协同效应对创新的影响，引入整合程度与联合中心性交互项、整合程度与结构等价性的交互项，控制变量为研发强度、研发人员比例、并购经验、资源相似性、资源互补性、文化距离、所在产业。

6.4.2 变量设定与测度

1. 因变量

创新表现。本节选择专利数量作为衡量收购方整合过程中收购方创新表现的指标（Griliches，1990）。现有研究采用专利数量是衡量企业创新表现的指标（沈国兵和袁征宇，2020），结合本节采用的负二项回归方法，以专利数量的计数变量是合理的。为考察不同整合时段内对应的创新表现的改变，对每组并购案例，均分别统计初始整合阶段（海外并购发生后1~3年）中收购方企业作为专利权人所申请的专利数量，以及后续整合阶段（海外并购发生后4~6年）中收购方企业作为专利权人所申请的专利数量。数据来源为德温特创新数据库（Derwent innovation index）。

2. 核心解释变量

整合程度。借鉴库波尔和里姆（2007），采用虚拟变量刻画整合程度。若目标方企业被纳入收购方企业运营的一部分，则整合程度为1；否则为0。数据来源为并购公报、企业年报以及新闻数据（如Lexis Nexis新闻数据库）。依次统计初始整合阶段（海外并购发生后1~3年），后续整合阶段（并购发生后4~6年）的资料，得到对应整合阶段的整合程度。

联合中心性。借鉴古拉提和加尔吉洛（1999）采用联合中心性，利用并购双方企业的特征向量中心性的几何平均刻画。采用迭代的思想，特征向量中心性（Jackson，2010）计算如下：$Ce_i^{Bonacich}(g, a, b) = (\mathrm{II} - bg)^{-1} ag\mathrm{II}$，节点的权力声望是沿其散发的行迹的加权，其中a代表每条长度为1的行迹的价值，b为到其他长度为k的行迹处的衰减。$a > 0$，$b > 0$，II为$n \times 1$向量。数据来源德温特专利数据库和Gephi网络分析软件。分别统计初始整合阶段（海外并购发生后1~3年）及后续整合阶段（海外并购发生后4~6年）中联合中心性水平。

结构等价性。并购双方网络结构差异越大，越不利于收购方企业对目标方企业资源的控制和逆向转移,影响并购后技术创新。本书借鉴阿胡加等(2009)非对称性设定,采用并购双方网络中心性的比值(收购方中心性比目标方中心性),刻画并购双方企业的网络势差。数据来源德温特专利数据库和 Gephi 网络分析软件。分别统计初始整合阶段(海外并购发生后 1~3 年)及后续整合阶段(海外并购发生后 4~6 年)中的结构等价性。

3. 控制变量

研发投入强度。收购方企业的研发投入影响并购后企业技术创新表现。企业研发投入有助于企业开展新技术、新项目的研究与开发。现存理论表明研发投入与企业创新存在正向的相关关系(Cohen & Levinthal, 1990; Stokey, 1995)。本书采用并购前收购方企业研发投入占营业收入的百分比刻画企业研发强度。数据来源为国泰安 CSMAR 数据库和企业年报资料。

研发人员占比。企业内部研发人员比重代表了企业内部研发人力资本相对于总人力资本分布的重要性(Ahuja & Katila, 2001)。研发人员占比越高,代表企业越重视研究开发工作。研发人员占比为收购方企业内部研发人员占企业总员工数量,数据来源为国泰安 CSMAR 数据库和企业年报。

并购经验。过往海外并购的经历,为收购方企业积累整合经验及问题解决能力,有助于推进后续技术获取型海外并购整合过程的创新转化(Bauer & Matzler, 2014)。本书采用 0~1 二值变量刻画并购经验,针对一宗海外并购案例,如果并购发生前,收购方企业已具有过往海外并购经验,则海外并购经验设定为 1,否则设定为 0。数据来源,基于 BvD_Zephyr 全球并购交易分析库整理。

资源相似性。参照王和扎加克(2007),按企业北美产业分类系统代码(NAICS)定义并购双方相似性。若两企业主 NAICS 码,前四位相同记相似性为 1;仅前三位相同,记为 0.75;仅前两位相同,记为 0.5;仅首位相同,记为 0.25;若所有位均不相同,记为 0。数据来源于 BvD_Zephyr 数据库。

资源互补性。借鉴王和扎加克(2007)测量方法,若一对 NAICS 码 i 和 j 同时出现在多个企业 NAICS 码中,则 i 和 j 具有较高互补性。首先,选择多于一个 NAICS 码的并购双方企业及其 NAICS 码;其次,不计算任何 NAICS 与其自身的互补性。NAICS 代码 i 和 j 互补性如下:$Com_{ij} = (J_{ij} - \mu_{ij})/$

$\sqrt{\mu_{ij} \times (1 - N_i/K) \times (K/(K-1)) \times (1 - N_j/K)}$。其中，$J_{ij}$ = 两个 NAICS 代码出现在同一个企业的次数；$\mu_{ij} = (N_i \times N_j)/K$，$N_i$ = NAICS 代码 i 出现在多少个企业中；N_j = NAICS 代码 j 出现在多少个企业中；K = 企业总数。本书 106 组样本中，K = 212，剔除单一存在 NAICS 码后 NAICS 码类别共 184 类。对上述数值进行 0~1 标准化。数据来源于 BvD_Zephyr 数据库。

文化距离。技术获取型跨国并购整合对收购方企业创新表现的作用，受到并购双方国别文化距离差异的影响（Ahuja & Katila, 2001）。基于霍夫斯特德（1980）六维度跨国文化差异（权力距离、个体主义或集体主义、男性化或女性化、不确定性规避、长期趋向或短期趋向、放纵或约束），构建综合的跨国文化距离指标。基于寇伽特和辛格（1988）文化距离由以下形式构建：

$$\text{Culture Distance} = \sum_{i=1}^{n} \frac{\{(I_{ij} - I_i)^2 / V_i\}}{n}$$

。考虑 106 宗并购案例所涉及的并购双方所在国别。I_{ij} 是目标方所在国家 j 在第 i 个文化维度的 Hofstede 评分，文化维度 n = 6。I_i 是收购方企业中国在第 i 个文化维度的 Hofstede 评分。V_i 是所有国别的 Hofstede 评分在第 i 个文化维度中的方差。数据来源 Hofstede 个人网站。

产业效应。产业类型、产业集中度等产业效应对产业内企业创新产生影响。并购方所在产业的差异，对企业技术创新表现产生影响。本书实证研究中控制所在产业的产业效应。

6.4.3 变量描述性统计与相关系数矩阵

表 6 - 5 汇报变量的描述性统计。表 6 - 6 汇报变量相关系数矩阵。

表 6 - 5　　　　　　　　　变量描述性统计

变量	观测值	均值	标准差	最小值	最大值
创新表现	318	99.022	432.391	0.000	5 432
联合中心性	318	0.444	0.315	0.000	1.000

续表

变量	观测值	均值	标准差	最小值	最大值
结构等价性	318	0.133	0.097	0.000	0.577
整合程度	212	0.585	0.494	0.000	1.000
研发强度	318	5.779	10.882	0.703	107.00
研发人员比例	318	17.596	16.508	1.070	79.520
并购经验	318	0.245	0.431	0.000	1.000
资源相似性	318	0.606	0.381	0.000	1.000
资源互补性	318	5.674	1.607	0.000	10.074
所在产业	318	4.255	1.921	1.000	8.000
文化距离	318	3.965	1.245	1.573	5.887

6.4.4 负二项回归实证结果分析

表6-7汇报了海外并购整合与创新网络位置嵌入重构的协同演化创新效果检验结果。表6-7结果显示，在整个协同演化全时段中，整合与联合中心性交互项正向显著影响创新表现（估计系数为4.118，$p<0.01$），表明并购双方企业的联合中心性与整合程度之间存在正向交互作用，促进并购后技术创新；整合与结构等价性交互项显著正向影响创新表现（估计系数为18.769；$p<0.05$），表明收购方企业相对于目标方企业的网络位势差越小，越有利于通过海外并购整合实现并购后技术创新。海外并购整合与创新网络位置嵌入重构的协同演化正向作用于并购后收购方创新表现，并且在网络位置嵌入重构的过程中，整合过程不仅与二者联合中心性具有正向交互作用，还与二者结构势差的缩小具有正向交互作用。特别的，关注后续整合阶段中，整合与结构等价性交互项显著正向影响创新表现（估计系数为29.270；$p<0.05$），高于协同演化全阶段的水平（估计系数为18.769；$p<0.05$），表明伴随整合过程的推进，海外并购整合与网络结构等价性之间的协同演化对后续阶段创新表现的作用更为明显。

表6-6 变量相关系数矩阵

变量	1	2	3	4	5	6	7	8	9	10
1. 创新表现	1									
2. 联合中心性	0.12**	1								
3. 结构等价性	0.01	0.63***	1							
4. 整合程度	-0.12*	-0.03	0.03	1						
5. 研发强度	-0.01	-0.01	-0.02	-0.07	1					
6. 研发人员比例	0.06	0.04	0.04	-0.12*	0.16***	1				
7. 并购经验	0.12**	0.07	-0.05	-0.05	-0.078	-0.06	1			
8. 资源相似性	0.09	0.002	-0.09*	0.002	0.007	-0.12**	-0.03	1		
9. 资源互补性	-0.07	0.01	0.02	0.11	-0.004	0.07	0.01	-0.22***	1	
10. 所在产业	0.10*	-0.04	-0.06	-0.08	-0.011	-0.012	0.06	0.024	0.13**	1
11. 文化距离	0.002	0.07	0.04	-0.01	-0.091	0.017	0.10*	-0.15***	0.09	0.08

注：*** p<0.01，** p<0.05，* p<0.1。

表 6-7　　　　　　　　　协同演化的创新效果负二项回归

因变量 创新表现	后续整合阶段			全时段		
	估计系数	标准差	z 值	估计系数	标准差	z 值
联合中心性	3.470*	1.829	1.90	2.177*	1.163	1.87
结构等价性	-34.458***	9.967	-3.46	-24.629***	5.838	-4.22
整合程度	-1.644	1.815	-0.91	-0.875	1.302	-0.67
整合×联合中心性	6.175***	2.286	-2.70	4.118***	1.568	2.63
整合×结构等价性	29.270**	11.968	2.45	18.769**	7.754	2.42
研发强度	-0.024	0.016	-1.56	-0.028**	0.014	-2.04
研发人员比例	0.009	0.010	0.87	0.012	0.010	1.17
并购经验	-0.464	0.442	-1.05	0.145	0.367	0.40
资源相似性	-0.129	0.551	-0.23	0.198	0.439	0.45
资源互补性	0.051	0.118	0.43	0.055	0.102	0.54
所在产业	0.061	0.120	0.51	0.096	0.092	1.05
文化距离	-0.001	0.155	-0.01	-0.108	0.121	-0.89
常数项	8.144***	1.770	4.60	6.862***	1.224	5.61
/lnalpha	1.109***	0.127		1.333***	0.091	
N	212			212		

注：*** $p<0.01$，** $p<0.05$，* $p<0.1$。

上述 6.4 节、6.5 节的实证结果支持研究假设 5，收购方企业跨期整合程度提升与创新网络位置嵌入的同配性重构之间形成协同演化关系，促进并购后收购方企业技术创新。

6.5　本章小结

本章分析海外并购整合与创新网络位置嵌入重构的协同演化。拓展并购整合的学习边界，从收购方企业适应性学习出发，基于全局网络层面中企业行为和网络结构互动的学习适应演进，分析收购方海外并购整合过程中，跨期整合程度提升与创新网络度位置嵌入同配性重构的协同演化及其对创新表现的影响。

本章6.1节开展海外并购整合与创新网络位置嵌入重构的协同演化理论机制分析。并购方企业、目标方企业，其自身在全局创新网络中的重要性与否，受制于全局创新网络的整个演化历史，收购方企业考虑全局创新网络重构过程中，如何选择有效的动态整合策略实现其与创新网络位置嵌入重构的协同演化，需要基于全局创新网络层面分析企业在网络环境中的学习、适应及演化。收购方海外并购整合影响并购双方的合作倾向，并进一步影响收购方网络嵌入中的信息优势，基于资源基础实施恰当的初始整合行为有助于提升收购方企业位置嵌入，并降低并购双方位置差异，引发创新网络位置同配性的提升；而位置嵌入同配性重构提升收购方企业参与国际竞合关系的控制权，促进收购方跨期提升整合程度。二者的协同演化通过提升联合中心性、降低结构势差，提升整合—网络同配性的耦合协调促进并购后技术创新。

6.2节通过构建海外并购整合与创新网络位置嵌入重构的耦合协调度模型，测度中国技术获取型海外并购活动，呈现出的整合程度动态与网络中心性动态之间的耦合协调度。6.3节采用COX比例风险模型以及生存分析法，首先基于并购双方企业节点度差距，定义创新网络的正同配性。其次针对K-mean聚类得到的三类资源相似性、互补性高低组合，分别分析创新网络正同配性事件以及整合程度跨期提升事件的生存概率。通过网络正同配性的Kaplan-Meier生存曲线分析，本章发现高相似、低互补组合，创新网络形成正同配性的概率低于其他两组，并且网络演化过程中产生正同配性的速度也更慢，表明并购双方资源相似性越低、互补性越高，跨期提升整合程度能够实现与创新网络位置嵌入的正同配性重构。6.4节利用负二项回归，检验协同演化系统的创新效应，通过对协同演化全时段、协同演化后续整合阶段中，海外并购整合程度基于创新网络联合中心性、网络结构等价性对技术创新的影响分析，进一步揭示跨期提升整合通过提升网络同配性对创新表现的重要性。实证研究结果支持研究假设5，本章得到以下研究结论：

研究结论 5

技术获取型海外并购中，并购双方资源相似性越低、互补性越高，收购方企业跨期整合程度提升与创新网络位置嵌入的同配性重构之间形成协同演化关系，促进并购后收购方企业技术创新。

本章分析结果表明，收购方企业利用海外并购整合实现海外创新网络重构过程中，如何合理的评价目标方企业、收购方企业自身的网络连接，是影响后续整合过程和创新表现的关键因素。在创新网络位置嵌入过程中，不仅需要关注收购方企业网络位置的增进，还需要关注通过提升并购双方网络位置等价性，提升中国企业创新网络与目标方企业创新网络之间的共演能力，以便更好地克服海外并购中的来源国劣势。本章从适应性学习的角度，对收购方企业海外并购整合行为与全局创新网络的同配性重构协同演化加以研究，创新网络中收购方企业在整合策略、参与全球创新网络合作的互动过程中，逐渐学习何种整合程度、何时投入整合努力能够更好地促进并购后企业更为有效的创新合作。本章的分析，为动态考虑全球—地方竞争不确定环境下，收购方如何内生性的调整并购整合策略以实现创新网络位置嵌入重构提供有益理论分析。

第 7 章

结论与展望

本章总结全书海外并购整合与创新网络重构协同演化的研究结论并提供未来研究展望。本书构造了一个海外并购整合与创新网络嵌入重构的协同演化分析框架。基于网络嵌入观,将收购方的海外整合动态行为嵌入于全球创新网络的演化过程,采用分阶段、渐进式的动态视角,开展技术获取型海外并购的动态整合模式研究。承接网络嵌入理论的划分,在分析中将关系嵌入重构、结构嵌入重构和位置嵌入重构纳入分析机理,分别对应于创新网络主体的直接连接、间接连接和网络位置重构,形成对利用海外并购整合参与全球创新网络治理层次的深化,为分析开放式创新模式下,海外并购整合与创新网络重构的协同演化,促进收购方企业自主创新能力提供理论框架。

本章行文安排如下:7.1 节提供海外并购整合与创新网络重构的协同演化结论。7.2 为研究启示与对策建议,提供企业、产业、政府层面的对策建议。7.3 节论述本书对现有研究的推进,介绍研究局限并提供未来研究展望。

7.1 研究结论

7.1.1 海外并购整合与创新网络嵌入的协同演化特征分析结论

第 3 章作为全书理论分析的伊始,基于网络嵌入观理论,从关系嵌入——

结构嵌入—位置嵌入出发，分析海外并购整合与三类创新网络嵌入的协同演化机制以及协同演化的创新表现。

在海外并购整合与创新网络嵌入的协同演化理论机制研究中，通过引入初始整合阶段和后续整合阶段的时段划分，通过初始整合阶段创新网络嵌入对跨期整合动态作用，以及后续整合阶段跨期整合重构对后续阶段创新网络嵌入重构的影响实现协同演化理论机制的分析。

在协同演化的具体传导机制方面，本节提供三种网络嵌入的差异性传导机制：①创新网络关系嵌入通过提升双方信任促进跨期整合程度的提升；而跨期整合提升反过来引发双边惯例重构，进一步促进创新关系嵌入的演进。②创新网络结构嵌入通过声誉锁定，限制了收购方跨期提升整合程度的动机；而后续阶段维持较低整合通过声誉传递，促进了结构嵌入的演进。③创新网络位置嵌入提升通过降低组织身份劣势地位，促进跨期整合的动态提升；而后续阶段跨期整合提升形成信号优势，促进位置嵌入的增进。在理论机制分析基础上，本书采用2001~2013年中国技术获取型海外并购整合样本，基于专利合作与专利施引构建外部创新网络，开展实证研究。开展基于联立方程组计量模型的协同演化机制分析。通过引入初始整合阶段、后续整合阶段的交互作用方程，内生化初始阶段、后续整合阶段的整合程度和三种创新网络嵌入变量，采用三阶段最小二乘法（3SLS）解决协同演化系统的内生性问题，实证检验综合考虑三类不同创新网络嵌入模式下，海外并购整合与创新网络嵌入的协同演化机制。理论及实证研究得到以下研究结论：

核心结论一：（海外并购整合与三种创新网络嵌入的协同演化特征）

1a：技术获取型海外并购中，初始整合阶段，创新网络关系嵌入水平越高，收购方企业越倾向于提升跨期整合程度；后续整合阶段，提升跨期整合程度进一步促进创新网络关系嵌入。

1b：技术获取型海外并购中，初始整合阶段，创新网络结构嵌入水平越高，收购方企业越倾向于维持较低整合程度；后续整合阶段，维持较低跨期整合程度进一步促进创新网络结构嵌入。

1c：技术获取型海外并购中，初始整合阶段，创新网络位置嵌入水平越高，收购方企业越倾向于提升跨期整合程度；后续整合阶段，提升跨期整合程度进一步促进创新网络位置嵌入。

7.1.2 海外并购整合与创新网络嵌入的协同演化创新效果结论

在协同演化传导机制分析基础上，3.2节开展海外并购整合与创新网络嵌入协同演化的创新效果分析。进一步考察针对三种不同的创新网络嵌入重构，收购方初始阶段整合、后续阶段整合基于何种创新网络嵌入重构对创新表现的传导最明显。考虑协同演化所引发的信息识别、组织学习以及风险感知的时效性对创新表现的影响，本节提供不同阶段海外并购整合与三种创新网络嵌入协同演化对创新表现贡献度的差异性分析：①初始整合阶段，考虑整合过程中，关系嵌入引发的感知能力增进以及结构嵌入引发的凸显效应具有时滞性；而整合过程中，位置嵌入可以快速获得信号优势，因此初始整合阶段，收购方维持较低整合程度，基于创新网络位置嵌入重构对并购后技术创新的正向传导最为明显。②后续整合阶段，后续较高整合程度以及关系嵌入增进，引发临近性陷阱明显阻碍技术创新；而后续维持较低整合与结构嵌入增进的协同演化的声誉效应具有时滞性，适度促进技术创新；位置嵌入增进引发的信息优势逐渐降低，对后续创新具有适度抑制作用。因此，后续整合阶段，基于关系嵌入增进重构对创新表现的作用效果明显高于基于位置嵌入与基于结构嵌入的作用效果。

在理论机制分析基础上，本书采用2001~2013年中国技术获取型海外并购整合样本，开展基于中介效应的协同演化创新效果分析。采用中介效应模型，分别检验初始整合阶段，后续整合阶段中，海外并购整合在创新网络嵌入与技术创新传导中的中介作用。利用Bootstrap法得到路径系数估计，通过分析中介效应Sobel值以及中介效应占比，分析不同整合阶段中，海外并购整合通过何种收购方初始阶段整合、后续阶段整合，海外并购整合与何种创新网络嵌入的协同演化对创新表现的传导最明显。理论及实证研究得到以下核心结论：

核心结论二：（海外并购整合与三种创新网络嵌入的协同演化创新效果比较）

2a：技术获取型海外并购双方相似性越低、互补性越高时，初始整合阶段，收购方企业选择较低整合程度，主要引发创新网络位置嵌入增进，促进了初始阶段并购后技术创新。

2b：技术获取型海外并购双方相似性越低、互补性越高时，后续整合阶段，收购方企业选择较高整合程度，主要引发创新网络关系嵌入增进，抑制了后续阶段并购后技术创新。

7.1.3 海外并购整合与创新网络关系嵌入重构的协同演化结论

本书第 4 章分析海外并购整合与创新网络关系嵌入重构的协同演化。通过引入"整合程度—目标方自主性"的综合整合分析框架，从交易成本动态演进角度，探究海外并购整合中的组织边界拓展与创新网络关系嵌入重构之间的动态关系，实现目标方自主性动态收缩的整合策略与创新网络关系嵌入深度重构之间的协同演化分析。

理论机制研究中，第 4 章从初始整合阶段、后续整合阶段开展海外并购整合与创新网络关系嵌入重构的协同演化理论机制分析。鉴于技术获取型海外并购中，较高来源国劣势引发不确定性，资源相似性越低、互补性越高时，目标方人力资本专用性高，初始整合阶段收购方企业选择"较低整合程度—较高目标方自主性"可维护目标方企业研发资源，促进关系嵌入深度重构。后续整合阶段，伴随双方技术交流频次的提升，交易成本内部化的动力更强，收购方企业选择外派管理层实现跨国统一治理，降低目标方自主性水平。上述动态自主性降低与创新网络关系嵌入深度的协同演化，避免临近性陷阱、提升企业生产力、对目标方资源控制力，促进并购后技术创新。

在布斯坦因和纳兰霍（2009）的跨国企业技能流动模型的基础上，进一步引入收购方企业生产力伴随并购整合的创新网络关系嵌入的动态演进条件，构建离散时间动态模型，将海外并购目标方自主性的动态演进与创新网络关系嵌入重构纳入协同演化的分析系统。实现对不同整合阶段赋予目标方自主性的条件及其演化特征的分析。理论模型分析显示，初始整合阶段高目标方自主性、后续整合阶段低目标方自主性的动态整合行动与创新网络关系嵌入强度增进协同演化，促进收购方技术创新表现。进一步，采用倾向匹配得分—双重差分法（PSM – DID）处理内生性问题，对协同演化关系进行检验并采用负二项回归检验动态整合基于创新网络关系嵌入重构对并购后技术创新的正向传导。第4章的分析得到以下研究结论：

核心结论三：（海外并购组织边界拓展与创新网络关系嵌入深度重构的协同演化）

技术获取型海外并购整合中，并购双方资源相似性越低、互补性越高，收购方初始整合阶段"低整合程度—高目标方自主性"、后续阶段"高整合程度—低目标方自主性"的动态整合策略，将引发与创新网络关系嵌入深度增进的协同演化，促进并购后收购方企业技术创新。

7.1.4　海外并购整合与创新网络结构嵌入重构的协同演化结论

本书第5章分析海外并购整合与创新网络结构嵌入重构的协同演化。通过引入整合边界的空间拓展，从第三方监督有效性角度，探究海外并购整合中的地理边界拓展与创新网络结构嵌入桥接重构之间的协同演化关系。中国收购方企业的创新网络结构嵌入重构，不单单形成创新网络桥接的结构分离，同时也形成连接母国与目标方东道国的二元制度嵌入。从整合地理边界拓展对创新网络地理凝聚性内生影响出发，探究如何提升利用海外并购整合基于创新网络结构嵌入重构对创新表现的传导效果。

在理论机制研究中，首先，分析初始整合程度如何作用于创新网络结构嵌入重构。并购双方资源相似性越低、互补性越高，初始整合阶段匹配较低整合程度引发网络弱连接，收购方企业在网络中具有凸显效应，得以化解不同子群的冲突，提升创新网络结构嵌入重构的增进。其次，分析创新网络结构嵌入重构如何作用于后续阶段整合程度选择。考虑网络内第三方监督有效性以及创新网络地理凝聚性的内生影响，并购双方资源互补性高时，后续整合过程中，跨制度结构嵌入导致跨制度的惯例共享降低后续整合阶段的整合风险，收购方企业因而具有激励提升跨期整合程度。进一步地，通过分析并购整合行为对企业地理边界的拓展，分析整合边界沿东道国拓展如何内生作用于创新网络地理凝聚性，以实现动态并购整合基于创新网络结构嵌入重构对技术创新表现的传导。

在理论机制分析基础上，构建二阶段协调博弈数理模型，通过均衡分析、演化稳态相位图得到不同资源组合下，创新网络结构嵌入桥接重构的第三方监督有效性条件。进一步基于二阶段协调博弈，引入网络成员主体的行动，构建多主体仿真模型，将整合行为与创新网络结构嵌入重构的协同演化，从并购初始整合、后续整合的二阶段时序推广至连续动态的时间演化过程。实证检验方面，利用动态面板系统 GMM 法检验海外并购整合程度跨期提升与创新网络结构嵌入桥接重构的协同演化传导机制。并进一步利用联立方程模型，对整合地理边界内生影响创新网络地理凝聚性时，海外并购整合基于创新网络结构嵌入重构的技术创新效果加以研究。第 5 章研究得到以下核心结论：

核心结论四：（整合地理边界拓展与创新网络结构嵌入桥接重构的协同演化）

技术获取型海外并购整合中，并购双方资源相似性越低、互补性越高，收购方初始较低整合、后续较高整合的动态整合策略，可实现与创新网络结构嵌入桥接增进的协同演化；收购方强化整合地理边界沿东道国拓展、弱化整合地理边界沿母国拓展，有助于提升创新网络地理凝聚性，促进协同演化的创新效果。

7.1.5　海外并购整合与创新网络位置嵌入重构的协同演化结论

本书第 6 章分析海外并购整合与创新网络位置嵌入重构的协同演化。拓展并购整合的学习边界，从收购方企业适应性学习出发，基于全局网络层面中企业行为和网络结构互动的学习适应演进，分析收购方海外并购整合过程中，跨期整合程度提升与创新网络度位置嵌入同配性重构的协同演化及其对创新表现的影响。

在海外并购整合与创新网络位置嵌入重构的协同演化理论机制分析中，收购方企业选择有效的动态整合策略实现其与创新网络位置嵌入重构的协同演化，需要基于全局创新网络层面分析企业在网络环境中的学习、适应及演化。收购方海外并购整合影响并购双方的合作倾向，并进一步影响收购方网络嵌入中的信息优势，基于资源基础实施恰当的初始整合行为有助于提升收购方企业位置嵌入，并降低并购双方位置差异，引发创新网络位置同配性的提升；而位置嵌入同配性重构提升收购方企业参与国际竞合关系的控制权，促进收购方跨期提升整合程度。二者的协同演化通过提升联合中心性、降低结构势差，提升整合—网络同配性的耦合协调促进并购后技术创新。

通过构建海外并购整合与创新网络位置嵌入重构的耦合协调度模型，实现了测度中国技术获取型海外并购活动，呈现出的整合程度动态与网络中心性动态之间的耦合协调度的测度。实证研究中，采用 COX 比例风险模型以及生存分析法，首先基于并购双方企业节点度差距，定义创新网络的正同配性。其次针对 K–mean 聚类得到的三类资源相似性、互补性高低组合，分别分析创新网络正同配性事件以及整合程度跨期提升事件的生存概率。通过网络正同配性的 Kaplan–Meier 生存曲线分析，本章发现并购双方资源相似性越低、互补性越高，跨期提升整合程度能够实现与创新网络位置嵌入的正同配性重构。进一步利用负二项回归，检验协同演化系统的创新效应，通过对协同演化全时段、协同演化后续整合阶段中，海外并购整合程度基于创新网络联合中心性、网络结构等价性对技术创新的影响分析，进一步揭示跨期提升整合通过提升网络同配性对创新表现的重要性。第 6 章理论和实证研究得到以下研究结论：

核心结论五：（海外并购跨期整合提升与创新网络位置嵌入同配性重构的协同演化）

技术获取型海外并购中，并购双方资源相似性越低、互补性越高，收购方企业跨期整合程度提升与创新网络位置嵌入的同配性重构之间形成协同演化关系，促进并购后收购方企业技术创新。

7.2 研究启示与对策建议

7.2.1 研究启示

上述研究结论一、研究结论二综合考察三种创新网络嵌入，论证了海外并购整合与创新网络关系嵌入、结构嵌入、位置嵌入的协同演化及其对创新表现传导中的差异性作用。基于现有研究结论，针对关系嵌入、结构嵌入、位置嵌入在海外并购整合与创新网络嵌入的协同演化方面的差异性特征，本书提出当前中国技术获取型海外并购整合与创新网络嵌入的协同演化，尚存在以下三个问题：

问题一：后续整合阶段，海外并购整合与创新网络关系嵌入协同演化，未能实现创新增进。问题二：协同演化全过程中，海外并购整合与创新网络结构嵌入协同演化的创新增进效果在三种嵌入中偏弱。问题三：后续整合阶段，海外并购整合与创新网络位置嵌入协同演化未能延续初始阶段的创新增进效果。

针对以上三个现存问题，本书后续主体内容章节将分别从"整合的组织边界拓展—网络关系嵌入深度重构""整合的地理边界拓展—网络结构嵌入桥接重构""整合的学习边界拓展—网络位置嵌入同配性重构"进行深入推进。

第4章探究如何采用有效的海外并购整合组织边界拓展，基于交易成本演进的角度，实现海外并购整合与创新网络关系嵌入重构的协同演化。尽管受制于来源国劣势、初始企业技术禀赋差异的影响，初始整合阶段需要维持"较低整合程度—较高目标方自主性"以促进并购双方创新网络关系嵌入，但伴随整合过程推进，企业生产力提升以及双方交流频次的增进，均为企业拓展组织边界创造条件。通过动态调节目标方自主性，收购方企业得以实现跨期整合过程中的企业组织边界重构,实现了基于创新网络关系嵌入重构对并购后创新表现的正向促进传导。

第5章探究如何采用有效的海外并购地理边界拓展,基于第三方监督有效性角度,实现海外并购整合与创新网络结构嵌入桥接重构的协同演化。对中国企业如何自主的、能动的利用海外并购整合,参与全球创新网络的竞争合作提供有益视角。首先,在进行海外并购整合决策过程中,不仅仅需要考虑单纯双方企业之间的制度、技术禀赋差异,而需要进一步考虑全球创新网络中不同子群权力分布的变动,从全球创新网络的多元竞争—合作关系演化出发思考将创新网络结构嵌入。其次,通过沿目标方东道国边界拓展企业的地理边界,可以提升对属地制度环境的感知和理解,降低二元制度嵌入中的组织身份不对称性,通过将收购方企业融入目标方东道国创新网络,提升收购方企业创新网络的东道国地理凝聚性,有助于提升东道国海外创新网络内第三方监督有效性,降低后续整合阶段面临的整合风险和不确定性,促进海外并购后基于创新网络结构嵌入的创新合作。最后,收购方企业作为连接母国、东道国的网络中介节点,利用整合地理边界的拓展,可以增强基于创新网络结构嵌入桥接重构的创新表现传导。

第6章探究如何采用有效的海外并购整合学习边界拓展,基于适应性学习角度,实现海外并购跨期整合提升与创新网络位置嵌入同配性重构的协同演化。分析结果表明,收购方企业利用海外并购整合实现海外创新网络重构过程中,如何合理的评价目标方企业、收购方企业自身的网络连接,是影响后续整合过程和创新表现的关键因素。在创新网络位置嵌入过程中,不仅需要关注收购方企业网络位置的增进,还需要关注通过提升并购双方网络位置等价性,提升中国企业创新网络与目标方企业创新网络之间的共演能力,以便更好地克服海外并购中的来源国劣势。从适应性学习的角度,对收购方企业海外并购整合行为与全局创新网络的同配性重构协同演化加以研究,创新网络中收购方企业在整合策略、参与全球创新网络合作的互动过程中,逐渐学习何种整合程度、何时投入整合努力能够更好地促进并购后企业更为有效的创新合作。为动态考虑全球—地方竞争不确定环境下,收购方如何内生性的调整整合策略以实现创新网络位置嵌入重构提供有益理论分析。

7.2.2 对策建议

基于本书海外并购整合与创新网络嵌入重构的协同演化核心结论，本节依次从企业层面、产业层面、政府层面，提供对策建议分析。

1. 企业层面

对策一：善用"整合程度—自主性"动态整合策略，提升收购方控制权。

在完善并购前尽职调查、优化海外并购人才管理团队的基础上，合理安排动态整合策略。在初期实施轻触的业务整合的同时，灵活运用诸如管理层股权激励，维护目标方技术研发独立性等高目标方自主性策略，增加并购双方创新交流的关系强度。通过动态调整目标方自主性，后续整合阶段通过外派高层管理团队，在降低企业整合的组织身份不对称性的同时，提升收购方企业参与全球创新合作的深度。通过跨国治理共享实现治理结构的内部化，提升对目标方企业资源控制权，克服来源国劣势。

对策二：推进整合的海外本土化策略，降低跨制度摩擦。

拓宽整合活动的国别边界，降低创新网络地理凝聚性。通过与目标方企业构建海外合作研发中心，在东道国境内建立直接承接研发的区域工厂，拓展整合活动边界。通过国际化布局的生产线和研发中心，深耕海外市场，实现并购双方企业在海外东道国或临近第三国的并线生产。利用海外本土化策略，提升收购方企业参与目标方东道国创新合作的广度，有效降低跨国法律、专利审查等跨制度摩擦对整合过程的影响，促进并购整合过程中对目标方技术资源的学习与吸收。

对策三：形成整合经验的惯例化编纂，提升网络适应力。

增强企业从整合计划、整合实施、整合经验复盘的全流程惯例化编纂，提升企业针对嵌入创新网络结构、全球竞合环境变动的应对能力。通过构建完善的整合惯例指导手册，对并购前尽职调查与财务评估，整合过程中的系统转化培训、产品培训、人力资源整合手册、项目管理进行评估与优化调整，形成对应于收购方企业自身行之有效的整合惯例管理。通过构建整合惯例，提升收购方企业的整合风险管理能力，促进隐性知识的跨组织转移。

2. 产业层面

对策四：依托产业协会、构建海外并购信息交流与风险预警平台。

依托产业层面的行业协会、产业商会、进出口商会等中介机构，加强产业内部企业间多元信息渠道共享。构建产业内部海外并购整合策略案例库，依托产业内部企业海外并购整合案例经验，为产业内部企业的跨国投资开展成熟的专业战略指导。通过产业协会以参与海外并购的企业为主体，构建海外并购产业联合商会，及时发布跨国产业发展信息，并为企业提供良好的沟通与交流平台，提升创新网络合作中第三方企业监督有效性，优化行业内海外并购企业的跨国网络嵌入。

3. 政府层面

对策五：完善海外并购投资风险预警机制和保障体系。

完善海外并购投资风险预警机制和保障体系。建立海外并购公共服务平台，为海外并购企业提供跨境法律、知识产权、税务辅导。要充分利用海外使领馆和有关机构，促进和协助中国企业与当地社会的深度融合，促进和提高东道国政府及民众对并购事件的认可和信任，最大限度地减少海外并购中的制度摩擦与文化冲突，克服中国企业境外投资过程中的来源国劣势，提升收购方企业并购整合过程中的参与度及话语权。把握最新的国际竞争形势，为投资环境变动构建风险预警机制，降低收购方企业参与国际创新合作的信息不对称性，提升收购方企业处理整合过程摩擦反应的时效性。

7.3　研究展望

7.3.1　对现有研究的推进

本书按创新网络关系嵌入重构、创新网络结构嵌入重构、创新网络位置嵌入重构，开展海外并购整合与创新网络重构的协同演化研究，依次解决了面对全球创新网络重构，收购方企业海外并购整合所面临的"关系嵌入—结构嵌入—位置嵌入"的问题。

本书从关系嵌入、结构嵌入、位置嵌入出发，分别分析初始整合阶段，收购方企业初始整合程度如何影响创新网络嵌入重构，并分析后续整合阶段中，创新网络嵌入重构如何作用于收购方企业的跨期并购整合程度选择。将技术获取型海外并购整合的研究，从静态视角推广至动态视角。并购整合作为一个多阶段过程，包含收购方与目标方企业合并形成新组织的多层面、动态过程（Graebner et al., 2017）。当前中国企业海外并购整合研究，尚缺乏基于动态视角，对整合战略的动态变化和演进予以深入探索（魏江和杨洋，2018）。

第4章探究从技术获取型海外并购整合与创新网络关系嵌入重构的协同演化出发，结合"整合—自主性"综合整合框架，并引入动态自主性与创新网络关系嵌入强度的协同演化分析。采用倾向匹配得分—双重差分法（PSM-DID），对不同整合阶段目标方自主性的动态调整的创新网络关系嵌入重构效果提供实证检验。首次尝试解决中国技术获取型海外并购整合与网络重构协同演化分析中的内生性问题。相对于以往基于创新网络的海外并购整合与技术创新研究，本章的推进如下：①理论机制研究方面，解释了海外并购目标方自主性的动态演进与创新网络关系嵌入重构之间的相互影响，将两者纳入协同演化的分析系统，并提供协同演化数理模型研究。在布斯坦因和纳兰霍（2009）对跨国企业的分析上，引入了离散时间动态性，将初始整合阶段、后续整合阶段的时间动态特征引入模型；创新性的引入企业生产力伴随创新网络关系嵌入重构的演进条件，实现海外并购动态整合与创新网络关系嵌入重构的协同演化关系建模。实现了动态优化并购后技术创新目标下，对不同整合阶段中，赋予目标方自主性的条件及其演化特征的分析。②实证研究方面，首次针对协同演化系统的内生性问题，采用倾向匹配得分—双重差分法（PSM-DID），对海外并购整合与创新网络关系嵌入强度的协同演化进行实证检验。首次通过定量方法，检验了"整合—自主性"的动态演化与创新网络关系嵌入强度之间的协同演化关系。通过负二项回归检验海外并购整合—自主性综合框架下，整合与关系嵌入重构交互项对创新表现的促进作用。进一步，通过聚类法检验不同资源相似性、互补性组合下的协同演化关系以及负二项回归的零膨胀性质，对基础回归结果开展稳健性分析。

第 5 章探究从技术获取型海外并购整合与创新网络结构嵌入重构的协同演化出发，分析海外并购整合程度基于创新网络结构嵌入重构对创新表现的影响。跨越制度范畴，在不同范畴中建立伙伴关系将获得新的偏远的知识机会，打破地理界限实现创新网络的空间动态重构，优化海外并购的创新增益。通过改进杜尔内克和雷东多（Duernecker & Vega-Redondo，2018）二阶段协调博弈模型，将不同资源相似性、互补性组合下的跨期整合努力投入行为与创新网络重构中的第三方监督机制有效性联系，将海外并购整合过程与创新网络结构嵌入重构的演变纳入统一数理模型框架。借助二阶段协调博弈建模以及联立方程法的实证检验，本章进一步将跨国并购整合对企业地理边界的拓展与创新网络地理凝聚性相结合，为促进基于结构嵌入重构的创新网络重构创新转化提供优化整合地理边界的分析。

第 6 章探究从技术获取型海外并购整合与创新网络位置嵌入重构的协同演化出发，探究海外并购整合程度跨期选择与创新网络位置嵌入的协同演化及其对并购方创新表现的增进。从整合策略与创新网络重构策略的适应性学习演化出发，分析海外并购整合与全局创新网络同配性重构的协同演化。通过 COX 比例风险模型和生存分析，对不同资源相似性、互补性组合下整合策略与创新网络同配性策略的协同演进进行分析。本章内容从适应性演化的角度，对收购方企业海外并购整合行为与全局创新网络的同配性重构协同演化加以研究，创新网络中收购方、目标方企业在整合策略、创新网络合作策略的互动过程中，逐渐学习何种整合程度、何时投入整合努力能够更好地促进并购后双方企业的合作。为动态考虑全球—地方竞争不确定环境下，收购方如何内生性的调整整合策略以实现创新网络地位同配性提升提供有益理论分析。

7.3.2 对未来研究的展望

目前针对海外并购整合演化过程的分析，受制于样本整合信息的局限性，在实证分析中，整合程度按初始整合阶段并购后三年，后续整合阶段并购后四至六年，未来研究可以采用诸如文本分析的方法，对海外并购整合行为进行更为细致的分析检索。

目前研究受到样本选择时间的限制，利用 2001~2013 年的样本进行分析，对于最近几年的海外并购案例的分析缺乏时效性。本研究目前尚未关注不同产业类型的收购方企业在海外并购整合与创新网络重构之间的差异性。未来可考虑扩大样本量、进一步分析不同产业发展类型。

本书目前对并购后技术创新的分析刻画，集中于创新专利申请数量，尚缺乏对技术创新二元性，例如激进性创新或渐进性创新加以区别的讨论。未来研究可以从知识边界拓展视角，结合并购双方资源基础，分析创新网络跨制度桥接如何影响创新网络内应用性、探索性创新资源组合，将企业网络行为、网络结构演进的协同演化置于产业创新网络技术演进的范畴内。

当前仅关注以企业为节点，创新合作为连接的单一层次创新网络分析，将地理因素作为创新网络连接的特征加以刻画。未来研究可以尝试通过在企业节点层次之余，引入地理因素作为新的节点层次，将不同地理区位之间的创新合作作为网络连接，构建地理维度的创新网络。通过分析企业创新网络与地理创新网络间的双模网络互动，对协同演化过程的创新网络时空重构加以分析。

附录1 实证样本海外并购案例表

序号	日期	收购方	目标	股权(%)	国别
1	2001/6/22	海尔集团	MENEGHETTI SPA	100	意大利
2	2002/6/10	上海海欣集团	GLENOIT CORPORATIONS SPECIALTY FABRICS DIVISION	100	美国
3	2002/10/22	上海华谊集团	MOLTECH POWER SYSTEMS INC	100	美国
4	2003/4/17	大连机床集团	INGERSOLL MILLING MACHINE COMPANY'S PRODUCTION MACHINES DIVISION	100	美国
5	2004/5/4	秦川机械	SCHIESS AG	51	德国
6	2004/6/2	沈阳合金投资股份有限公司	MURRAY INC	100	美国
7	2004/10/29	上工申贝	DUERKOPP ADLER AG	94	德国
8	2005/1/28	潍坊亚星化学	BAYER CHEMICALS AG'S TEXAS – BASED HYDRAZINE HYDRATE PLANT	100	美国
9	2005/4/1	哈尔滨量具刃具集团	KELCH GMBH & CO. KG WERKZEUGMASCHINENFABRIK	100	德国
10	2005/4/13	大连机床集团	ZIMMERMANN AG	70	德国
11	2005/7/19	上海宝钢集团	COURT GROUP'S SUBSIDIARY	50	加拿大
12	2005/7/22	南汽集团	POWERTRAIN LTD	100	英国
13	2005/9/15	钱江摩托	BENELLI SPA	100	意大利
14	2005/10/24	北京第一机床厂	WERKZEUGMASCHINENFABRIK ADOLF WALDRICH COBURG GMBH & CO. KG	100	德国

续表

序号	日期	收购方	目标	股权(%)	国别
15	2006/2/2	中国化工集团公司	ADISSEO FRANCE SAS	100	法国
16	2006/2/17	中国蓝星（中国化工集团）	QENOS PTY LTD	100	澳大利亚
17	2006/7/6	杭州机床	ABA Z&B SCHLEIFMASCHINEN GMBH	60	德国
18	2006/7/6	芯原控股有限公司	LSI LOGIC CORPORATION'S ZSP（R）DIGITAL SIGNAL PROCESSOR BUSINESS DIVISION	100	美国
19	2006/8/2	无锡尚德太阳能电力控股	MSK	67	日本
20	2006/11/8	浙大网新	COMTECH GROUP INC	52	美国
21	2006/11/17	上海东宝生物医药有公司	FERRING HOLDING SA'S MANUFACTURING UNITS IN MALMÖ	100	瑞典
22	2006/12/14	四川长虹	ORION PDP Co.，LTD	75	韩国
23	2007/1/30	中国蓝星（中国化工集团）	FIBRES WORLDWIDE LTD	100	英国
24	2007/2/1	中国蓝星	RHODIA SA'S SILICON PRODUCTS MANUFACTURING DIVISION	100	法国
25	2007/2/8	深圳雅图数字视频技术有限公司	SOUTH MOUNTAIN TECHNOLOGIES LTD	100	挪威
26	2007/4/6	万向集团	FORD MOTOR AUTOMOTIVE COMPONENTS HOLDINGS CO.，LTD	100	美国
27	2007/7/12	上汽集团	RICARDO	100	英国
28	2007/8/28	沈阳北方重工集团	NFM TECHNOLOGIES SAS	70	法国
29	2007/8/28	宁波海天国际	ZHAFIR PLASTICS MACHINERY GMBH	100	德国
30	2007/10/23	浙江三花	RANCO	100	美国
31	2008/1/3	无锡药明康德	APPTEC LABORATORY SERVICE INC	100	美国

续表

序号	日期	收购方	目标	股权(%)	国别
32	2008/2/1	新疆金风科技	VENSYS ENERGY AG	70	德国
33	2008/4/3	清华同方	DISTECH CONTROLS INC	70	加拿大
34	2008/6/20	中鼎股份	ALLIED – BALTIC RUBBER INC	100	美国
35	2008/6/25	中联重科	COMPAGNIA ITALIANA FORME ACCIAIO SPA	100	意大利
36	2008/10/14	天水星火机床公司	SOCIÉTÉ DE MÉCANISME ET D'AUTOMATISME DU BOURBONNAIS SA	81	法国
37	2008/10/31	株洲南车时代电气	DYNEX POWER INC	75	英国
38	2009/1/23	潍柴动力股份有限公司	MOTEURS BAUDOIN	100	法国
39	2009/3/27	吉利控股集团	DRIVETRAIN SYSTEMS INTERNATIONAL	100	澳大利亚
40	2009/4/17	万向集团	STEERING WHEEL ASSETS OF DS AUTOMOTIVE	100	美国
41	2009/9/19	安徽中鼎密封件	BUCKHORN RUBBER PRODUCTS INC; MICHIGAN RUBBER PRODUCTS INC	100	美国
42	2009/9/29	湘潭电机股份有限公司	DARWIND HOLDING BV	100	荷兰
43	2009/10/10	中航工业西飞集团	FACC AG	91	奥地利
44	2009/11/9	北京汽车工业控股有限公司	DELPHI CORPORATION'S GLOBAL SUSPENSION AND BRAKES BUSINESS	100	美国
45	2009/12/16	宁波韵升	NIKKO ELECTRIC INDUSTRY CO., LTD	79	日本
46	2009/12/31	东软集团股份有限公司	SESCA MOBILE SOFTWARE OY	100	芬兰

续表

序号	日期	收购方	目标	股权(%)	国别
47	2010/2/3	易方数码科技	PEGASUS TECHNOLOGIES LTD	100	以色列
48	2010/3/10	重庆机电	HOLROYD PRECISION LTD	——	英国
49	2010/4/23	东软集团股份有限公司	INNOVATIVE SYSTEMS GMBH NAVIGATION-MULTIMEDIA	100	德国
50	2010/5/17	辽宁高科	HALLYS CORPORATION	67	日本
51	2010/7/8	太平洋世纪汽车	GM GLOBAL STEERING HOLDINGS LLC	100	美国
52	2010/8/2	吉利控股集团	VOLVO PERSONVAGNAR HOLDING AB	100	瑞典
53	2010/10/29	大橡塑	MACRO ENGINEERING & TECHNOLOGY INC	100	加拿大
54	2010/11/11	赫格雷制药有限公司（大连）	URODYNAMIX TECHNOLOGIES LTD'S ASSETS	100	加拿大
55	2010/11/22	浙江飞尔康通信技术	FIRECOMMS LTD	100	爱尔兰
56	2011/1/6	赛维LDK太阳能有限公司	SOLAR POWER INC	70	美国
57	2011/1/15	四维图新有限公司	MAPSCAPE BV	100	荷兰
58	2011/2/1	烟台万华聚氨酯	BORSODCHEM ZRT	100	匈牙利
59	2011/2/1	广西柳工	HSW SA ODDZIAL I	100	波兰
60	2011/2/24	北京汽车工业控股	WEIGL TRANSMISSION PLANT AB	100	瑞典
61	2011/2/25	中航光电	NEC LCD TECHNOLOGIES, LTD	70	日本
62	2011/2/28	中航通飞	CIRRUS INDUSTRIES INC	100	美国
63	2011/3/7	中国一拖集团有限公司	MCCORMICK FRANCE SAS	100	法国
64	2011/4/8	均胜汽车电子	PREH GMBH	75	德国

续表

序号	日期	收购方	目标	股权(%)	国别
65	2011/4/30	浙江永强集团	MWH METALLWERK HELMSTADT GMBH	100	德国
66	2011/7/23	安徽中鼎密封件	COOPER PRODUCTS INC	100	美国
67	2011/7/25	海能达通信	ROHDE & SCHWARZ PROFESSIONAL MOBILE RADIO GMBH	100	德国
68	2011/7/30	北京海纳川汽车部件	INALFA ROOF SYSTEMS GROUP BV	100	荷兰
69	2011/8/16	内蒙古福瑞中蒙药科技	ECHOSENS SA	100	法国
70	2011/9/5	卧龙控股集团有限公司	ATB MOTORENTECHNIK GMBH	100	德国
71	2011/9/7	四川波鸿集团	WESCAST INDUSTRIES INC	100	加拿大
72	2011/9/30	苏州固锝电子	MIRADIA INC	100	美国
73	2011/10/14	浙江三花股份有限公司	AWECO APPLIANCE SYSTEMS GMBH & CO. KG'S REFRIGERATOR COMPONENTS UNIT	100	德国
74	2011/10/25	浙江盾安人工环境	MICROSTAQ INC	100	美国
75	2011/11/29	宁波华翔电子股份	SELLNER GMBH	100	德国
76	2011/12/1	软控股份	DAVIAN ENTERPRISES LLC	100	美国
77	2011/12/9	漫步者	STAX LTD	100	日本
78	2011/12/31	徐工集团工程机械	FLUITRONICS GMBH	70	德国
79	2012/2/8	大橡塑	BUZULUK AS	100	捷克
80	2012/2/9	上海机电股份有限公司	GOSS INTERNATIONAL CORPORATION	100	美国
81	2012/3/13	河北凌云工业	KIEKERT AG	100	德国

续表

序号	日期	收购方	目标	股权(%)	国别
82	2012/3/28	中瑞思创	MW SECURITY AB	100	瑞典
83	2012/4/18	三一重工	PUTZMEISTER HOLDING GMBH	100	德国
84	2012/4/24	辽宁大族冠华印刷科技	SHINOHARA CO., LTD	100	日本
85	2012/6/5	汉能控股集团	SOLIBRO GMBH	100	德国
86	2012/6/12	爱康太阳能科技有限公司	SCHEUTEN SOLARWORLD SOLICIUM GMBH	100	德国
87	2012/7/6	徐州工程机械集团	SCHWING GMBH	52	德国
88	2012/7/17	加西贝拉压缩机有限公司	CUBIGEL COMPRESSORES SA	100	西班牙
89	2012/9/17	华大集团	COMPLETE GENOMICS INC	100	美国
90	2012/9/28	汉能集团	MIASOLÉ INC	100	美国
91	2012/10/12	中国航空工业集团	DELTAMARIN LTD	80	芬兰
92	2012/12/3	高意科技	OCLARO INC.'S THIN FILTER BUSINESS ASSETS	100	美国
93	2012/12/9	万向集团	A123 SYSTEMS INC	——	美国
94	2013/2/15	武汉光迅科技	IGNIS PHOTONYX A/S	100	丹麦
95	2013/4/3	航天科工海鹰集团	IEE INTERNATIONAL ELECTRONICS & ENGINEERING SA	100	卢森堡
96	2013/4/26	复兴药业	ALMA LASERS LTD	95	以色列
97	2013/5/9	秦皇岛天业通联重工	EDEN TECHNOLOGY SRL	51	意大利
98	2013/5/28	宁波华翔	HIB-TRIM PART SOLUTIONS BRUCHSAL GMBH & CO. KG	100	德国
99	2013/7/25	汉能控股	GLOBAL SOLAR ENERGY INC	100	美国

续表

序号	日期	收购方	目标	股权(%)	国别
100	2013/7/31	武汉钢铁集团	THYSSENKRUPP TAILORED BLANKS GMBH	——	德国
101	2013/8/20	北京信和洁能新能源	AAVI TECHNOLOGIES OY	100	芬兰
102	2013/12/12	正泰太阳能	CONERGY SOLARMODULE GMBH & CO. KG	100	德国
103	2013/12/12	株洲时代新材料科技	ZF FRIEDRICHSHAFEN AG'S RUBBER AND PLASTICS DIVISION	100	德国
104	2013/12/19	万丰奥拓	MERIDIAN LIGHTWEIGHT TECHNOLOGIES INC	100	加拿大
105	2013/12/20	中联重科	M-TEC MATHIS TECHNIK GMBH	100	德国
106	2013/12/27	海普瑞制药	SPL ACQUISITION CORP	100	美国

资料来源：实证中所使用的并购案，数据来源为 Bvd_zephyr 和 SDC 数据库。

附录 2 第 5 章数理模型证明

证明（命题 2）：

构建函数：

$$h(\tilde{\theta}_A) = \tilde{\theta}_A - C - Q - \pi^{sA}R^A + \pi^{sA}R^B - \pi^{sA}R^B \Phi \left\{ a\sqrt{\frac{1}{\beta}}(\tilde{\theta}_A - y) \right.$$
$$\left. - \sqrt{1 + \frac{a}{\beta}} \Phi^{-1}\left[1 - \frac{V}{d(V + \kappa\varphi - d\tau)}\right] \right\} \tag{1}$$

等式（1）对 $\tilde{\theta}_A$ 求偏导数，得到：

$$\frac{\partial h(\tilde{\theta}_A)}{\partial \tilde{\theta}_A} = 1 - \pi^{sA}R^B \frac{a}{\sqrt{\beta}} \emptyset(z1) \tag{2}$$

其中，$z1 = a\sqrt{\frac{1}{\beta}}(\tilde{\theta}_A - y) - \sqrt{1 + \frac{a}{\beta}}\Phi^{-1}\left[1 - \frac{V}{d(V + \kappa\varphi - d\tau)}\right]$，$\emptyset$ 为正态分布密度函数。由于 $\emptyset(z1) \leq \frac{1}{\sqrt{2\pi}}$ 恒成立，所以当 $\pi^{sA}R^B < \frac{\sqrt{2\beta\pi}}{a}$，$\frac{\partial h(\tilde{\theta}_A)}{\partial \tilde{\theta}_A} > 0$ 恒成立，即存在唯一解。

同理构造关于 $\tilde{\theta}_B$ 的函数：

$$g(\tilde{\theta}_B) = \tilde{\theta}_B + K - \pi^{sB}R^B \Phi \left\{ a\sqrt{\frac{1}{\beta}}(\tilde{\theta}_B - y) \right.$$
$$\left. - \sqrt{1 + \frac{a}{\beta}} \Phi^{-1}\left[1 - \frac{V}{d(V - \kappa\delta - d\tau + M\tau)}\right] \right\} \tag{3}$$

令 $z11 = a\sqrt{\frac{1}{\beta}}(\tilde{\theta}_B - y) - \sqrt{1 + \frac{a}{\beta}}\Phi^{-1}\left[1 - \frac{V}{d(V - \kappa\delta - d\tau + M\tau)}\right]$，得到：

$$\frac{\partial g(\tilde{\theta}_B)}{\partial \tilde{\theta}_B} = 1 - \pi^{sB}R^B \frac{a}{\sqrt{\beta}} \emptyset(z11) \tag{4}$$

所以当 $\pi^{sB}R^B < \dfrac{\sqrt{2\beta\pi}}{a}$，$\dfrac{\partial g(\tilde{\theta}_B)}{\partial \tilde{\theta}_B} > 0$ 恒成立。因为海外并购中，企业 A 的生产力水平低于企业 B，故 $\pi^{sB} > \pi^{sA}$，所以当 $\pi^{sB}R^B < \dfrac{\sqrt{2\beta\pi}}{a}$，一定有 $\pi^{sA}R^B < \dfrac{\sqrt{2\beta\pi}}{a}$。综上所述，当 $\pi^{sB}R^B < \dfrac{\sqrt{2\beta\pi}}{a}$，企业 A，B 的相关均衡存在唯一解。

对 κ 和 d 求偏导数，经整理可得：

$$\frac{\partial \tilde{\theta}_A}{\partial \kappa} = -\frac{\pi^{sA}R^B \emptyset(z1)\sqrt{1+\dfrac{a}{\beta}}\dfrac{1}{\emptyset[\Phi^{-1}(z2)]}\dfrac{Vd\varphi}{[d(V+\kappa\varphi-d\tau)]^2}}{1-\pi^{sA}R^B\dfrac{a}{\sqrt{\beta}}\emptyset(z1)} \tag{5}$$

其中 $z2 = 1 - \dfrac{V}{d(V+\kappa\varphi-d\tau)}$，当 $\pi^{sA}R^B < \dfrac{\sqrt{2\beta\pi}}{a}$ 时，$\dfrac{\partial \tilde{\theta}_A}{\partial \kappa} < 0$。

$$\frac{\partial \tilde{\theta}_A}{\partial d} = -\frac{\pi^{sA}R^B \emptyset(z1)\sqrt{1+\dfrac{a}{\beta}}\dfrac{1}{\emptyset[\Phi^{-1}(z2)]}\dfrac{V(V+\kappa\varphi-2d\tau)}{[d(V+\kappa\varphi-d\tau)]^2}}{1-\pi^{sA}R^B\dfrac{a}{\sqrt{\beta}}\emptyset(z1)} \tag{6}$$

因为 $V+\kappa\varphi-2d\tau < 0$，当 $\pi^{sA}R^B < \dfrac{\sqrt{2\beta\pi}}{a}$ 时，$\dfrac{\partial \tilde{\theta}_A}{\partial d} > 0$。

$$\tilde{\theta}_B = -K + \pi^{sB}R^B \Phi\left\{ a\sqrt{\dfrac{1}{\beta}}(\tilde{\theta}_B - y) - \sqrt{1+\dfrac{a}{\beta}}\Phi^{-1}\left[1 - \dfrac{V}{d(V-\kappa\delta-d\tau+M\tau)}\right]\right\}$$

$$\frac{\partial \tilde{\theta}_B}{\partial \kappa} = -\frac{\pi^{sB}R^B \emptyset(z11)\sqrt{1+\dfrac{a}{\beta}}\dfrac{1}{\emptyset[\Phi^{-1}(z22)]}\dfrac{-Vd\delta}{[d(V-\kappa\delta-d\tau+M\tau)]^2}}{1-\pi^{sB}R^B\dfrac{a}{\sqrt{\beta}}\emptyset(z11)} \tag{7}$$

此处，$z11 = a\sqrt{\dfrac{1}{\beta}}(\tilde{\theta}_B - y) - \sqrt{1+\dfrac{a}{\beta}}\Phi^{-1}\left[1-\dfrac{V}{d(V-\kappa\delta-d\tau+M\tau)}\right]$，$z22 = 1 - \dfrac{V}{d(V-\kappa\delta-d\tau+M\tau)}$。得到如下结果：

$$\frac{\partial \tilde{\theta}_B}{\partial d} = -\frac{\pi^{sB}R^B \emptyset(z11)\sqrt{1+\dfrac{a}{\beta}}\dfrac{1}{\emptyset[\Phi^{-1}(z22)]}\dfrac{V[V-\kappa\delta+2(M-d)\tau]}{[d(V-\kappa\delta-d\tau+M\tau)]^2}}{1-\pi^{sB}R^B\dfrac{a}{\sqrt{\beta}}\emptyset(z11)} \tag{8}$$

因此$\frac{\partial \tilde{\theta}_B}{\partial \kappa} > 0$。因为采用整合努力的整合收益 $V - \kappa\delta - d\tau + M\tau > \frac{V}{d} > 0$，$M > d$，故 $V - \kappa\delta + 2(M-d)\tau > 0$。所以$\frac{\partial \tilde{\theta}_B}{\partial d} < 0$。证毕。

证明（引理2）：

$$\frac{\partial \lambda(\theta_A)}{\partial k} = -\emptyset(z1)\left\{\frac{a+\beta}{\sqrt{\beta}}\frac{\partial \tilde{\theta}_A}{\partial \kappa} - \sqrt{1+\frac{a}{\beta}}\frac{1}{\emptyset[\Phi^{-1}(z2)]}\frac{Vd\varphi}{[d(V+\kappa\varphi-d\tau)]^2}\right\} \tag{9}$$

大括号内第一项为负，第二项为正，所以$\frac{\partial \lambda(\theta_A)}{\partial k} > 0$。

$$\frac{\partial \lambda(\theta_A)}{\partial d} = -\emptyset(z1)\left\{\frac{a+\beta}{\sqrt{\beta}}\frac{\partial \tilde{\theta}_A}{\partial d} - \sqrt{1+\frac{a}{\beta}}\frac{1}{\emptyset[\Phi^{-1}(z2)]}\frac{V(V+\kappa\varphi-2d\tau)}{[d(V+\kappa\varphi-d\tau)]^2}\right\} \tag{10}$$

中括号内第一项为正，第二项为负，所以$\frac{\partial \lambda(\theta_A)}{\partial d} < 0$。对于整合程度，存在

$$\frac{\partial I}{\partial \theta} = \frac{\partial(\int_0^{\theta_A} \lambda(\theta_A)d\theta_A)}{\partial \theta_A} = \lambda(\theta_A) \tag{11}$$

因此，$\frac{\partial I}{\partial \kappa} = \frac{\partial\left(\frac{\partial I}{\partial \theta}\right)}{\partial \kappa} = \frac{\partial \lambda(\theta_A)}{\partial k} > 0$，$\frac{\partial I}{\partial d} = \frac{\partial\left(\frac{\partial I}{\partial \theta}\right)}{\partial d} = \frac{\partial \lambda(\theta_A)}{\partial d} < 0$。证毕。

附录3　多主体仿真 Netlogo 代码

```
extensions[nw]
breed[mergers merger]
breed[targets target]

globals[
  positive-encounters
  negative-encounters
  geo-merger
  geo-target
  prob-home-link
  prob-foreign-link
  number-of-links-home
  number-of-links-foreign
  number-of-conflicts-foreign
  number-of-conflicts-home
  number-of-newlinks
  number-of-conflicts
Gainhome
Gainforeign
Totalhome
Totalforeign
  total
```

```
]

to setup-mergers
  clear-all
  create-turtles number-of-nodes-home[
    set shape "circle"
    set color blue
    set size 1
    set positive-encounters 0
    set negative-encounters 0
    set geo-merger 1
  ]
  layout-circle turtles (world-width/2 -2)
end

to setup-targets
  create-turtles number-of-nodes-foreign[
    set shape "square"
    set color green
    set size 1
      set positive-encounters 0
      set negative-encounters 0
      set geo-target 2 + random-float 3
  ]
  layout-circle turtles (world-width/2 -2)
end

to pre-environment-china
```

```
ask one-of turtles with[color =blue][
  create-link-with one-of other turtles with[color =
  blue][
    set color blue]
  ]
  while[count links > (number-of-nodes-home* pa)][
  ask one-of links with[color =blue][ die]]
end

to pre-environment-foreign
  ask one-of turtles with[color =green][
  create-link-with one-of other turtles with[color =
  green][
    set color green]
  ]
  while[count links > (number-of-nodes-foreign* pb)][
  ask one-of links with[color =green][ die]]
end

to show-m&a
  ask one-of turtles with[color =blue][
    let merger-agent max-one-of turtles with[color =
    blue][ count my-links]
      ask merger-agent[
      set color red
        ]
  ]
  ask one-of turtles with[color =green][
```

```
    let target - agent max - one - of turtles with[ color =
    green][ count my - links]
     ask target - agent   [
       set color yellow
       ]
  ]
  reset - ticks
end


to layout - china
  repeat 30[ layout - spring turtles with[ color = blue]
  links 0.1(world - width/ (sqrt 15)) 1]
end
to layout - foreign
  repeat 30[ layout - spring turtles with[ color = green]
  links 0.1(world - width/ (sqrt 15))1]
end


to layoutspring
  repeat 12[
    layout - spring turtles links 0.18 0.01 1.2]
end


to layoutcircle
  repeat 30[ layout - circle turtles 10]
end


to setup - globals
```

```
set Nb merger - resource/10
set Ns target - resource/10
set theta (Ka + Nb - (Ns + Nb) * (1.5 - (V/(com* (V + k* r -
t1* com)))))
set theta2 (Kb + Ns * ( - 0.5 - V/(com* (V - k* e1 - t2 *
com))))
set x (theta -1 +2* (V/(com* (V + k* r - t1* com))))
set x2 (theta2 -1 +2* (V/(com* (V - k* e1 - t2* com))))
end

to go
  if ticks > =25[ stop]
  ask turtles with[ color =red][
    mergers - cooperation
    mergers - effort
  ]
  ask turtles with[ color =yellow][
   targets - cooperation
    targets - effort
    ]

  ask turtles with[ color =blue][
     home - cooperation]
  ask turtles with[ color =green][
     foreign - cooperation]
 set number - of - newlinks (number - of - links - home + num-
ber - of - links - foreign)
 set number - of - conflicts (number - of - conflicts - for-
```

eign + number - of - conflicts - home)

set total (number - of - newlinks + number - of - conflicts)

set Integration (positive - encounters - negative - encounters)/positive - encounters + 0.1 * number - of - newlinks/total - 0.1 * number - of - conflicts/total

set totalhome totalhome + Gainhome

set totalforeign totalforeign + Gainforeign

tick

end

to mergers - cooperation
let reaction random - float 10.0
  if reaction > = theta[cooperation]
  if reaction < theta[defeat]
end

to targets - cooperation
  let reaction2 random - float 10.0
  if reaction2 > = theta2[cooperation]
  if reaction2 < theta2[defeat]
end

to cooperation
  ask turtles with[color = red][
    create - links - with turtles with[color = yellow][set

```
      color white]
      set positive-encounters(positive-encounters+1)
    ]
  end

  to defeat
    set negative-encounters(negative-encounters+1)
  end

  to home-cooperation
    ask turtles with[color=red][
  if   random-float 3.0 >=x[
    set prob-home-link(geo-merger+(k-com)/10*Integra-
    tion* u* (Ns-Nb))
        if random-float 5.0 >prob-home-link[
          create-links-with turtles with[color=blue][set
          color pink]
            set number-of-links-home(number-of-links-
            home+1)
            if random-float 5.0 <prob-home-link[
              if count links with[color=blue]>15[
                ask one-of links with[color=blue][die]]
              set number-of-conflicts-home(number-of-con-
              flicts-home+1)
          ]]]]
  end

  to foreign-cooperation
    ask turtles with[color=red][
```

```
if random-float 3.0 >x2[
 set prob-foreign-link(geo-target + (k-com)* Inte-
   gration* u* (Ns-Nb))
 if random-float 9.0 >prob-foreign-link[
     create-links-with turtles with[color = green]
     [set color yellow]
   set number-of-links-foreign (number-of-links-
     foreign +1)

   if random-float 9.0 <prob-foreign-link[
     if count links with[color = green] >40[
       ask one-of links with[color = green][ die]]
   set number-of-conflicts-foreign (number-of-
     conflicts-foreign +1)
   ]]]]
end


to mergers-effort
  if random-float 3.0 >x2 and random-float 3.0 >x[
    set Gainhome(V-prob-home-link)
    set Gainforeign(V-prob-foreign-link)
    ]
  if random-float 3.0 >x2 and random-float 3.0 <x[
    set Gainhome(V/com)
    set Gainforeign(V + k* r-t1* com-2* prob-foreign-
      link)
    ]
  if random-float 3.0 <x2 and random-float 3.0 >x[
```

```
    set Gainhome(V + k* r - t1* com - 2* prob - home - link)
    set Gainforeign(V/com)
  ]
  if random - float 3.0 < x2 and random - float 3.0 < x[
    set Gainhome(V/com)
    set Gainforeign(V/com)
  ]
end

to targets - effort
if random - float 3.0 > x2 and random - float 3.0 > x[
    set Gainhome(V - prob - home - link)
    set Gainforeign(V - prob - foreign - link)
    ]
  if random - float 3.0 > x2 and random - float 3.0 < x[
    set Gainhome(V/com)
    set Gainforeign(V + k* r - t1* com - 2* prob - foreign - link)
    ]
  if random - float 3.0 < x2 and random - float 3.0 > x[
    set Gainhome(V + k* r - t1* com - 2* prob - home - link)
    set Gainforeign(V/com)
    ]
  if random - float 3.0 < x2 and random - float 3.0 < x[
    set Gainhome(V/com)
    set Gainforeign(V/com)
    ]
end
```

参考文献

［1］陈劲. 企业创新生态系统论［M］. 北京：科学出版社，2017.

［2］程聪，谢洪明，池仁勇. 中国企业跨国并购的组织合法性聚焦：内部，外部，还是内部＋外部？［J］. 管理世界，2017（4）：158－173.

［3］池仁勇. 区域中小企业创新网络的结点联结及其效率评价研究［J］. 管理世界，2007（1）：105－121.

［4］储德银，邵娇，迟淑娴. 财政体制失衡抑制了地方政府税收努力吗［J］. 经济研究，2019（10）：41－56.

［5］丛晓男. 耦合度模型的形式、性质及在地理学中的若干误用［J］. 经济地理，2019（4）：18－25.

［6］洪联英，陈思，韩峰. 海外并购，组织控制与投资方式选择——基于中国的经验证据［J］. 管理世界，2015（10）：40－53.

［7］黄凯南，乔元波. 产业技术与制度的共同演化分析——基于多主体的学习过程［J］. 经济研究，2018，53（12）：161－176.

［8］江诗松，龚丽敏，魏江. 转型经济背景下后发企业的能力追赶：一个共演模型——以吉利集团为例［J］. 管理世界，2011（4）：122－137.

［9］李飞，陈岩，张李叶子. 海外并购整合，网络嵌入均衡与企业创新质量［J］. 科研管理，2019（2）：22－34.

［10］李飞. 基于创新网络的制造业技术获取型海外并购整合与产业技术创新研究［D］. 杭州：浙江大学，2017.

［11］李梅，余天骄. 研发国际化是否促进了企业创新［J］. 管理世界，2016（11）：125－140.

［12］李青原. 公司并购绩效与公司边界：交易费用的视角［J］. 南开管

理评论, 2006, 9 (1): 38 - 44.

[13] 刘青, 陶攀, 洪俊杰. 中国海外并购的动因研究——基于广延边际与集约边际的视角 [J]. 经济研究, 2017 (1): 13 - 27.

[14] 刘诗源, 林志帆, 冷志鹏. 税收激励提高企业创新水平了吗?——基于企业生命周期理论的检验 [J]. 经济研究, 2020 (55): 105 - 121.

[15] 罗仲伟, 任国良, 焦豪等. 动态能力, 技术范式转变与创新战略——基于腾讯微信"整合"与"迭代"微创新的纵向案例分析 [J]. 管理世界, 2014 (8): 152 - 168.

[16] 沈国兵, 袁征宇. 企业互联网化对中国企业创新及出口的影响 [J]. 经济研究, 2020 (1): 33 - 48.

[17] 唐晓华, 张欣珏, 李阳. 中国制造业与生产性服务业动态协调发展实证研究 [J]. 经济研究, 2018 (3): 70 - 93.

[18] 王存同. 零膨胀模型在社会科学实证研究中的应用——以中国人工流产影响因素的分析为例 [J]. 社会学研究, 2010, 25 (5): 130 - 148.

[19] 王秋玉. 跨国并购对全球——地方创新网络的影响研究 [D]. 上海: 华东师范大学, 2018.

[20] 王艳, 李善民. 社会信任是否会提升企业并购绩效? [J]. 管理世界, 2017 (12): 125 - 140.

[21] 王寅. 中国技术获取型海外并购整合研究 [D]. 杭州: 浙江大学, 2013.

[22] 魏江, 杨洋. 跨越身份的鸿沟: 组织身份不对称与整合战略选择 [J]. 管理世界, 2018 (6): 140 - 156.

[23] 魏江, 应瑛, 刘洋. 研发网络分散化, 组织学习顺序与创新绩效: 比较案例研究 [J]. 管理世界, 2014 (2): 137 - 151.

[24] 谢洪明, 章俨, 刘洋, 程聪. 新兴经济体企业连续跨国并购中的价值创造: 均胜集团的案例 [J]. 管理世界, 2019 (5): 161 - 178.

[25] 颜士梅, 张钢. 并购整合中身份凸显转化以及对离职意愿的影响: 多案例研究 [J]. 管理世界, 2020 (8): 110 - 127.

［26］杨勃，张宁宁. 新兴经济体企业逆向跨国并购的新型整合战略研究——文献评述与整合框架构建［J］. 当代经济管理，2020（5）：1-11.

［27］应瑛，刘洋，魏江. 开放式创新网络中的价值独占机制：打开"开放性"和"与狼共舞"悖论［J］. 管理世界，2018，34（2）：144-160.

［28］钟芳芳. 技术获取型海外并购整合与技术创新研究［D］. 杭州：浙江大学，2015.

［29］钟宁桦，温日光，刘学悦. "五年规划"与中国企业跨境并购［J］. 经济研究，2019（4）：149-164.

［30］周艳菊，邹飞，王宗润. 盈利能力、技术创新能力与资本结构——基于高新技术企业的实证分析［J］. 科研管理，2014（1）：48-57.

［31］诸竹君，黄先海，王毅. 外资进入与中国式创新双低困境破解［J］. 经济研究，2020（5）：99-115.

［32］Acemoglu D, Cao D. Innovation by entrants and incumbents［J］. Journal of Economic Theory, 2015（157）：255-294.

［33］Ahuja G. Collaboration networks, structural holes, and innovation: A longitudinal study［J］. Administrative Science Quarterly, 2000, 45（3）：425-455.

［34］Ahuja G, Katila R. Technological acquisitions and the innovation performance of acquiring firms: A longitudinal study［J］. Strategic Management Journal, 2001, 22（3）：197-220.

［35］Ahuja G, Polidoro Jr F, Mitchell W. Structural homophily or social asymmetry? The formation of alliances by poorly embedded firms［J］. Strategic Management Journal, 2009, 30（9）：941-958.

［36］Ahuja G, Soda G, Zaheer A. The genesis and dynamics of organizational networks［J］. Organization Science, 2012, 23（2）：434-448.

［37］Ai Q, Tan H. Uncovering neglected success factors in post-acquisition reverse capability transfer: Evidence from Chinese multinational corporations in Europe［J］. Journal of World Business, 2020, 55（3）：101053.

［38］Akkus O, Cookson J A, Hortacsu A. The determinants of bank mergers: A revealed preference analysis [J]. Management Science, 2016, 62 (8): 2241-2258.

[39] Ali S N, Miller D A. Ostracism and forgiveness [J]. American Economic Review, 2016, 106 (8): 2329-2348.

[40] Almeida P, Kogut B. Localization of knowledge and the mobility of engineers in regional networks [J]. Management Science, 1999, 45 (7): 905-917.

[41] Anand J, Capron L, Mitchell W. Using acquisitions to access multinational diversity: thinking beyond the domestic versus cross-border M&A comparison [J]. Industrial and Corporate Change, 2005, 14 (2): 191-224.

[42] Aral S, Van Alstyne M. The diversity-bandwidth trade-off [J]. American Journal of Sociology, 2011, 117 (1): 90-171.

[43] Arthur W B. Complexity and the Economy [M]. Oxford University Press, 2014.

[44] Awate S, Mudambi R. On the geography of emerging industry technological networks: the breadth and depth of patented innovations [J]. Journal of Economic Geography, 2017, 18 (2): 391-419.

[45] Balachandran S, Hernandez E. Networks and innovation: Accounting for structural and institutional sources of recombination in brokerage triads [J]. Organization Science, 2018, 29 (1): 80-99.

[46] Banal-Estañol A, Seldeslachts J. Merger failures [J]. Journal of Economics & Management Strategy, 2011, 20 (2): 589-624.

[47] Barabási A L, Albert R. Emergence of scaling in random networks [J]. Science, 1999, 286 (5439): 509-512.

[48] Barreto I. Dynamic capabilities: A review of past research and an agenda for the future [J]. Journal of Management, 2010, 36 (1): 256-280.

[49] Bathelt H, Cohendet P. The creation of knowledge: local building, global accessing and economic development—toward an agenda [J]. Journal of Economic Geography, 2014, 14 (5): 869-882.

[50] Bauer F, Matzler K. Antecedents of M&A success: The role of strategic complementarity, cultural fit, and degree and speed of integration [J]. Strategic Management Journal, 2014, 35 (2): 269-291.

[51] Baum J A C, Calabrese T, Silverman B S. Don't go it alone: Alliance network composition and startups' performance in Canadian biotechnology [J]. Strategic Management Journal, 2000, 21 (3): 267-294.

[52] Becker S O, Ichino A. Estimation of average treatment effects based on propensity scores [J]. The Stata Journal, 2002, 2 (4): 358-377.

[53] Birkinshaw J, Lingblad M. Intrafirm competition and charter evolution in the multibusiness firm [J]. Organization Science, 2005, 16 (6): 674-686.

[54] Bonabeau E. Agent-based modeling: Methods and techniques for simulating human systems [J]. Proceedings of the National Academy of Sciences, 2002, 99 (suppl 3): 7280-7287.

[55] Bouquet C, Birkinshaw J. Weight versus voice: How foreign subsidiaries gain attention from corporate headquarters [J]. Academy of Management Journal, 2008, 51 (3): 577-601.

[56] Brown J S, Duguid P. Knowledge and organization: A social-practice perspective [J]. Organization Science, 2001, 12 (2): 198-213.

[57] Burstein A T, Monge-Naranjo A. Foreign know-how, firm control, and the income of developing countries [J]. The Quarterly Journal of Economics, 2009, 124 (1): 149-195.

[58] Burt R S, Knez M. Kinds of third-party effects on trust [J]. Rationality and Society, 1995, 7 (3): 255-292.

[59] Burt R S. Structural holes: The social structure of competition [M]. Harvard University Press, 2009.

[60] Burt R S. Structural holes versus network closure as social capital [M]. Social capital. Routledge, 2017: 31-56.

[61] Calia R C, Guerrini F M, Moura G L. Innovation networks: From tech-

nological development to business model reconfiguration [J]. Technovation, 2007, 27 (8): 426 – 432.

[62] Cartwright S, Cooper C L. The human effects of mergers and acquisitions [J]. Journal of Organizational Behavior, 1994: 47.

[63] Chen F, Li X, Meng Q. Integration, network and industrial innovation in technology sourcing overseas M&A: a comparison between China and South Korea [J]. Technology Analysis & Strategic Management, 2019: 1 – 16.

[64] Chen F, Meng Q, Li F. How resource information backgrounds trigger post-merger integration and technology innovation? A dynamic analysis of resource similarity and complementarity [J]. Computational and Mathematical Organization Theory, 2017, 23 (2): 167 – 198.

[65] Chen F, Meng Q, Li F. Simulation of Technology Sourcing Overseas Post – Merger Behaviors in a Global Game Model [J]. Journal of Artificial Societies and Social Simulation, 2016, 19 (4).

[66] Chen F, Meng Q, Li X. Cross-border post-merger integration and technology innovation: A resource-based view [J]. Economic Modelling, 2018, 68: 229 – 238.

[67] Cohen W M, Levinthal D A. Absorptive capacity: A new perspective on learning and innovation [J]. Administrative Science Quarterly, 1990: 128 – 152.

[68] Coleman J S. Social capital in the creation of human capital [J]. American Journal of Sociology, 1988, 94: S95 – S120.

[69] Colman H L, Rouzies A. Postacquisition boundary spanning: A relational perspective on integration [J]. Journal of Management, 2019, 45 (5): 2225 – 2253.

[70] Colombo M G, Rabbiosi L. Technological similarity, post-acquisition R&D reorganization, and innovation performance in horizontal acquisitions [J]. Research Policy, 2014, 43 (6): 1039 – 1054.

[71] Colombo M G, Zrilic O. Acquisition integration and leadership continuity

of high-technology acquisitions [C]. DIME Conference Organizing for Networked Innovation, 2010: 1 –32.

[72] Cowan R, Jonard N, Özman M. Knowledge dynamics in a network industry [J]. Technological Forecasting and Social Change, 2004, 71 (5): 469 –484.

[73] Cozza C, Rabellotti R, Sanfilippo M. The impact of outward FDI on the performance of Chinese firms [J]. China Economic Review, 2015, 36: 42 –57.

[74] Crossman M M, Apaydin M. A multi-dimensional framewrok of organizational innovations: A systematic review of the literature [J]. Journal of Management Studies, 2010, 47 (6): 1154 –1191.

[75] Datta D K, Grant J H. Relationships between type of acquisition, the autonomy given to the acquired firm, and acquisition success: An empirical analysis [J]. Journal of Management, 1990, 16 (1): 29 –44.

[76] Davis J P, Eisenhardt K M. Rotating leadership and collaborative innovation: Recombination processes in symbiotic relationships [J]. Administrative Science Quarterly, 2011, 56 (2): 159 –201.

[77] Davis J P. The group dynamics of interorganizational relationships: Collaborating with multiple partners in innovation ecosystems [J]. Administrative Science Quarterly, 2016, 61 (4): 621 –661.

[78] Degbey W, Pelto E. Cross-border M&A as a trigger for network change in the Russian bakery industry [J]. Journal of Business & Industrial Marketing, 2013, 28 (3): 178 –189.

[79] Dhanaraj C, Parkhe A. Orchestrating innovation networks [J]. Academy of Management Review, 2006, 31 (3): 659 –669.

[80] Dopfer K. Evolutionary economics: a theoretical framework [J]. The Evolutionary Foundations of Economics, 2005: 3 –55.

[81] Dosi G, Marengo L, Bassanini A et al. Microbehaviors and dynamical systems: Economic routines as emergent properties of adaptive systems [R]. Ccc working paper, University of California at Berkeley, Center for Research in Man-

agement, 1993.

[82] Duernecker G, Vega – Redondo F. Social networks and the process of globalization [J]. The Review of Economic Studies, 2017, 85 (3): 1716 – 1751.

[83] Edamura K, Haneda S, Inui T et al. Impact of Chinese cross-border outbound M&As on firm performance: Econometric analysis using firm-level data [J]. China Economic Review, 2014, 30: 169 – 179.

[84] Ehrlich P R, Raven P H. Butterflies and plants: a study in coevolution [J]. Evolution, 1964, 18 (4): 586 – 608.

[85] Emirbayer M, Mische A. What is agency? [J]. American Journal of Sociology, 1998, 103 (4): 962 – 1023.

[86] Ferrary M, Granovetter M. The role of venture capital firms in Silicon Valley's complex innovation network [J]. Economy and Society, 2009, 38 (2): 326 – 359.

[87] Frantz T L. A social network view of post-merger integration [M]. Advances in Mergers and Acquisitions. Emerald Group Publishing Limited, 2012: 161 – 176.

[88] Freeman C. Networks of innovators: a synthesis of research issues [J]. Research Policy, 1991, 20 (5): 499 – 514.

[89] Freeman L C. A set of measures of centrality based on betweenness [J]. Sociometry, 1977: 35 – 41.

[90] Galaskiewicz J, Wasserman S. Advances in the social and behavioral sciences from social network analysis [M]. Sage Focus Editions, 1994.

[91] Gemünden H G, Ritter T, Heydebreck P. Network configuration and innovation success: An empirical analysis in German high-tech industries [J]. International Journal of Research in Marketing, 1996, 13 (5): 449 – 462.

[92] George G, Kotha R, Zheng Y. Entry into insular domains: A longitudinal study of knowledge structuration and innovation in biotechnology firms [J]. Journal of Management Studies, 2008, 45 (8): 1448 – 1474.

[93] Ghemawat P. Distance still matters [J]. Harvard Business Review, 2001, 79 (8): 137 –147.

[94] Gilbert N, Pyka A, Ahrweiler P. Innovation networks-a simulation approach [J]. Journal of Artificial Societies and Social Simulation, 2001, 4 (3): 1 –13.

[95] Gnyawali D R, Madhavan R. Cooperative networks and competitive dynamics: A structural embeddedness perspective [J]. Academy of Management Review, 2001, 26 (3): 431 –445.

[96] Gowrisankaran G. A dynamic model of endogenous horizontal mergers [J]. The RAND Journal of Economics, 1999: 56 –83.

[97] Graebner M E, Heimeriks K H, Huy Q N et al. The process of post-merger integration: A review and agenda for future research [J]. Academy of Management Annals, 2017, 11 (1): 1 –32.

[98] Grandori A. An organizational assessment of interfirm coordination modes [J]. Organization Studies, 1997, 18 (6): 897 –925.

[99] Grandori A, Soda G. Inter-firm networks: antecedents, mechanisms and forms [J]. Organization Studies, 1995, 16 (2): 183 –214.

[100] Granovetter M. Economic action and social structure: The problem of embeddedness [J]. American Journal of Sociology, 1985, 91 (3): 481 –510.

[101] Granovetter M. Ignorance, knowledge, and outcomes in a small world [J]. Science, 2003, 301 (5634): 773 –774.

[102] Grant R M. Toward a knowledge-based theory of the firm [J]. Strategic Management Journal, 1996, 17 (S2): 109 –122.

[103] Greene W H. Accounting for excess zeros and sample selection in Poisson and negative binomial regression models [D]. 1994, Working paper (EC –94 –10), Department of Economics, New York University.

[104] Grewal R, Lilien G L, Mallapragada G. Location, location, location: How network embeddedness affects project success in open source systems [J].

Management Science, 2006, 52 (7): 1043 - 1056.

[105] Griliches Z. Patent Statistics as Economic Indicators: A Survey [J]. Journal of Economic Literature, 1990, 28 (4): 1661 - 1707.

[106] Guan J, Chen Z. Patent collaboration and international knowledge flow [J]. Information Processing & Management, 2012, 48 (1): 170 - 181.

[107] Gulati R, Gargiulo M. Where do interorganizational networks come from? [J]. American Journal of Sociology, 1999, 104 (5): 1439 - 1493.

[108] Gulati R, Wohlgezogen F, Zhelyazkov P. The two facets of collaboration: Cooperation and coordination in strategic alliances [J]. The Academy of Management Annals, 2012, 6 (1): 531 - 583.

[109] Haaland J, Hans - Jarle K, Karen M K, Johan T. What determines the economic geography of Europe? [J]. CEPR Discussion Paper, No 2072.

[110] Hagedoorn J, Duysters G. External sources of innovative capabilities: the preferences for strategic alliances or mergers and acquisitions [J]. Journal of Management Studies, 2002, 39 (2): 167 - 188.

[111] Hamilton L C. Statistics with Stata: version 12 [M]. Cengage Learning, 2012.

[112] Harrisson D, Laberge M. Innovation, identities and resistance: The social construction of an innovation network [J]. Journal of Management Studies, 2002, 39 (4): 497 - 521.

[113] Haspeslagh P C, Jemison D B. Managing acquisitions: Creating value through corporate renewal [M]. New York: Free Press, 1991.

[114] Heidl R A, Steensma H K, Phelps C. Divisive faultlines and the unplanned dissolutions of multipartner alliances [J]. Organization Science, 2014, 25 (5): 1351 - 1371.

[115] Henderson R M, Clark K B. Architectural innovation: The reconfiguration of existing [J]. Administrative Science Quarterly, 1990, 35 (1): 9 - 30.

[116] Hernandez E, Menon A. Corporate Strategy and Network Change [J].

Academy of Management Review, (in press) Published Online: 18 Apr 2019.

[117] Hernandez E, Shaver J M. Network Synergy [J]. Administrative Science Quarterly, 2019, 64 (1): 171-202.

[118] Herstad S J, Aslesen H W, Ebersberger B. On industrial knowledge bases, commercial opportunities and global innovation network linkages [J]. Research Policy, 2014, 43 (3): 495-504.

[119] Hofstede G. Culture's consequences: International differences in work-related values [M]. Sage, 1980.

[120] Human S E, Provan K G. Legitimacy building in the evolution of small-firm multilateral networks: A comparative study of success and demise [J]. Administrative Science Quarterly, 2000, 45 (2): 327-365.

[121] Jackson M O, Rogers B W. Meeting strangers and friends of friends: How random are social networks? [J]. American Economic Review, 2007, 97 (3): 890-915.

[122] Jackson M O. Social and economic networks [M]. Princeton University Press, 2010.

[123] Jensen R, Szulanski G. Stickiness and the adaptation of organizational practices in cross-border knowledge transfers [J]. Journal of International Business Studies, 2004, 35 (6): 508-523.

[124] Kale P, Singh H. Management of overseas acquisitions by developing country multinationals and its performance implications: the Indian example [J]. Thunderbird International Business Review, 2017, 59 (2): 153-172.

[125] Kale P, Singh H, Raman A P. Don't integrate your acquisitions, partner with them [J]. Harvard Business Review, 2009, 87 (12): 109-115.

[126] Kaplan S, Vakili K. The double-edged sword of recombination in breakthrough innovation [J]. Strategic Management Journal, 2015, 36 (10): 1435-1457.

[127] Kapoor R, Lim K. The impact of acquisitions on the productivity of in-

ventors at semiconductor firms: A synthesis of knowledge-based and incentive-based perspectives [J]. Academy of Management Journal, 2007, 50 (5): 1133 - 1155.

[128] Karim S, Kaul A. Structural recombination and innovation: Unlocking intraorganizational knowledge synergy through structural change [J]. Organization Science, 2014, 26 (2): 439 - 455.

[129] Karim S, Mitchell W. Path-dependent and path-breaking change: reconfiguring business resources following acquisitions in the US medical sector, 1978 - 1995 [J]. Strategic Management Journal, 2000, 21 (10 - 11): 1061 - 1081.

[130] Kash D E, Rycroft R. Emerging patterns of complex technological innovation [J]. Technological Forecasting and Social Change, 2002, 69 (6): 581 - 606.

[131] Kaul A, Wu B. A capabilities-based perspective on target selection in acquisitions [J]. Strategic Management Journal, 2016, 37 (7): 1220 - 1239.

[132] Kim J Y, Finkelstein S. The effects of strategic and market complementarity on acquisition performance: Evidence from the US commercial banking industry, 1989 - 2001 [J]. Strategic Management Journal, 2009, 30 (6): 617 - 646.

[133] Kim T Y, Oh H, Swaminathan A. Framing interorganizational network change: A network inertia perspective [J]. Academy of Management Review, 2006, 31 (3): 704 - 720.

[134] Kogut B, Singh H. The effect of national culture on the choice of entry mode [J]. Journal of International Business Studies, 1988, 19 (3): 411 - 432.

[135] Kogut B, Zander U. What firms do? Coordination, identity, and learning [J]. Organization Science, 1996, 7 (5): 502 - 518.

[136] Krackhardt D. The ties that torture: Simmelian tie analysis in organizations [J]. Research in the Sociology of Organizations, 1999, 16 (1): 183 - 210.

[137] Labianca G, Brass D J, Gray B. Social networks and perceptions of intergroup conflict: The role of negative relationships and third parties [J]. Academy of Management Journal, 1998, 41 (1): 55 - 67.

[138] Lawler E J. An affect theory of social exchange [J]. American Journal

of Sociology, 2001, 107 (2): 321-352.

[139] Lawler E J, Yoon J. Power and the emergence of commitment behavior in negotiated exchange [J]. American Sociological Review, 1993: 465-481.

[140] Levin D Z, Cross R. The strength of weak ties you can trust: The mediating role of trust in effective knowledge transfer [J]. Management Science, 2004, 50 (11): 1477-1490.

[141] Li F, Chen Y, Liu Y. Integration modes, global networks, and knowledge diffusion in overseas M&As by emerging market firms [J]. Journal of Knowledge Management, 2019.

[142] Lippert S, Spagnolo G. Networks of relations and word-of-mouth communication [J]. Games and Economic Behavior, 2011, 72 (1): 202-217.

[143] Liu Y, Woywode M. Light-Touch Integration of Chinese Cross-Border M&A: The Influences of Culture and Absorptive Capacity [J]. Thunderbird International Business Review, 2013, 55 (4): 469-483.

[144] Lubatkin M, Florin J, Lane P. Learning together and apart: A model of reciprocal interfirm learning [J]. Human Relations, 2001, 54 (10): 1353-1382.

[145] Luo Y, Tung R L. A general theory of springboard MNEs [J]. Journal of International Business Studies, 2018, 49 (2): 129-152.

[146] Makri M, Hitt M A, Lane P J. Complementary technologies, knowledge relatedness, and invention outcomes in high technology mergers and acquisitions [J]. Strategic Management Journal, 2010, 31 (6): 602-628.

[147] Marks M L, Mirvis P H. Making mergers and acquisitions work: Strategic and psychological preparation [J]. Academy of Management Perspectives, 2001, 15 (2): 80-92.

[148] McEvily B, Zaheer A. Bridging ties: A source of firm heterogeneity in competitive capabilities [J]. Strategic Management Journal, 1999, 20 (12): 1133-1156.

[149] Metcalfe J S, Foster J, Ramlogan R. Adaptive economic growth [J].

Cambridge Journal of Economics, 2005, 30 (1): 7-32.

[150] Meyer J W, Rowan B. Institutionalized organizations: Formal structure as myth and ceremony [J]. American Journal of Sociology, 1977, 83 (2): 340-363.

[151] Milgrom P, Roberts J. Complementarities and fit strategy, structure, and organizational change in manufacturing [J]. Journal of Accounting and Economics, 1995, 19 (2-3): 179-208.

[152] Mirc N. Connecting the micro-and macro-level: Proposition of a research design to study post-acquisition synergies through a social network approach [J]. Scandinavian Journal of Management, 2012, 28 (2): 121-135.

[153] Mirc N, Very P. Network brokers as a resource for ensuring acquisition integration [M]. Handbook on International Alliance and Network Research. Edward Elgar Publishing, 2015.

[154] Monin P, Noorderhaven N, Vaara E et al. Giving sense to and making sense of justice in postmerger integration [J]. Academy of Management Journal, 2013, 56 (1): 256-284.

[155] Morris S, Shin H S. Global games: Theory and applications [J]. Levines Working Paper Archive, 2001.

[156] Nahapiet J, Ghoshal S. Social capital, intellectual capital, and the organizational advantage [J]. Academy of Management Review, 1998, 23 (2): 242-266.

[157] Nelson R R. An evolutionary theory of economic change [M]. Harvard University Press, 2009.

[158] Nelson R R, Winter S G. Toward an evolutionary theory of economic capabilities [J]. The American Economic Review, 1973, 63 (2): 440-449.

[159] Nerkar A, Paruchuri S. Evolution of R&D capabilities: The role of knowledge networks within a firm [J]. Management Science, 2005, 51 (5): 771-785.

[160] Newman M, Barabasi A, Watts D J. The Structure and dynamics of networks [M]. 2011.

[161] Obstfeld D. Social networks, the tertius iungens orientation, and involvement in innovation [J]. Administrative Science Quarterly, 2005, 50 (1): 100 – 130.

[162] Oliveira R T, Rottig D. Chinese acquisitions of developed market firms: home semi-formal institutions and a supportive partnering approach [J]. Journal of Business Research, 2018, 93: 230 – 241.

[163] Owen – Smith J, Powell W W. Knowledge networks as channels and conduits: The effects of spillovers in the Boston biotechnology community [J]. Organization Science, 2004, 15 (1): 5 – 21.

[164] Ozturk A, Cavusgil S T. Global convergence of consumer spending: Conceptualization and propositions [J]. International Business Review, 2019, 28 (2): 294 – 304.

[165] Pablo A L. Determinants of acquisition integration level: A decision-making perspective [J]. Academy of Management Journal, 1994, 37 (4): 803 – 836.

[166] Paruchuri S, Nerkar A, Hambrick D C. Acquisition integration and productivity losses in the technical core: Disruption of inventors in acquired companies [J]. Organization Science, 2006, 17 (5): 545 – 562.

[167] Phillips S, Cooney M. Aiding peace, abetting violence: Third parties and the management of conflict [J]. American Sociological Review, 2005, 70 (2): 334 – 354.

[168] Pittaway L, Robertson M, Munir K et al. Networking and innovation: a systematic review of the evidence [J]. International Journal of Management Reviews, 2004, 5 (3 – 4): 137 – 168.

[169] Podolny J M. Market uncertainty and the social character of economic exchange [J]. Administrative Science Quarterly, 1994: 458 – 483.

[170] Powell W W, Koput K W, Smith-Doerr L. Interorganizational collaboration and the locus of innovation: Networks of learning in biotechnology [J]. Administrative Science Quarterly, 1996: 116-145.

[171] Puranam P, Gulati R, Bhattacharya S. How much to make and how much to buy? An analysis of optimal plural sourcing strategies [J]. Strategic Management Journal, 2013, 34 (10): 1145-1161.

[172] Puranam P, Singh H, Chaudhuri S. Integrating acquired capabilities: When structural integration is (un) necessary [J]. Organization Science, 2009, 20 (2): 313-328.

[173] Puranam P, Singh H, Zollo M. Organizing for innovation: Managing the coordination-autonomy dilemma in technology acquisitions [J]. Academy of Management Journal, 2006, 49 (2): 263-280.

[174] Ranft A L, Lord M D. Acquiring new technologies and capabilities: A grounded model of acquisition implementation [J]. Organization Science, 2002, 13 (4): 420-441.

[175] Reus T H, Lamont B T, Ellis K M. A darker side of knowledge transfer following international acquisitions [J]. Strategic Management Journal, 2016, 37 (5): 932-944.

[176] Rhodes-Kropf M, Robinson D T, The market for Mergers and the Boundaries of the firm [J]. Journal of Finance, 2008, 63 (3): 1169-1211.

[177] Rivera M T, Soderstrom S B, Uzzi B. Dynamics of dyads in social networks: Assortative, relational, and proximity mechanisms [J]. Annual Review of Sociology, 2010, 36: 91-115.

[178] Rosenbaum P R, Rubin D B. The central role of the propensity score in observational studies for causal effects [J]. Biometrika, 1983, 70 (1): 41-55.

[179] Rosenkopf L, Almeida P. Overcoming local search through alliances and mobility [J]. Management Science, 2003, 49 (6): 751-766.

[180] Rouzies A, Colman H L, Angwin D. Recasting the dynamics of post-

acquisition integration: An embeddedness perspective [J]. Long Range Planning, 2019, 52 (2): 271-282.

[181] Rycroft R W, Kash D E. Self-organizing innovation networks: implications for globalization [J]. Technovation, 2004, 24 (3): 187-197.

[182] Samaddar S, Kadiyala S S. An analysis of interorganizational resource sharing decisions in collaborative knowledge creation [J]. European Journal of Operational Research, 2006, 170 (1): 192-210.

[183] Schilling M A, Phelps C C. Interfirm collaboration networks: The impact of large-scale network structure on firm innovation [J]. Management Science, 2007, 53 (7): 1113-1126.

[184] Singh H, Kryscynski D, Li X, et al. Pipes, pools, and filters: How collaboration networks affect innovative performance [J]. Strategic Management Journal, 2016, 37 (8): 1649-1666.

[185] Sobel M E. Asymptotic confidence intervals for indirect effects in structural equation models [J]. Sociological Methodology, 1982, 13: 290-312.

[186] Sorenson O, Stuart T E. Bringing the context back in: Settings and the search for syndicate partners in venture capital investment networks [J]. Administrative Science Quarterly, 2008, 53 (2): 266-294.

[187] Stock G N, Greis N P, Fischer W A. Firm size and dynamic technological innovation [J]. Technovation, 2002, 22 (9): 537-549.

[188] Stokey N L. R&D and economic growth [J]. The Review of Economic Studies, 1995, 62 (3): 469-489.

[189] Sun Z. Chinese reverse M&A: the Wu Wei paradigm of post-M&A integration process [J]. Chinese Management Studies, 2018.

[190] Szücs F. M&A and R&D: Asymmetric effects on acquirers and targets? [J]. Research Policy, 2014, 43 (7): 1264-1273.

[191] Tortoriello M. The social underpinnings of absorptive capacity: The moderating effects of structural holes on innovation generation based on external

knowledge [J]. Strategic Management Journal, 2015, 36 (4): 586 – 597.

[192] Tsai W. Social structure of "coopetition" within a multiunit organization: Coordination, competition, and intraorganizational knowledge sharing [J]. Organization Science, 2002, 13 (2): 179 – 190.

[193] Uzzi B. Social structure and competition in interfirm networks: The paradox of embeddedness [J]. Administrative Science Quarterly, 1997: 35 – 67.

[194] Van Knippenberg D, Van Knippenberg B, Monden L, et al. Organizational identification after a merger: A social identity perspective [J]. British Journal of Social Psychology, 2002, 41 (2): 233 – 252.

[195] Vasudeva G, Zaheer A, Hernandez E. The embeddedness of networks: Institutions, structural holes, and innovativeness in the fuel cell industry [J]. Organization Science, 2013, 24 (3): 645 – 663.

[196] Volberda H W, Lewin A Y. Co-evolutionary dynamics within and between firms: From evolution to co-evolution [J]. Journal of Management Studies, 2003, 40 (8): 2111 – 2136.

[197] Wang C L, Ahmed P K. Dynamic capabilities: A review and research agenda [J]. International Journal of Management Reviews, 2007, 9 (1): 31 – 51.

[198] Wang L, Zajac E J. Alliance or acquisition? A dyadic perspective on interfirm resource combinations [J]. Strategic Management Journal, 2007, 28 (13): 1291 – 1317.

[199] Wasserman S, Faust K. Social network analysis: Methods and applications [M]. Cambridge university press, 1994.

[200] Watts A. A dynamic model of network formation [J]. Games and Economic Behavior, 2001, 34 (2): 331 – 341.

[201] Williamson O E. The theory of the firm as governance structure: from choice to contract [J]. Journal of Economic Perspectives, 2002, 16 (3): 171 – 195.

[202] Yakob R, Nakamura H R, Ström P. Chinese foreign acquisitions aimed for strategic asset-creation and innovation upgrading: The case of Geely and Volvo Cars [J]. Technovation, 2018, 70: 59 –72.

[203] Yang H, Lin Z, Peng M W. Behind acquisitions of alliance partners: Exploratory learning and network embeddedness [J]. Academy of Management Journal, 2011, 54 (5): 1069 –1080.

[204] Zaheer A, Castañer X, Souder D. Synergy sources, target autonomy, and integration in acquisitions [J]. Journal of Management, 2013, 39 (3): 604 –632.

[205] Zhang L, Guler I. How to Join the Club: Patterns of Embeddedness and the Addition of New Members to Interorganizational Collaborations [J]. Administrative Science Quarterly, 2019: 0001839219834011.

[206] Zhang Y, Fleet D, Shi Y, et al. Network integration for international mergers and acquisitions [J]. European Journal of International Management, 2010, 4 (1 –2): 56 –78.

[207] Zhelyazkov P I, Gulati R. After the break-up: The relational and reputational consequences of withdrawals from venture capital syndicates [J]. Academy of Management Journal, 2016, 59 (1): 277 –301.

[208] Zhelyazkov P I. Interactions and interests: Collaboration outcomes, competitive concerns, and the limits to triadic closure [J]. Administrative Science Quarterly, 2018, 63 (1): 210 –247.

[209] Zhu H, Hu B, Wu J et al. Adaptation of cultural norms after merger and acquisition based on the heterogeneous agent-based relative-agreement model [J]. Simulation, 2013, 89 (12): 1523 –1537.

后　记

本书是对我博士阶段研究的一个总结。回顾过往的博士求学生涯，我由衷地感谢浙江大学经济学院陈菲琼教授，是她引领我进入科研的世界。成书之际，回顾毕业论文的写作，从选题、撰写、修改都得到了导师的指导与帮助，凝聚着大量心血和辛劳。陈教授谆谆教诲的"静"与"勤"的治学态度，也一直激励我在学术道路上不断进取。感谢浙江大学金雪军教授、郭继强教授、杨柳勇教授、蔡宁教授、马良华教授、王志凯教授、王义中教授等各位校内外专家，在博士论文定稿撰写过程中提供的宝贵意见。

在导师陈菲琼教授的指导下，我博士生涯一直从事技术获取型海外并购领域的相关研究工作。在博士生涯的头两年，我的研究工作主要集中于企业层面，结合资源基础观开展针对技术获取型海外并购整合与企业技术创新的数理建模、多主体仿真及实证分析。在后续的博士生涯中，我的研究工作主要集中于网络层面，开展技术获取型海外并购整合与创新网络的相关研究。这一研究视角的转向，有多方面的原因及契机。从个人的层面，博一下学期在金雪军教授的一次讨论课中，我发现自己对社会网络理论及其在经济学中的应用颇感兴趣。在开展企业层面仿真方法的学习研究过程中，我发现将社会网络理论与并购整合相结合的研究，极大地激发了我的研究兴趣。后续，依托陈菲琼教授教育部哲学社会科学重大攻关项目，基于创新网络的技术获取型海外并购整合与产业技术创新，我进一步将研究关注点从宽泛的社会网络理论转向更为聚焦的创新网络理论。在那一段将海外并购与创新网络相结合的研究过程中，我既体会到了思路拓展、新理论积累的欣喜，也体会到了研究推进不得其法的痛苦。回顾那一段时间，我很感谢同门李飞博士与我的交流与讨论。

考虑到中国企业的实践，往往在并购整合初期无法实施有效的整合行动。在导师的指导下，我确定了将海外并购整合与创新网络重构纳入协同演化框架的博士论文研究选题。相对于从网络指标，诸如中心性和结构洞等指标出发，探索海外并购后创新网络结构的变化方式，我个人更倾向于探索为何海外并购后能够引发上述创新网络结构的变化。在对创新网络演化及其起源的文献梳理中，我决定选择网络嵌入理论作为理论架构的基础。本书的核心章节，分别对应于网络的关系嵌入、结构嵌入和位置嵌入。

在博士生涯的后几年，相较于企业层面、产业层面的海外并购研究，我对于创新网络的生成与演化过程投入了更多的努力。对创新网络领域研究文献进行梳理的过程极大地满足了我的科研兴趣，同时我也深感自己在创新网络领域研究积累的不足。在这个节点上，我很庆幸对创新网络的关注能够作为一个契机，连接了我的博士生涯与当前在大连理工大学经济管理学院的研究工作。我由衷地感谢大连理工大学经济管理学院对本书出版的支持，特别感谢大连理工大学经济管理学院孙玉涛教授及科研团队，他们对我进一步开展创新网络领域的研究提供了宝贵的意见。

在书稿的准备过程中，大连理工大学经济管理学院孙玉涛教授、洪勇教授通读本书的初稿并提供了评审与修改意见，为书稿的进一步完善提供了宝贵的意见。本书受到中央高校基本科研业务费项目"海外并购整合与创新网络嵌入重构的协同演化研究（DUT20RC（3）084）"的资助，在此一并致谢。

最后感谢我的父母及家人，在漫长求学路上无论顺境与逆境，他们均予以我无私的包容与鼓励。我将不忘初心、继续前行。

孟巧爽
2021年3月于大连理工大学